KB023239

신념과 의심의 정치학

신념과 의심의 정치학

펴낸날 초판 1쇄 2015년 1월 20일

지은이 마이클 오크쇼트
옮긴이 박동천
펴낸이 양미자
펴낸곳 도서출판 모티브북

등록번호 제313-2004-00084호
주소 전북 전주시 덕진구 동부대로 787, 4-1204
전화 063-904-1706, 팩스 063-242-1707
이메일 motivebook@naver.com

ISBN 978-89-91195-56-1 93340
이 도서의 국립중앙도서관 출판예정도서목록(CIP)은 서지정보유통지원시스템 홈페이지(http://seoji.nl.go.kr)와 국가자료공동목록시스템(http://www.nl.go.kr/kolisnet)에서 이용하실 수 있습니다. (CIP제어번호: CIP2015000242)

THE POLITICS 신념과 OF FAITH AND 의심의 THE POLITICS 정치학 OF SCEPTICISM

마이클 오크쇼트 지음 · 박동천 옮김

Michael Oakeshott

모티브북

영어본 편집자 서문

티머시 풀러Timothy Fuller

정치철학이 정치활동에서 성공할 능력을 키워 줄 것이라고 기대하면 안 된다. 정치적으로 좋은 기획과 나쁜 기획을 분별하는 데 정치철학은 도움을 주지 못한다. 과거에서 현재까지의 전통이 암시하는 바를 추구하는 사업에서 우리를 인도하거나 방향을 잡아줄 힘이 정치철학에는 없다. 다만 정치활동과 연관을 맺게 된 일반적 관념들, 자연, 인위, 이성, 의지, 법, 권위, 의무 등의 관념들을 끈기 있게 분석하는 작업은, 그러한 분석을 통해서 우리의 사유에서 뒤틀린 부분들이 제거되고 개념들을 더욱 경제적으로 사용할 수 있는 길이 열리는 한, 과대평가할 일도 아니고 경멸할 일도 아니다. 그런 작업은 실천적 활동이라기보다 설명적 활동으로 이해되어야 하고, 그것을 추구하는 사람이 바랄 수 있는 일은 아마도 모호한 진술이나 상관없는 주장 따위에 속아 넘어가는 빈도를 줄이는 것뿐이다.[1)]

---

1) "Political Education" (1951). [본문의 인용문 번역에서는 nature, artifice, reason을 각각 자연, 인위, 이성으로만 옮겼는데, 주지하다시피 nature는 본성 또는 본질로도 번역되고, artifice는 인위, 작위, 인공, reason은 이성, 이유, 이치 등으로 번역된다.

『신념과 의심의 정치학』은 근대 정치와 정부에 관한 마이클 오크쇼트의 사상을 대단히 신선하고 예기치 못한 방식으로 표현하고 있다. 그는 1951년에 런던 정치경제대학의 취임 강연으로 「정치교육 Political Education」을 발표했는데, 그 강연은 내용상 이 책의 요약이라고 일컬을 만하다. 근대 유럽 정치에서 다스린다는 것, 그리고 다스림을 받는다는 것이 무엇을 의미해왔는지를 고찰하는 것이 그가 서두에서 밝히는 명시적인 주제다. "누가 통치할 것인가 그리고 무슨 권위로?" 같은 질문은 제쳐놓고, 대신 그는 "정부가 무슨 일을 할 것인가?" 라는 질문에 우리가 어떻게 대답해왔는지를 이해하려는 편으로 시선을 맞춘다.[2)]

오크쇼트는 1990년 12월에 사망했다. 셜리 레트윈과 나는 1991년 3월에 도싯 해안에 있는 그의 통나무집에 가서 그가 셜리에게 물려준 문서들을 열어봤다. 셜리의 생각에 최선이라 여겨지는 방식으로 처리해 달라는 것이 그의 유언이었다. 문서의 양은 우리 예상보다 훨씬 많았고, 그 중에 지금 이 책의 타자 원고도 있었다. 그 중 절반 정도를 런던에 있는 셜리 레트윈의 집으로 가져 왔다. 나는 일주일 후에 런던 정치경제대학의 로버트 오어Robert Orr 박사와 통나무집에 가서 나머지 문서들을 열어봤다. 셜리 레트윈이 사망한 후, 이 문서들의 소유권은 윌리엄 레트윈[3)] 교수에게 넘어갔다.

"일반적 관념을 끈기 있게 분석" 하는 일에 관해 말하는 대목이라서 특히 이 역주가 약간은 상관이 있을 것 같다. (역주)]

2) "유럽의 근대 정치사는 첫 번째 질문에 시선을 고착하고 서술될 때가 아주 많다. …… 이런 이야기가 너무나 자주 너무나 웅변적으로 울려 퍼져서, 우리는 그것이 이야기의 전부라고 거의 설득되었다. 그러나 …… 정부의 구성과 정부의 목표 사이에서 식별해내야 할 단순하고 직접적인 관계 같은 것은 없다." (아래 32쪽).

3) 셜리 레트윈Shirley Robin Letwin(1924~1993)은 유대계 미국인으로 시카고 대학에서

이 책의 원고는 가로 20cm에 세로 25cm짜리 보통 용지에 타자되어 있었다. 제목은 없었지만, 원고의 주제와 구성으로 볼 때 *The Politics of Faith and the Politics of Scepticism*이라는 제목 말고는 생각하기 어려웠다. 장의 구성과 장의 제목들도 타자 원고 그대로다. 타자 원고는 제5장 중 36쪽이 빠져 있는데, 그 쪽은 어느 곳에서도 찾지 못했다.

원고는 총 232쪽의 분량인데, 쪽 번호는 하나의 일련번호가 아니었다. 서론에서 제3장까지는 1에서 118쪽까지 쪽 번호가 이어졌다. 다음부터는 결론까지 1~39쪽, 1~47쪽, 1~30쪽 등, 장마다 번호가 따로 붙어있었다. 그렇지만 사용된 종이의 질이 모두 같았고, 하나의 타자기에서 타자된 것으로 보지 않을 이유가 없었던 만큼, 이것들이 합해서 하나의 작품인 것은 분명했다. 오크쇼트의 작품 중에는 타자 원고에 앞서는 수고가 있기도 하지만, 이 경우에 그런 수고는 없었다. 원고에는 날짜도 달려 있지 않았는데, 중심 주제는 오크쇼트가 이미 1930년대부터 표명해오던 것이었다. 그는 『현대 유럽의 사회정치 신조』에서 이렇게 썼다.

> 이러한 신조들을 통해 대변되는 도덕적 이상들을 고려할 때, 근본적인 균열은 정신적 이상과 물질적 이상 사이의 균열도 아니고, 도덕적 이상들에 담긴 실제 내용 사이의 균열도 아닌 것으로 내게는 보인다. 사회가 스스로 임명한 지도자들에게 임의적인 의지에 따라 사회생활 전체를 계획하도록 맡기자는 사람들과 사회의 운명을 일군의 공직자에게 맡기

하이에크에게 배운 경제학자다. 런던에 정착하여 런던 정치경제대학과 캠브리지 대학에서 강의했다. 윌리엄William Letwin(1923~2013)은 유대계 미국인으로서 MIT 조교수로 경제사를 강의하다가 1966년부터 런던 정치경제대학의 정치학과에 부임하여 오크쇼트와 함께 일했다. 셜리와 윌리엄은 1944년에 결혼했고, 아들 올리버Oliver Letwin(1956년생)는 1997년부터 현재(2014년)까지 4선 중인 하원의원(보수당)이다. (역주)

기를 거부할 뿐 아니라 사회의 운명을 계획한다는 발상 자체를 멍청하고 부도덕한 것으로 보는 사람들 사이의 균열이 내게는 근본적인 것으로 보인다. 한편에는 공산주의, 파시즘, 민족사회주의 등, 근대의 세 가지 권위주의 신조가 있고, 다른 편에는 가톨릭과 자유주의가 있다. 인간이 하나의 생활방식을 권위적으로 계획해서 한 사회에 부과할 수 있다는 발상은 자유주의적이거나 가톨릭적인 심성의 소유자에게는 가식에 찬 무지로 비친다. 그런 발상을 견지할 수 있는 사람은 인간에 대한 존중심이 결여되어 인간을 기꺼이 자기들의 야심을 실현하기 위한 수단으로 만들려는 자들뿐이다.[4)]

『신념과 의심의 정치학』 원고는 제2차 세계대전 이후에 작성되어 아마도 1952년에 완성된 것으로 보인다. 여기서 다뤄지는 주제들은 오크쇼트가 1947년부터 1951년 사이 집필하여 1962년에 『합리주의의 정치 비판*Rationalism in Politics*』 이라는 제목 아래 모아 펴낸 논고들의 주제와 자주 겹친다. 내용 중에 1944년의 영국 교육법과 호이징거의 『호모 루덴스』 가 언급되는데, 『호모 루덴스』 를 1940년대에 나온 독일어판으로 읽었을 수도 있지만, 1949년에 나온 영어 번역본으로 읽었을 개연성이 높다. 오크쇼트의 각주는 전형적으로 앙상한 골자뿐인데, 이 글에도 대부분 수정 없이 원고대로 달았다.[5)] 단, 오크쇼트가 *Cambridge Economic History of Europe*이라고 밝힌 출전은 착오로, 실제로는 라이오넬 로빈스의 1952년 저서 *The Theory of Economic Policy in English Classical Political Economy*를 가리키는 것으로 판명되었다.[6)] 이 착오를 교정할 수 있었던 것은 스튜어트 워너Stuart

---

4) Michael Oakeshott, *The Social and Political Doctrines of Contemporary Europe* (Cambridge University Press, 1939), pp. xxii–xxiii, footnote 1.

5) 본 번역본에서도 원주의 출전표시는 그대로 앙상하게 유지했다. 다만, 부연설명이 필요한 곳에는 [ ] 안에 넣어서 표시했으며, 번역자 주는 (역주)로 표시했다. (역주)

Warner 교수의 도움 덕택이다.

오크쇼트와 교분이 나보다 훨씬 깊었던 지인들 중에도 셜리 레트윈을 포함해서 이 원고의 존재를 알았던 사람은 아무도 없다. 이 원고는 강의나 강연을 통해 발표된 적도 없는 것으로 보인다. 오크쇼트의 문서들 중에는 강의 원고들이 몇 개 있는데, 모두 강의 원고라고 표시되어 있다. 예일 대학 출판사에서 이 책을 낼 때 그의 작품에 대해 잘 아는 제자 두 사람이 내용을 검토했는데, 두 사람 모두 이런 작품이 있었다는 사실에 놀라워했다.

이 작품을 (그리고 여타 많은 작품들을) 오크쇼트가 왜 출판하지 않기로 했는지는 하나의 수수께끼로서, 그의 작품에 관심이 있는 사람들이 자주 토론하는 질문이다. 오크쇼트 생애의 한 단계에서 가졌던 생각이 여기에 완결된 원고의 형태로 표출되어 있기 때문이다. 어쩌면 이 작품이 그의 맘에 들지 않았는지도 모른다. 자기가 쓴 글에 대해 불만을 가지거나 확신을 가지지 못한 경우가 많고, 출판한 작품들도 출판 전까지 여러 해에 걸쳐 여러 번 교정을 했었다. 그렇지만 자기가 쓴 글들을 셜리 레트윈에게 물려주면서 어떻게 처리하든지 아무런 제약을 덧붙이지 않았다. 『자유로운 배움의 목소리*The Voice of Liberal Learning*』는 그와 충분히 상의하고 전적인 승인을 받아 1989년에 나왔다. 그리고 1991년에 『합리주의 정치 비판』의 수정증보판이 나오기 직전에 그가 사망했지만, 준비되고 있던 원고를 그도 봤고 추가되는 사항과 수정되는 사항들을 승인했다. 이런 작업들을 직접 해낼 수는 없었지만, 그는 기꺼워했다.

오크쇼트는 정치철학에서 지속적인 의미를 가지는 논고를 저술할

---

6) 본 번역본에서는 184~185쪽, 각주 153번과 154번이다. (역주)

야망을 가졌고, 자기가 실제 그렇게 했다고 생각했다. 케임브리지 대학 키즈 칼리지[7]에 걸려 있는 그의 초상화에는 한 가운데 그의 저서 『인간의 행위에 관하여*On Human Conduct*』가 시선을 끌면서 펼쳐진 책상에 앉아 있는 모습을 그리고 있다. 그렇지만 그는 그런 야망을 학자들이 전형적으로 나타내는 방식으로 드러내지는 않았다. 전문적인 학회에 그다지 관심이 없었고, 지금의 시점에서 명백하게 드러나듯이 자기가 쓴 모든 글을 출판하려는 충동도 없었다.

이 책은 역사 논고도 아니고 엄밀하게 철학적인 논고도 아니지만, 두 요소는 물론이고 다른 요소들도 담고 있다. 이 책은 오크쇼트의 글 중에서는 근대 정치의 실천에 관한 조언서의 성격에 가장 가까운 작품이다. 물론 그가 쓴 글답게 특정한 정책을 제안하지는 않고 다만 정치에 관해 생각하는 방식을 제안할 뿐이다. 그러나 여기서 "신념정치"와 "의심정치"로 분류한 두 극단 사이에서 중용을 취하는 방식의 정치적 행위를 제안할 때, 그는 아리스토텔레스에 가장 근접한다. 아리스토텔레스처럼 오크쇼트도 단순히 차이들 사이의 타협을 뜻하지 않는다. 서로 경쟁하는 경향들 사이에서 마땅한 균형을 찾는 데 그의 뜻이 있다. 근대의 맥락에서 그에게 이것은 지배적인 "신념정치"에 대항하는 균형을, 다시 말해 "의심정치"의 덕목들을 되살리거나 재발견함으로써 회복하는 과제를, 의미했다.

오크쇼트는 변증법적으로 접근한다. 유럽인들은 자기들이 정치라는 이름으로 하는 일이 무엇을 하는 것인지 스스로에게 설명하기 위해

---

7) 키즈 칼리지Gonville and Caius College: 케임브리지 대학University을 구성하는 칼리지 중 하나로, 14세기에 곤빌Edmund Gonville에 의해 설립되었다가 16세기에 키즈John Caius에 의해 재창립되었다. 키즈 칼리지는 통상적인 약칭이다. 오크쇼트는 1920년부터 1949년까지 이 학교에서 배우고 가르쳤다. (역주)

노력하는 와중에 정부의 목적에 관해 두 갈래 서로 경쟁하는 사유의 경향을 생산했다. 그리고 양쪽에서 사용되는 정치적 어휘는 똑같기 때문에 모호할 수밖에 없다.[8] 그리하여 정치적 용어의 실천적 의미는 정부의 목적과 업무 범위를 둘러싼 두 갈래의 상반되는 사고방식을 우리가 어떻게 매개하느냐에 따라 달라졌다. 이어서 오크쇼트는 지난 150년 동안 신념정치가 정치사상과 정치행위를 지배해 의심정치는 수세에 몰렸다고 주장한다. 하지만 신념정치를 제창하는 사람들은 거기에 내재하는 자기 파멸로 말미암아 실망하고 끝날 수밖에 없다고 그는 생각한다.

여기서 논의되는 "신념" 이란 전통적인 의미의 종교적 신념과는 사실상 반대라고 할 수 있다. 인간이 스스로 노력을 통해서 자신을 완성할 수 있는 역량이 있고, 인간 개인과 집단을 통제하고 설계하고 완성하기 위한 필수적 도구인 정부의 권력을 증강하는 방법을 계속해서 찾아나감으로써 이것이 가능해진다는 신념이다. "신념정치가 출현하는 데 가장 중요한 조건" 은 "인간의 힘이 경이롭게 증가하여 사람들을 매혹시켰다는 점" 이라고 오크쇼트는 말한다.[9] 이 현상은 근대 역사의 초입에 나타나서 정치를 통한 구원의 희망을 자극했고, 번영과 풍요와 복지라고 하는 베이컨 식의 약속을 퍼뜨렸다. 펠라기우스주의와 세속성에 반대했던 아우구스티누스적인 신념은 이 새로운 "신념" 으로 대체되었다. 요컨대 신념정치라는 것은 오크쇼트가 "합리주

---

[8] 예를 들어, "민주주의" 는 정치권력을 제한하는 수단이라는 뜻과 동시에 권력의 집중과 포괄적 행사를 정당화하기 위한 인민투표적 장치라는 뜻을 가진다.

[9] "Political Education" (1951) 그리고 Michael Oakeshott, *Rationalism in Politics* (New York: Basic Books, 1962; 증보판, Indianapolis: Liberty Press, 1991)에 수록된 논문 "Rationalism in Politics" . [아래 66쪽에도 같은 표현이 반복된다.]

의 정치" 라고도 부르고 "이데올로기적인 정치 스타일" 이라고도 부른 근대적 성향에 해당한다.

여기서 논의되는 "회의주의" 는 인간의 경험이 워낙 다양하고 복잡해서 시간이 아무리 지나도 인간의 제반사를 질서정연하게 재구성하는 계획은 성공할 수 없다고 보는 태도를 가리킨다. 그런 계획으로 얻어질 수 있는 활기와 성취는 기껏해야 찰나적일 따름인 반면, 그런 계획의 부작용은 주체들을 억압하고 인간의 기백을 저하시킨다. 인간 경험의 범위가 너무 넓고 개인과 집단 사이의 관계는 끊임없이 변하기 때문에 일정한 중앙의 설계에 맞춰 이들을 통제하려는 어떤 노력으로도 따라잡을 수가 없다. 정부권력을 증강한다는 것은 그런 통제를 확장함으로써 집단을 위해 "직선거리로 완성을 추구한다" [10]고 하는 잘못된 열망을 자극하는 짓이다. 이런 열망은 개인성에 관한 근대 특유의 약속을 위협한다. 각 개인이 누구인지는 "본질적으로 각자 본인에게 달려있다" 는 사실을 알기 때문에 스스로 자유롭다고 여기는 개인들,[11] 세계가 각자에게 지니는 의미에 따라 각자 세계에 대응하겠다고 고집하면서 자기 나름의 자아 이해를 터득하기 위해 탐구하는 개인들에게 광범위한 기회가 활짝 열려 있어야 한다는 약속을 위협한다. 자기가 누구인지는 각자 본인에게 달려 있다는 자아 이해 아래서 자신의 완성을 직선거리로 추구하는 개인들에게 오크쇼트는 공감을 느낀다. 다양한 개인들로 이뤄진 세계는 여러 곡조를 작곡할

---

10) "The Tower of Babel" , *Rationalism in Politics*를 보라.

11) "A Place of Learning" (1974), Michael Oakeshott, *The Voice of Liberal Learning: Michael Oakeshott on Education*, ed. Timothy Fuller (Yale University Press, 1989), p. 19. 아울러 Michael Oakeshott, "The Claims of Politics" (1939), *Religion, Politics and the Moral Life*, ed. Timothy Fuller (Yale University Press, 1993)를 보라.

수 있다. 그러나 한 명의 작곡가 또는 작곡가들로 구성된 하나의 팀에 의해, 설령 그 작곡가가 천재라고 해도, 그 모든 곡조들이 한 편의 교향곡처럼 통합될 수는 없다.

이와 같은 깨달음은 유럽에서, 특히 영국에서 15세기 이래 정치적 활동 및 정치적 활동에 관한 성찰의 주요 내용으로 포함돼왔던 실천, 담론, 그리고 저술들이 어떤 특징을 담고 있는지에 관하여 역사적으로 그리고 철학적으로 연구하면서 깊게 반성하는 와중에서 출현한다. 근대 유럽 정치의 특질들이 20세기에 전 세계로 퍼져 나갔다는 (한 지역에서 시작한 정치적 행위의 모호성과 정치적 담론의 양가성이 보편화되었다는) 점을 인정하면서도, 오크쇼트는 유럽의 원본을 가지고 살펴볼 때 그 특질들을 가장 뚜렷하게 식별할 수 있으리라고 생각했다.

제2차 세계대전 이후 오크쇼트의 모든 사상의 중심이 되었던 주제가 여기서 드러난다 - 사람들에게 생기를 불어넣어 주는 (비록 분열되었더라도) 목적들, 근대 유럽 정치와 근대 유럽 국가가 지향했던 그런 목적들을 이론화한다는 과제가 그것이다. 하버드 대학교에서 1958년에 행했던 강연, 그리고 1993년에 『근대 유럽의 도덕과 정치 *Morality and Politics in Modern Europe*』라는 제목으로 출판된 강연에서도 그는 이 주제를 다뤘다. 그리고 자신의 확실한 입장을 정리해서 1975년 『인간의 행위에 관하여』에서 진술했다.[12]

---

[12] Michael Oakeshott, *Morality and Politics in Modern Europe*, ed. Shirley Robin Letwin (Yale University Press, 1993. *On Human Conduct* (Oxford: The Clarendon Press, 1975). 아울러 "The Vocabulary of a Modern European State", *Political Studies*, 1975를 보라. 희열과 명상에 내재하는 시적인 의미를 끌어들여 근대 합리주의가 펼치는 보편적인 주장을 제약한다고 하는 과제가 1950년대의 오크쇼트에게는 두 번째 주제였다. 이 주제의 결실은 *The Voice of Poetry in the Conversation of Mankind* (London: Bowes & Bowes, 1959)에 담겨 있다.

『신념과 의심의 정치학』은 근대 정치에 관한 종합적인 지형도를 그려보려는 모색이라는 점에서 방금 언급한 두 작품과 연결된다. 정부의 활동이 미치는 범위를 이해하는 데 두 갈래 상반되는 방식을 제시한다는 점이 『인간의 행위에 관하여』를 닮았다. 『인간의 행위에 관하여』에서 분석되는 대조는 정부의 목적을 생각할 때 기준이 되는 두 개의 기둥 사이의 차이를 반영한다. 근대 국가는 "시민적 결사civil association"와 "기업적 결사enterprise association"라는 서로 경쟁하는 두 개의 이념형을 통해 가장 잘 이해할 수 있다고 오크쇼트는 생각했다. 각 이념형은 정부가 무엇을 위해 있는지, 그리고 정부가 무엇을 성취할 수 있는지에 관해 상이한 모델을 제공한다. 『인간의 행위에 관하여』에서 "시민적 결사"는 정치에 관한 회의적 성향과 양립할 수 있으면서 근대의 정치적 상황에 대응할 수 있는 정합적인 모델의 하나로 묘사된다. 목적은 여러 갈래지만 같은 정치체에서 함께 살아야 하는 사람들은 그 중 일부만이 마음속으로부터 승인할 어떤 통일된 목적에 의거하기보다는, 시민성과 절차에 의거하는 결사에서 이득을 얻는다. 사람들 사이에 적당한 거리를 유지해야 한다는 딜레마를 시민성과 절차는 경감해준다.[13] "기업적 결사"는 단일한 통일된 목

---

13) 오크쇼트는 이 점을 간결하게 압축해서 표현했다. "쇼펜하우어에 따르면, 옛날에 고슴도치들이 모여 살았다. 추운 겨울날 얼어 죽지 않으려고 그들은 서로 가까이 달라붙어 체온을 공유하고자 했다. 하지만 상대방의 가시에 찔리면 서로를 멀리 했다. 온기가 아쉬워 가까이 다가 갈 때마다 똑같은 탈이 났다. 이렇게 그들은 두 개의 불행 사이에서, 상대를 관인하지도 못하지만 상대 없이 지낼 수도 없는 상태에서, 방황하고 있었다. 어느 날, 서로 일정한 거리를 유지하면 각자 개인성을 누리면서 동시에 동반의 이익도 향유할 수 있음을 발견했다. 그들은 이 거리에다가 어떤 형이상학적 의미를 부여하지 않았다. 진정한 친구를 찾았다면 자체로 행복의 독립적인 원천이 되었을 테지만, 그 거리를 그런 원천으로 여기지도 않았다. 그들은 그것을 향유의 내용으로써 구성되는 관계가 아니라, 우연한 고려사항들 사이의 관계로 인식했다. 그만큼 그 거리는 그들이 스스로 결정해야 할 일이

적을 전제하기 때문에, 근대 국가에는 적절하지 못한 모델이라고 오크쇼트는 생각했다. 기업적 결사는 공동의 과업에 가담한 개인들, 싫으면 탈퇴할 수 있는 개인들이 꾸리는 자발적 결사에 적합하다.

『근대 유럽의 도덕과 정치』는 자기 자신을 일단 개인으로 인식하는 사람들이라면 개인적인 기반의 상위에 어떤 공동체적 요소를 첨가해서 얹어놓는 방식으로는 자아를 완성할 수 없음을 논증함으로써 정부의 권력을 증강하기 위한 주요 논거들을 무너뜨리려는 시도였다. 개인성을 위해 필요한 자아 이해가 공동성을 향한 소망에 내포되는 함의와 화해할 수 없다는 이치 때문에 그렇다. 억지로 종합을 시도하면 난잡한 사이비 질서가 나올 뿐이다. 근대인 중에서 혹자는 고대나 중세의 방식을 대안으로 상상하지만, 그런 복고적 대안은 없다. 고대나 중세의 요소들을 이런저런 식으로 엮어봤자 결코 만족스러운 해답이 안 된다는 점을 오크쇼트는 논증했다.

그는『신념과 의심의 정치학』에서 이 대립구도의 역사적 기초를 감정한다. 개인주의적 정서와 공동체적 정서 사이의 갈등에 관한 오크쇼트의 견해는「고대인의 자유와 근대인의 자유」에서 방자맹 콩스탕이 부각한 구분을 닮았다. 실제로 오크쇼트는 콩스탕의 이 논고를 높이 평가했다.[14]

『신념과 의심의 정치학』은 동시에 오크쇼트가 1940년대와 1950년대에 써서 잘 알려진 논문들에 나타나는 여러 주장들을 정리해서

었다. 전혀 의식하지 못한 채로, 고슴도치들은 시민적 결사를 발명한 것이다." "Talking Politics" (1975), *Rationalism in Politics*(1991년 판), pp. 460~461.

14) 1819년의 이 논고 또는 연설문의 영어 번역본은 Benjamin Constant, *Political Writings*, trans. and ed. Biancamaria Fontana (Cambridge University Press, 1988), pp. 308~328에 있다. 이에 비해, 콩스탕 이전에 이 갈등을 해소해 보려고 했던 루소의 노력은 실패로 끝났다고 오크쇼트는 생각했다.

일목요연하게 표현하고자 한 의미심장한 시도에 해당한다.[15] 특히 몽테뉴가 썼던 것과 같은 에세이 형식이 유용하다고 확신하면서, 그 시기에 오크쇼트는 때에 따라서 에세이들을 발표했다. 다른 누구보다도 자기가 보기에 너무 체계적인 방식으로 자기 생각을 펼쳐내지는 않으려고 했던 것이다. 제2차 세계대전이 끝난 후부터 1962년에 『합리주의 정치 비판』이 출판될 때까지는 그가 "합리주의"를 강하게 비판하던 시기인데, 그 시기 동안 그는 학계를 풍미하던 문체에 의도적으로 순응하지 않았다. 그러면서도 그 시기에 그가 다소 체계적인 글도 아울러 쓰고 있었다는 사실이 이제 이 책을 통해 분명히 드러났다. 그는 합리주의에 대해 합리주의적인 비판을 피하고 싶어 했다.[16] 『신념과 의심의 정치학』은 그의 생각을 좀 더 긴 호흡으로 표현한다. 근대의 정치와 정부에 관해 그가 생각한 바를 조명하고, 정치를 철학적으로 연구하는 사람이 맡아야 할 설명의 임무에 관한 (1940년대에 두 편의 논고에서 표명한 바 있었던)[17] 그의 견해를 채택함으로써, 이 책은 종전에 출판된 그의 작품들을 보완한다.

정치적 사유와 행위의 방식에서 오크쇼트가 찾아낸 양극성은 아직 해소되지 않았고 대체되지도 않았다. 그런 결말은 정치에 접근하는 두 방식 중 하나가 다른 하나를 완전히 진압함으로써 논쟁을 종식하

---

15) *Rationalism in Politics*를 읽은 독자라면 거기 수록된 논문들의 주제들과 표현들을 이 책 도처에서 알아볼 수 있을 것이다.

16) 하이에크의 『예종에의 길*The Road to Serfdom*』에 관해 그는 합리주의에 대한 저항이 "하나의 이데올로기로 둔갑" 했으며, "모든 계획에 저항하는 계획은 아마도 그 반대보다는 낫겠지만, 똑같은 스타일의 정치에 속한다" 고 평했다. *Rationalism in Politics* (New York: Basic Books), 1962년 판 p. 21, 1991년 판 p. 26.

17) "The Concept of a Philosophy of Politics" 와 "Political Philosophy" 이다. 둘 다 *Religion, Politics and the Moral Life*에 수록되어 있다.

고, 그리하여 자기편의 열망을 극단적으로 실현할 때까지 거리낌 없이 나아갈 수 있는 길을 찾았을 때나 가능하다고 그는 생각했다. 그러나 실제에서는 서로 상대편의 존재를 마지못해 인정함으로써, 그리고 극단에 대한 두려움 덕택에 대립이 매개된다. 정치적 투쟁들이 (한없이 이어지지 않고) 종결될 수 있는 기반이 이로부터 구성된다. 두 갈래 극단의 특징을 철학적으로 그리고 역사적으로 분석할 때부터 이미 오크쇼트의 의도는 균형점을 유지할 기초, 그의 유명한 표현대로 말하면, 옆으로도 밑으로도 끝이 없는 바다에서 배의 "평형을 유지할" [18]기초를 밝히는 데 있었다. 이런 내용은, 사실 1951년의 취임 강연에서 개진된 주장들의 부연 설명에 해당한다. 평형을 유지하려면, 의심정치의 가치에 대한 시야가 복구되어 신념정치의 과도한 지배로 인한 위험을 억제할 수 있어야 한다. 이런 점에서 의심정치를 선택하는 것은 반동의 정치로 빠지는 것이 아니라, 경륜가의 "균형자적 행위" 가 된다. 현업에 종사하는 정치인들에게 필요한 것은 하나의 신조가 아니라 자기가 처한 상황에서 한계가 어디에 있고 가능성이 어디에 있는지를 파악하는 인지력인 것이다.

오크쇼트는 정치에 관한 철학적 탐구의 결과로 어떤 하나의 통일적인 신조가 생산되리라고 생각하지 않았다. 그가 이해하기에 정치에 관한 철학적 연구는 특정한 정책을 보다 고상하고 보다 추상적인 형

---

18) "이렇게 볼 때, 정치적 활동에서 인간은 옆으로도 밑으로도 끝이 없는 바다를 항해하는 셈이다. 정박할 부두도 닻을 내릴 바닥도 없다. 출발점도 없고 종착지도 정해지지 않았다. 평형을 유지하며 가라앉지 않는 것이 사업의 목적이다. 바다는 친구이자 동시에 적이다. 그리고 항해사의 기술은 모든 적대적인 환경에 친숙해지기 위해서 전통적인 행동방식이라는 자원들을 이용하는 데 있다." *Rationalism in Politics*, 1962년 판 p. 127; 1991년 판 p. 60. 그는 이어서 미래를 향한 계획 또는 비전을 가진 사람에게는 이런 얘기가 "부당하게 회의적" 인 것으로 비치리라고 지적한다.

태로 옹호하는 방법이 아니다. 정치를 철학적으로 이해하려는 시도는 특정한 행동을, 가령 정책 토론을 이론적인 용어로 포장함으로써, 정당화하는 시도와는 근본적으로 다른 작업이다. 정치를 철학적으로 이해한다는 것은 정치 행위자들로서는 쉽사리 채택할 수 없는 조망점에서 이해하는 것이다. 철학적 탐구자도 이편 또는 저편에 이끌릴 수가 있는데, 그러한 치우침을 표현하는 방법은 오직 자기가 설득당한 이유를 공표함으로써 추가적인 철학적 탐구의 도마 위에 자신의 입장을 드러내는 방식이어야 한다. 이것 이상을 추구한다는 것은 철학적 성찰을 포기하는 셈과 같다. 종결되지 않은 대화를 이어나가자고 하는 초대 대신 설득과 행동을 선호하는 셈이기 때문이다. 철학적 이해를 실천적 행동으로 통합한다는 것은 간단히 되는 일이 아니다. 그렇게 하려고 시도하게 되면 이해를 향한 철학적 노력이 반드시 희생당할 것이다. 철학자로 남아있는 한, 철학자는 이해 자체를 위한 이해를 추구할 수밖에 없다.[19]

두 갈래의 사고방식 각각이 스스로 따져 묻지 않는 일련의 추정들을 기반으로 삼아 나름의 정합성을 달성하는 구도를 설명할 때도 오크숏트는 초연한 자세를 견지한다. 각 사고방식이 은연중에 전제로 삼는 추정들은 그 사고방식 나름의 실천적 이해에 부정합을 일으킬 수 있는 여타 추정들을 불가피하게 배제할 수밖에 없다. 그런 추정들까지 포함되어 실천적 이해에 부정합이 발생한다면, 무엇을 해야 할지에 관해 종전에 안다고 생각했던 바의 적합성이 의문시되고, 그리

19) 『인간의 행위에 관하여』 의 앞부분에 나오는 플라톤의 동굴의 비유에 관한 오크숏트의 분석을 살펴보라. 동굴에서 나가는 "상승" 의 가능성을 (하나의 우월한 행위라는 주장에 동조하지는 않으면서) 그는 받아들이지만, 동굴로 돌아오는 "하강" 을 통해 동굴을 재조직할 지혜가 전달된다고는 생각하지 않았다. 오크숏트에게 철학이란 인간적 지식이 얼마나 박약한지를 가르쳐줄 뿐이었다. 이런 점에서 그는 또 한 명의 소크라테스였다.

하여 행동에 나설 태세가 제약을 받기 때문이다.

그러나 핼리팩스의 『균형자의 성격』에 대한 칭찬에서 나타나듯이, 오크쇼트의 초연에는 조건이 붙는다. 핼리팩스는 국가라고 하는 배를 평형 상태로 유지하는 재간을 지닌 사람을 균형자로 제시했다. 여기서 오크쇼트가 주목하는 지점은 절대적 회의주의자의 의심이 아니라 기대치와 관련되는 절제다. 이 절제는 철학적 회의주의와 상반되는 실천적 회의주의의 징표에 해당한다. "균형자"의 의심은 신념정치에 맞닥뜨렸을 때 갈등을 조정할 길을 모색한다. 착각에서 나온 기대로부터 자극을 받지 않고도 변화의 필요를 인정할 수가 있기 때문이다. "'균형자'는 배가 평형을 유지하는 데 자신의 몸무게가 도움이 되도록 위치를 바꾸는 사람이다. …… 배가 평형을 유지하기 위해 그때그때 필요한 방향을 보면 그가 거기에 있을 것이다."[20]

오크쇼트는 "고대인"과 "근대인"이라는 자주 언급되는 이분법을 젖혀두고[21] 신념정치와 의심정치라는 용어를 사용한다. 두 개의 기둥으로 표현된 대안들은 그에게 공히 근대적이다. 그것들은 같은 시대에 출현해서 지난 5백 년 동안 발전해왔고, 근대 정치생활의 지성적

---

20) 아래 215~216쪽. 아울러, 핼리팩스의 『균형자의 성격』은 "근대 정치라는 여건으로부터 '절제'의 원리를 도출하려고 한 여러 시도 중 하나였다. …… 왜냐하면, 회의적인 스타일 자체는 하나의 극단이지만, 공동체에 단일한 활동 유형을 부과하는 종류의 극단성은 아니기 때문이다. 그러므로 회의적인 스타일은 …… 자신에 대해 참을성을 발휘하는 성격을 가지고 있는데, 이는 절제라고 하는 더욱 일반적인 신조를 암시한다고 볼 수 있는 것이다" (아래 215쪽).

21) "오직 근대 정치에 관해서만 말한다. 근대 정치의 특징 중에는 어떤 다른 곳, 예컨대 고대 세계와 같은 곳에 조응하는 것들이 물론 있다. 그러나 그러한 조응은 희미할 뿐…… 이다. …… 내가 관심을 기울이는 한, 근대 정치라는 것은 15세기에 출현하기 시작한 정치적 행위와 사유의 습관과 방식으로서 연면히 이어진 계보에 의해서 현재 우리의 습관과 방식으로 융합되어 있다" (아래 30쪽).

구조를 구성하고 있다. 근대 정치의 지성적 구조란, 실천적인 용어로 말하자면, 정부가 점점 더 손쉽게 휘두를 수 있고 정부에게 점점 더 매력적으로 되고 있는 전례 없는 수준의 통제 권력을 분산해야 할 것인가 아니면 "모든 활동들에 대한 꼼꼼하고 종합적인 통제"[22]를 달성하기 위해 중앙에 모아야 할 것인가를 둘러싸고 벌어지는 끝없는 논쟁이다.

오크쇼트는 물론 자신을 회의주의자로, "어떻게 해야 할지를 알기만 했더라면 더 잘했을 부류의 사람"[23]으로 묘사한다. 이를 이 책에서는 더욱 철저하게 그리고 더욱 시적으로 표현한다.

> 인간의 나약함과 잔악함 그리고 인간적 업적의 무상함에 주목하는 이 암울한 시선을 던이나 허버트 같은 이들은 깊게 느꼈고, 홉스나 스피노자나 파스칼 같은 이들은 철학적으로 정리했으며, 몽테뉴나 버튼 같은 이들은 온화한 아이러니로 취급했다. 이런 시선이 다스림이라는 활동에 관해 궁리하는 대목에 적용되었을 때, 정치적 회의주의의 원천이 되었다. …… 신념으로 충만한 시선이 내다보는 도금된 미래의 미끼에 걸리지 않는 모종의 도덕감, …… 이런 것들이 그 표지다.[24]

의심정치는 철학적 회의주의와 실천적으로 같지 않다. 철학적 회의주의는 신념정치에 대해서 만큼이나 의심정치에 대해서도 회의적이다. 각 종류의 정치 안에서 생동하는 기운은 각기의 순수하고 이상적인 형태를 빠짐없이 표현하려는 충동이 기승을 부릴 때 "네메시스"와 마주치게 된다. 신념정치는 바벨탑을 좀 더 높게 쌓아보려는 최신 설계도라는 신세를 결코 벗어날 수 없으며, 의심정치는 범상치

---

22) 아래 168쪽.

23) "Political Education", *Rationalism in Politics*, 1962년 판 p. 111; 1991년 판 p. 44.

24) 아래 142~142쪽.

않은 일들의 존재를 부인하면서 단지 게임의 규칙에 따르기만 하는 놀이로 빠져들기가 너무 쉽다.

"신념" 과 "의심" 이라고 하는 모호한 유산 너머로 나아가려면 지혜와 통찰이 필요하지만 오크쇼트는 우리가 그런 것을 얻을 수 있으리라고 생각하지 않는다. 이런저런 이상을 극단으로 밀어붙여서 얻을 것은 별로 없고, 대신에 위험부담은 엄청나다. 현재를 "밤과 낮 사이의 막간" 으로, 따라서 단지 "불확실한 여명기" [25]일 뿐이라고 보는 불행이 그것이다. 두 개의 극단 중 어느 편의 이상이든지 그 추상적인 형태의 이면에는 역사 속에서 이뤄지는 행위 안에서 은폐되거나, 행위에 의해 왜곡되거나, 또는 행위를 통해 실현될 것으로 기대되는 내재적 질서가 대응한다.[26] 그러나 역사에는 필연적으로 결정되어 있든지 아니면 의지에 따르도록 되어 있든지 이상적인 패턴이나 최종 상태 같은 것이 없다. 그런 것을 추구하는 사람들은 언제나 실천에 옮기는 노력의 와중에서 실패할 수밖에 없고, 그 와중에 많은 고통을 초래할 것이다.

신념정치가 인간 행위의 가능성을 과대평가한다면, 의심정치는 그 가능성을 과소평가하든지 아니면 아예 간과한다. 신념정치도 의심정치도 정치의 온전한 모습을 파악하지는 못한다. 하나를 내세우면 다른 하나가 맞서 나온다. 그렇게 생성되는 장場 안에서 우리는 움직여야 한다.[27] 어떤 간단한 원리나 명제 몇 개를 고안해서 우리가 처한

25) 아래 177쪽.

26) 두 갈래의 대안을 각각 실천하는 사람들이 무슨 일을 할지 또는 하지 않을지에 아무런 신경도 쓰지 않은 채, 그 대안들을 가차 없이 파헤쳐 철학적으로 해부하는 작업이 아니라, 적정한 중간 지점을 찾아내라는 것이 오크쇼트의 실천적 조언이다.

27) 그의 일생에서 (영국 노동당의 흥기를 그가 불안하게 여겼다는 말이 전해지듯이) 가장 정치적이었다고 간주되는 시기에조차 오크쇼트는 단순히 당대 영국이라는 지역에서 나타나는 현상만이 아니라 근대 정치 전체에 관한 이론을 탐색하고 있었다.

복잡한 행위의 장을 통달할 수 있는 것이 아니다. 그러므로 정치는, 이제는 유명해진 오크쇼트의 문구로 말하면, “암시의 추구” 다.[28] 그리고 필요한 것은 균형자, 정치적 전통을 포괄적으로 이해하되 그 제약에 짜증을 내는 것이 아니라 새로운 가능성을 기꺼이 고려해보는 사람이다.

해야 할 일이 무엇인지를 실수의 위험 없이 결정할 길은 없다. 하나의 상황을 그럭저럭 지나왔기 때문에 다음 상황도 그 정도로 (또는 그만은 못하게라도) 해내리라고 사전에 알 수는 없다. 이것은 신념정치에 이끌리든 의심정치에 이끌리든, 실천에 종사하는 모든 사람에게 해당하는 얘기다. 회의주의자에게 유리한 점이 있다면, 정치라는 것이 암시의 추구 이상의 것은 결코 될 수 없다는 점을 잊지 않음으로써 실수를 덜 저지른다는 정도의 소박한 이점뿐이다.[29] 회의주의적 성향은 역사 안에서 현시되는 인간 조건의 온갖 우연성에 대해 다른 사람들이 기고만장할 때 냉정을 시사하는 역사의 회고적 기능에 보다 개방적이다. 오크쇼트는 말한다.

> 신념정치에서 정치적 결정과 기획은 (반드시 하나만 있어야 하는) 공동선을 영감에 의해 지각한 데 따르는 반응 또는 합리적 논증에 따라 도출된 결론으로 이해된다. 여기에 일시적 편의를 위한 선택이라든지 세상일이 돌아가도록 유지하기 위해 무언가를 해보는 것으로 정치적 결정을 이해할 여지는 없다.[30]

---

28) “Political Education”, *Rationalism in Politics*, 1962년 판 pp. 124~125; 1991년 판 pp. 57~58.

29) 정치는 암시의 추구 아닌 것이 될 수도 없다는 것이 오크쇼트의 뜻이다. 신념정치는 암시를 추구할 수밖에 없는 처지를 벗어나기는커녕, 착각 또는 (자주) 자기기만에 불과하다. 근대에 가용해진 엄청난 권력 그리고 전쟁과 국제 갈등을 미연에 방지하지 못하기 때문에 각국의 정부들이 상시적으로 위기상태에 처하게 되는 결과가 절제를 방해한다.

반면에 의심정치는,

> 인간적 완성이 착각이라는 발본적인 믿음, 또는 정부의 활동과 완성의 추구를 결부시켜서 한 방향으로만 모든 힘을 집중하기에는 완성을 위한 조건이 무엇인지에 관해 우리가 아는 바가 부족하다고 하는 약간 덜 발본적인 믿음에 뿌리가 있다고 말할 수 있다. 완성을 ……오직 직선거리로만…… 추구했다가는 필경 실망과 비참을 초래하고 말리라는 믿음도 덜 발본적인 부류에 해당한다.[31]

요컨대 정치적 회의주의에 의한 다스림은 우리에게 중요한 사안들을 돌보라고 맡기는 반면에 종합적인 목적을 부과하지는 않는다. 그런 정부는 다른 생활방식들을 폐기하면서 하나의 생활방식을 장려할 자격과 책무가 있다는 식으로 자처하지 않는다. 사람들에게 어떻게 살라고 가르쳐주는 데 목표가 있는 것이 아니라, 사람들로 하여금 자신의 삶을 각자 꾸리도록 맡겼을 때 사람들이 스스로 산출하게 될 경이로울 정도로 다양한 가능성을 각자 안전하게 상상하고 추구할 수 있도록 사회의 짜임새를 유지하는 것이 목표다. 이처럼 "회의주의자는 질서가 언제라도 망가지고 와해될 수 있는 만큼 위대하고 어려운 업적이라고 이해한다."[32] 이 질서는 오크쇼트가 "피상적 질서"라

---

30) 아래 69~70쪽.

31) 아래 75~76쪽. 인용문에서 오크쇼트가 형상화하는 것은 "추상적 극단" 에 해당하는 의심정치다. 다시 말해, 자기들의 입장을 (당연시하는 차원이 아니라) 자의식을 가지고 옹호해보라는 요구를 받았을 때 회의주의자가 대답으로 내놓을 만한 판본에 해당한다. "영감에 의해 지각" 한 공동선을 철학적으로 반성해보지 않는 사람들이 신념정치를 진행할 수도 있다. 이에 대한 오크쇼트의 개입은 실천을 직접 변경할 의도는 없이 제한적이다. 특정한 행동은 철학적 성찰로부터 도출되지 않는 한편, 행위는 언제나 특정하다. 어느 편에 속하든 실천에 종사하는 사람이 만약 오크쇼트의 분석을 취해서 자기네 특정 견해와 행동으로 연결한다면, 그런 연결은 그들 스스로의 창안이다.

고 부른 질서, 권리와 의무와 구제 수단의 체계라는 의미의 질서다.

"피상적 질서" 라는 문구를 통해서 오크쇼트가 의미하는 것은 정부 쪽에서 나오는 어떤 고안과도 상관이 없는 상태에서 생동하며, 어떤 정부도 결코 완전히 파악하거나 정복할 수 없는 인간관계의 더욱 깊고 종합적인 분포를 덮어 싸고 있는 형식적인 짜임새다. 피상적 질서의 제일 과제는 그 안에 담긴 더욱 깊은 질서를 유지하고, 나아가 "향상" 시키는 데 있다. 여기서 "향상" 이란 현재 질서의 외면적 짜임새를 정황의 변화에 따라 필요하다고 보이는 만큼 조정한다는 의미다. 회의주의자는 다스림이라는 것은 "요리에 사용된 마늘처럼 없을 때에나 표가 날 정도로 ……조심스럽게 사용되어야 한다" [33]고 생각한다. 다스린다는 일은 끝이 날 수 없다. 왜냐하면,

> [피상적 질서가] 전체적으로 고안된 적은 전혀 없다. 이런 체계에 어떤 정합성이 담겨 있다고 한다면, 내부의 각 부분들이 서로에 대해 항시적으로 적응하고 재적응한 결과일 뿐이다. …… 피상적 질서의 체계는 언제나 좀 더 정합적이도록 변화할 여지가 있다. 이 체계에 관해 숙고하고, 그것을 좀 더 정합적으로 만들 수 있도록 거기서 나오는 암시에 응답하는 것이 그것을 향상시키는 길이며, 이런 향상은 회의주의자가 이해하는 정부의 직무에 속한다. ……질서의 야만은 질서 자체를 위한 질서가 추구될 때, 그리고 질서 유지를 위해 다른 모든 것이 파괴되어 다만 개밋둑의 질서 또는 공동묘지의 질서만이 남게 될 때 발생한다. …… 이런 양식에 따르는 소박한 통치자는 인간 활동의 일반적 경로를 결정할 능력이 이웃에게 보다 자기에게 더 많이 있다고 생각하지 않는다.[34]

---

32) 아래 77쪽.

33) 아래 83쪽.

34) 아래 80~82쪽.

그렇다면, 이 책은 정치적 과잉 그리고 전도된 질서의 야만에 맞서는 논설이며, 질서라는 이름으로 여러 개의 공동묘지를 만들어낸 20세기의 정치와 이데올로기들에 대한 감정평가다. 그리고 이 책은 회의적 성향이 숙의를 위한 하나의 자원으로 아직 남아 있는 정치체들에게 보내는 훈계이자 기억을 환기하는 최고장이다. 이 책은 우리더러 정책에만 몰두하는 동굴에서 벗어나 잠시 바깥을 돌아다녀보라고, 정치에 관해 더욱 넓고 깊은 이해의 지평에 다시 접해보라고 당부한다. 우리 시대의 신념정치는 약속이 실현되었다는 기념식이기보다는 비전이 실종되었다거나 목적의 분열이 불가항력이라는 등의 한탄일 때가 훨씬 많은 것으로 보인다. 왜 이래야만 했는지를 조금이라도 더 잘 이해하고 싶다면, 이 책이 하나의 출발점이 될 수 있을 것이다.

차례

제1장 서론

I

나는 동료와 이웃의 평균에 비해 세상 물정을 모르는 편이다. 그리고 지금부터 하려는 말은 철학자로서 하는 말도 아니고 역사가로서 하는 말도 아니다. 따라서 나 같은 사람이 정치에 관해 말을 하려면 먼저 변명이 필요하다. 물정에 밝은 사람은 듣는 사람에게 무언가 전에 몰랐던 정보를 제공할 수 있다. 철학자가 정치의 여러 문제에 관해 성찰한 결과라면, 우리가 즐거이 귀를 기울일 것이다. 한 사회의 정치적 경험이라고 일컬을 수 있는 여러 가지 변화들이 전개되는 방식에 관해 우리는 역사가로부터 배울 수 있다. 이들에게는 각자 나름의 관점에서 해줄 만한 무언가 의미 있는 얘기가 있을지도 모른다. 이들의 이야기를 종합하면 중요한 논지가 생성될 수도 있다. 그렇지만 특별한 형식이 없이 흘러가는 대로 말하는 것은 위험만을 안을 뿐 아무런 이득이 없을 것이다. 일정한 기법에 따른 규칙을 결여하고 있기 때문에 위험하고, 잡다한 것들을 잔뜩 모아봤자 그것으로 무엇을 해야 할지 모를 테니까 이득이 없다. 그럼에도 불구하고, 나는 지금부터 그런 방식으로 말하려고 한다. 내 말에 대해 체계적인 변론도 펼치지 않을 것이고, 어디에 쓸모가 있는 말인지도 밝히지 않을 것이다. 단, 마냥 두서없이 흘러나오는 말은 되지 않도록 내 나름대로 몇 가지 구획을 설정하고자 한다.

첫째, 오직 근대 정치에 관해서만 말한다. 근대 정치의 특징 중에는 어떤 다른 곳, 예컨대 고대 세계와 같은 곳에 조응하는 것들이 물론 있다. 그러나 그러한 조응은 희미할 뿐이기 때문에 지금 우리가 정치에서 행위하고 사유하는 현재의 방식에 세부적으로 비견될 수 없는 것들을 비교하려 들지는 않을 것이다. "근대의 역사는 지난 4백 년의 세월이 중세적 생활과 사유의 조건을 어떻게 바꿔놨는지를 말해준다" — 액턴 경의 말이다. 내가 관심을 기울이는 한, 근대 정치라는 것은 15세기에 출현하기 시작한 정치적 행위와 사유의 습관과 방식으로서 연면히 이어진 계보에 의해서 현재 우리의 습관과 방식으로 융합되어 있다. 따라서 제법 긴 기간을 다룬다는 말이 되는데, 너무나 긴 기간은 아니다. 일반적으로 말해서, 현대 정치적 사유의 대표적인 폐단은 미래는 지나치게 길게 내다보려고 하는 반면에 과거는 너무나 짧게 되돌아보는 데 있다. 현재의 정치에서 싫든 좋든 의미를 가지는 일들은 프랑스 혁명이나 영국 혁명 또는 1832년의 선거법 개정에서 비롯된다고 생각하는 경향이 우리에게 있는 것 같다. 이것은 상서롭지 못한 습관이다. 우리 정치의 성격에 관한 계보를 축약해 버림으로써 바로 그 성격에 대한 이해가 제한되기 때문이다.

둘째, 이미 드러났겠지만, 나는 서유럽, 그 중에서도 특히 영국의 근대 정치에 관심을 기울일 것이다. 정치적 목표와 신조에 관해서 영국인 사이에서 나타나는 방식이 (또는 차라리 타성이라고 불러야 맞을지도 모른다) 세계 전체에 널리 퍼진 시대이기 때문에, 이제는 정치에서 한 가지 (비록 내적으로는 복잡한 요소들을 담고 있겠지만) 이상의 성격을 목격하기가 쉽지 않다. 정치적인 기획들과 기대들이 (물론 세부적으로는 서로 다르겠지만) 모든 곳에서 서로서로 긴밀하게 동화되어 정치적 추론의 습관들이 과거에 비해 서로 훨씬 비슷해졌다. 지역적 차이에 무관하게 모든 곳에서 쉽게 관찰되는 사항들이 늘어나고 있다. 그렇지만 이와 같은 성격의 획일화는 아직 불완전하고 여러 면에서 허상일 뿐만 아니라 (실상인 경우에도) 자생적인 성장의 소산이라기보다는 외부로부터 복음처럼 전해진 결과이기 때문에, 그러한 성격이 (수입품으로 전래해) 아직 불완전하게 정착된 곳에서보다는 처음 태어나 자란 곳에서부터 살펴보는 편이 이득이라고 생각할 수 있다.

셋째, 영국의 정치에서 나타나는 목표와 신조의 모든 양상에 관심을 기울이는 것이 아니라, 그 중에서 정부라고 하는 한 양상, 다시 말해 다스리고 다스림을[35] 받는 양상에만 관심을 집중한다. 중세의 정치를 고찰하면서 이렇게 한다면 주제를 어처구니없게 좁게 잡은 셈이 되겠지만, 근대 유럽의 여러 공동체들은 통치자들과 신민들로 분석될 수 있다는 점이 (통치자들은 신민들보다 언제나 수가 더 적다) 특징이다. 이 점은 우리에게 정치적 공동체라는 것이 다른 것과 구별되는 하나의 표식으로서, 특정한 헌법의 형태에 따라서 달라지는 일이 아니다. 나아가 통치자의 직책에 많은 내용들이 포함되지만, 신민을 상대로 권력을 행사할 권위를 가진다는 점이 가장 본원적인 내

35) 영어 동사 govern은 "다스리다" 로, 명사 government는 "정부" 또는 (동사와의 연관을 표면에 드러낼 필요가 있을 때) "다스림" 으로 옮긴다. (역주)

용이다. 정치공동체 구성원들의 활동이 정부에 의한 권력행사와 신민의 복종으로만 이뤄지는 것은 물론 아니다. 다스림이라는 관점 말고도 근대 사회를 바라보는 방식은 많이 있다. 그러나 모든 정치적 공동체는 이와 같은 특징을 가지며, 내가 고찰하려는 특징이 바로 이것이다. 다스리고 다스림을 받는 활동들, 그리고 그러한 활동들에 대한 우리의 이해를 구성하는 사유가 내가 다루려는 주제이다.

나아가 그러한 사유는 일반적으로 정부의 두 양상, 서로 다르면서 서로 연관되어 있는 두 양상과 관련된다. 하나는 누가 어떤 권위로써 다스릴 것이냐는 질문에 관한 것이고, 다른 하나는 (사람들이 타당하다고 여기는 방식으로 구성되어 권위를 부여받은) 정부가 해야 할 일이 무엇이냐는 질문에 관한 것이다. 나는 이 가운데 두 번째 질문에 관한 우리의 사유를 주로 고찰하려고 한다.

유럽의 근대 정치사는 첫 번째 질문에 시선을 고착하고 서술될 때가 아주 많다. 그 결과 정부의 구성과 권위의 원천에 관한 실천과 사유에서 발생한 변화의 이야기로 정치사가 표상되어 왔다. 이런 이야기가 너무나 자주 너무 웅변적으로 울려 퍼져서 우리는 그것이 이야기의 전부라고 거의 설득되었다. 이러한 방향의 시선은 바탕에 일정한 추정을 전제로 삼고 있는데, 정부의 구성 즉, 헌법의 원칙으로부터 정부의 목표가 직접 도출되며, 따라서 전자의 질문이 해결되면 후자의 질문도 해결된다는 믿음이 그것이다. 그러나 조금만 관찰하고 조금만 성찰해보면 그렇지 않다는 것을 알게 될 것이다 – 정부의 구성과 정부의 목표 사이에서 일반적으로 식별할 수 있는 간단하고 직접적인 관계 같은 것은 없다. 그런 관계가 때때로 나타나는 경우가 있다면, 그런 사례들은 자체로 살펴볼 가치가 있을 것이다. 그러나 내 관심은 근대 정부의 역사에 담겨 있는 다른 국면, 정부의 권력 행사와 관련되는 우리의 실천과 사유에 있다. 이것을 역사가처럼 서술하는 것이 아니라, 이에 관해 성찰하고 논평하는 일이 내 관심사이다.

이 연구는 이와 같은 구획 안에서 진행할 것이다. 근대의 정부들은 다른 시대에는 하지도 않았고 꿈꾸지도 않았던 일들을 실행하고 구상하는 데 익숙해진 것이 분명하다. 정부가 해야 할 일 또는 해서는 안 될 일이라고 우리가 익숙하게 생각하는 바들이 과거부터 줄곧 그렇게 생각되던 바와 똑같지 않다는 것도 분명하다. 이런 점들에서 근대 세계는 자체의 성격을 드러낸다. 이 성격을 발굴하는 것이 내 목적이다. 내가 비록 격식을 갖춘 방법을 따르지는 않지만, 다음과 같은 치밀한 질문들에 대한 답을 찾고자 한다. 근대 세계에서 다스림이라고 하는 실천은 어떻게 생성되고 어떤 성격을 가지는가? 이 실천은 어떻게 이해되어 왔는가? 정부의 타당한 직무에 관한 우리의 사유는 어떻게 생성되고 어떤 성격을 가지는가? 이런 질문들에 대답을 시도하는 동안 나는 이 질문들 사이의 연관을 밝히기 위해 노력할 것이다.

하지만 그보다 먼저 내가 위에서 구분한바 즉, 다스림을 실천하는 일과 그러한 실천을 이해하는 일 사이의 구분을 설명할 필요가 있다. 왜냐하면 이 구분은 우리가 탐구하려는 원리에 관련되는 구분은 아니지만 우리의 탐구가 진행할 방향에 관한 구분이기 때문이다. 정부는 어떤 일을 하려고 힘을 기울인다. 가령 영국 왕 헨리 8세라면 수도원을 해체하려고 힘을 기울일 수 있고, 20세기의 내각이라면 외국과의 경쟁에서 특정 산업을 보호하려고 힘을 기울일 수 있다. 이런 일들을 단순히 사건으로, 다시 말해 해체와 보호라고 하는 사건이 일어난 것으로 바라보는 시각도 가능하다. 이런 시각에서 바라볼 때 우리가 알아낼 수 있는 것은 지진이나 전염병에 관해 알아낼 수 있는 것과 같은 종류의 사항들이다. 그 사건들의 경과를 알아낸다거나, 또는 좀 더 집요하게 추적한다면 그 때문에 어디에 무슨 변화나 단절이 일어나는지를 알아내는 등의 사항들이다. 그러나 우리가 관심을 가지는 사건들은 단순히 사건이기만 한 것이 아니라 인간의 행위이다. 그리고 인간의 행위를 이해하기 위해서는 인간의 행위를 어떻게 해석해야 할지 알아야 한다. 그런데 여기서 "해석" 이라는 단어로써 내가 의미하는 바는 인간의 활동이라는 영역 바깥에 위치한 시점에서서 무언가를 발견한다는 것이 아니다. 예컨대 통치자가 행동을 취하기 전에 그의 "마음속에" 무엇이 들어있는지, 그의 "동기" 라든지 심지어 "의도" 따위를 발견해야 한다는 뜻이 아니다. 이런 용어들은 쓸데없이 복잡하고, 어떤 행위를 밝은 빛 아래 조명하려고 할 때 우리가 실제로 어떻게 하는지에 관해 길을 잃게끔 오도한다. 행위에 앞서서 어떤 "결심" 이나 "의도" 가 있었는지가 불분명해서 밝혀낼 필요가 있는 경우도 있다. 그렇지만 인간 행위의 특징은 어떤 "결심" 이나 "의도" 를 뒤따라 나오는 데 있는 것이 아니라, 하나씩 별개로 바라봐서는 이해할 수가 없다는 데 있다. 다시 말해, 어떤 행위를 어떻게 독해해야 할지를 안다는 것, 그 행위가 무엇을 의미하는지 알고 그 행위를 이해한다는 것은 그것을 해당 맥락 안에서 고찰한다는 것이다. 하나의 행위를 둘러싼 맥락이라는 것은 전적으로 다른 행위들로 구성되어 있다. 행위를 이런 방식으로 이해할 수 있기 전까지 우리는 그 행위가 무엇인지 알지 못하는 셈이다. 예를 들어, 수도원의 해체는 왕실의 수입을 늘리려는 행위로 독해할 수도 있고, 종교적 오류를 근절하려는 조처로 독해할 수도 있다. 보호 무역은 번영을 증진하는 조처로 독해할 수도 있지만, 다르게 보면 설사 번영을 포기하는 대가를 치르더라도 장차 혹시 외국의 경쟁자들에게 포위당하는 날에 대비해서 방어력을 기르려는 조처로 독해할 수도 있다. 이럴 때 각 행위는 어떤 방식으로 읽느냐에 따라 각기 다른 행위가 된다. 그리고 그것이 다른 행위가 되는 까닭은 소위 "의도" 라고 불리는 어떤 것이 다르기 때문이 아니라, 그 행위가 상이한 맥락에 속하는 것으로 비쳐지기 때문이다. 그렇기 때문에 정부의 행위와 그 행위에 대한 이해를 분별하는 편이 현명하다. 정부의 행위를 이해하기 위해서는 표면을 뚫고 밑으로 파고들어가야 하기 때문이 아니라, 해당 행위를 다양한 방식으로 독해할 수 있고, 그 행위는 다양한 맥락에 속할 수 있으며, 행위와 그에 대한 이해를 분별하지 못하면 잘못된 방향으로 이끌려 갈 수가 있기 때문이다. 그렇지만 이 분별은 원리에 관한 구분이 아니다.[36] 왜냐하면 어떤 행위의 특질, 그 진상이라는 것은 그 행위 자체와 분리될 수 없기 때문이다. 우리가 어떤 행위를 탐구하려고 할 때, 그 행위와 그 의미는 두 개의 사항이 아니라 하나이다. 다시 말해, 자체의 맥락 안에서 그 행위가 가지는 구체적인 성격이 곧 그 행위이며, 우리가 이해하려는 대상이다.

그렇기 때문에 정부의 타당한 직무가 무엇인지를 물을 때, 우리가 단지 사건 또는 사건의 결과만을 고찰하고 있는 것일 수가 없다. 사건이란 단순히 일어날 뿐이고, 자체로는 어떤 타당성도 가지지 않는다. 그리고 사건의 결과는 언제나 확정이 불가능하다. 어떤 변화나 단절의 발생에 일정한 사건들이 기여했다고 볼 수 있는 사례는 많겠

---

36) 여기서 오크쇼트는 "원리" 라는 단어를 사물이나 사태의 고유한 진상이라는 의미로 사용하고 있다. 즉, 정부의 행위와 그에 대한 이해를 분별하는 구분은 다스림의 본질에 관한 구분이 아니라 그 본질을 탐구하기 위한 우리네 사유의 형식에 관한 구분이라는 뜻이다. (역주)

지만, 그러한 변화나 단절들이 그것들보다 덜 현저한 다른 변화나 단절들에 비해 더 중요하다고 믿지 않으면 안 될 이유는 없기 때문이다. 사실은 특정한 변화나 단절을 중요하다고 믿지 않으면 안 될 이유부터 애당초 없다. 더군다나 관찰된 변화 또는 단절에 각 사건이 기여한 정확한 몫을 결정할 수 있는 수단도 전혀 없다. 타당한 직무에 관한 질문에서 우리가 마음을 정하고자 하는 초점은 통치자들이 수행했거나 수행하려고 하는 행위의 타당성 여부이다. 그런데 그들의 행위가 무엇인지를 알기 전에는 그 행위의 타당성을 판단할 수 없기 때문에, 정부의 타당한 직무에 관한 우리의 믿음은 곧 특정한 방식으로 독해되거나 해석된 행위의 타당성에 관한 믿음인 것이다. 요컨대 정부의 타당한 직무를 질문할 때 우리의 관심사는 하나씩 별개로 취급되는 (다시 말해, 의미나 성격이 불확정의 상태로 남아 있는) 행위들이 아니라 맥락 안에 위치한 행위들이다.

정부의 행위를 우리가 경험하고 이해하기에 앞서서 정부의 타당한 직무에 관한 우리의 사유와 믿음이 먼저 구상되어 있을 수도 있다는 주장이 때로 제기된다. 이 주장에는 의심할 나위 없이 다음과 같은 일리가 들어있다 — 사람들이 인간 행동의 타당성에 관해서 일반적으로 가지고 있을 수 있는 관념들이 정부의 타당한 직무에 관한 우리의 사유와 믿음에 어렴풋이 반영된다. 그렇지만 이 정도로는 별로 멀리 가지 못한다. 단적으로, 인간 행동의 타당성에 관한 일반적인 관념들은 정부 직무의 타당성에 관해 근대 세계에서 통용되는 관념들에 대해 매우 제한된 연관밖에 가지지 못한다. 그러한 일반적 관념들은 개인 주체들이 서로에 대한 관계 안에서 보여주는 행태에 관심을 기울인다. 반면에 근대에 우리가 정부를 이해할 때에는 중세 시대와는 달리 직무와 인격을 일반적으로 구별하기 때문에 인격과 관련해서 온당치 않다고 간주할 일이라고 해서 직무와 관련해서도 반드시 온당치 않다고 간주하지만은 않는다. 정부와 신민[37] 사이의 관계가 모든 면에서 주체와 주체 사이의 관계와 같다고 생각할 사람은 아무도 없다. 이 분별의 근거와 기원에 관해서는 나중에 따로 고찰이 필요하겠지만, 이 분별 자체는 근대 세계에서 보편적으로 관찰된다. 그러므로 정부의 타당한 직무에 관한 우리의 사유와 믿음은 정부 권력의 행사를 통해 달성할 수 있는 일의 한계에 관한 우리의 생각과 현재 정부에 의해 시도되거나 달성되고 있는 일들을 관찰한 우리의 경험에서 우러나와 조성된다. 그리고 그 와중에 어떤 일은 시도되고 어떤 일은 시도되지 않을지에 관해 우리가 익숙하게 지니고 있는 기대와 인간 활동의 온당한 방향과 목적에 관해 우리 사이에 통용되는 믿음도 일정한 비중으로 작용한다. 앞으로의 논의에서는 정부의 타당한 직무에 대한 우리의 믿음이 어떻게 생성되는지에 관해 모호한 얘기들은 일절 추방되기를 바란다.

다음으로, 지금 정부의 활동을 우리가 이해하는 방식을 고찰하고 정부의 타당한 직무에 관한 우리의 사유를 고찰하려는 것이기 때문에 사전에 해소해야 할 질문이 한 가지 더 있다. 우리가 조사하려는 대상을 시야에 포착하기 위해 어디를 바라봐야 하는가? 내 생각에는 정보의 원천이 될 만한 곳이 셋 있다. 근대 세계에서 이런 일들에 관한 믿음은 과거와 현재의 정부들이 무엇을 시도하고 무엇을 달성했는지를 관찰함으로써, 그리고 다스림이라는 활동에 관해 우리가 말하

---

37) 여기서 "신민"과 "주체"는 영어 원문에서 다같이 "subject"이다. 한 개인은 다른 개인과의 상호관계 및 여타 활동의 영역에서 행동의 주체이면서, 동시에 정부와의 관계에서는 통치의 대상이자 정치적 권위에 복종하는 피치자가 된다. 민주정치의 이념에서는 일면 주권자라는 위상도 가지지만, 여전히 피치자라는 위상이 사라지지는 않는다. (역주)

는 습관적인 양식을 관찰함으로써, 그리고 이 주제에 관해 자신의 견해를 밝힌 바 있는 사람들의 저술을 고찰함으로써 추출해낼 수 있다.

실천과 언설과 숙고된 저술 — 이 세 가지 원천은 물론 서로 독립적이지 않다. 실천이 항상 언설에 앞서고, 숙고된 저술은 항상 언설들에서 나온다는 식의 말은 과장이 분명하다. 그렇지만 실천이 가장 선행한다는 데에는 중요한 일리가 있고, 내가 그 점을 밝힐 수 있기를 바란다. 내가 실천이라는 단어로 의미하는 바는 근대 세계에서 나타나는 정치활동의 양식이다. 실천은 일을 하는 특정한 방식으로 고정되어 있을 수 있고, 무엇이 시도되고 무엇이 실행될지가 그 틀에 따라 대체로 결정되어 있을 수 있다. 실천은 일시적으로 실험적이 될 수도 있는데, 실험의 폭은 무제한이 아니고 일반적인 행동의 습관 그리고 습관의 (과거의 실험 결과들이 반영된) 변화에 의해 제한된다. 실천은 때때로 추상적인 이념을 통해서 설명되기도 한다. 하지만 실천이 현재 어떤 성격을 가지고 있든지, 정부의 개별 행위들을 우리가 해석하고 이해하는 것은 실천이라는 맥락 안에서이다. 그리고 실천을 이해할 수 있게 되는 것은 어떤 논증을 납득하는 식이라기보다는 어떤 규칙성을 발견하는 식이다.

언설 가운데는 실천을 공고화하고 그 의미를 더욱 명백하게 만드는 종류도 있다. 때로는 저술이 실천의 테두리와 경계를 날카롭게 벼려서 획정하기도 한다. 저술이 없다면 그토록 날카로운 경계 구획이 불가능할 때도 있다. 실천과 언설이 솔직하게 서로를 드러내며 서로 끊임없이 소통하는 와중에, 실천 덕분에 언설이 명료해지고 언설 덕분에 실천이 분명해질 때도 있다. 반면에 내가 지금 염두에 두고 있는 저술이란 언설과 실천의 흐름 중간에 띄엄띄엄 간격을 두고 끼어들어 나오는 발화이자, 언제나 개인성을 강하게 띄게 된다. 이러한 저술들은 다스림이라는 활동이 당대에 어떻게 이해되고 있는지에 관한 정보의 원천으로서 경멸의 대상은 결코 아니지만 적절한 정도로 조심하면서 활용해야 한다.

중세의 정치가 실제로 어떠했는지를 알고자 할 때, 중세 시대에 정치에 관해 저술한 사변적인 저자들을 신뢰하면 안 된다는 점을 우리는 오래 전에 깨달았다. 근대 시대의 정치라고 해서 이와 비슷한 의혹의 시선이 생뚱맞은 짓은 아니다. 기독교 신조를 집성한 위대한 문서들을 보면 기독교 신앙이 대단히 정교하게 질서를 갖춘 것처럼 나타난다. 그러나 예컨대 이탈리아 남부 칼라브리아 지방의 농부, 또는 중국인 개종자, 아니 사실은 기독교도 대다수가 독실한 정도에서 그런 정교한 질서에는 까마득하게 미치지 못한다. 어떤 방에 흩어져 있는 물체들이라도 오목거울에 비춰보면 과장되게 집중되어 있는 듯이 보이는 것처럼, 이와 같은 정치적 저술들은 다스림이라는 활동이 실제 이상으로 정합적인 것처럼 이해하도록 우리를 이끈다. 이럴 수밖에 없다는 점까지는 용인하지 않을 도리가 없다. 단, 좀 더 치밀한 분별력을 갖추고 저런 저술들을 활용한다면 종전까지 가려져서 안 보이던 사항들까지도 밝은 빛 아래로 끌어낼 수 있을 때가 많다. 예를 들어, 만약 그 저술들에서 불확실성이나 망설임이나 모호화법이 나타난다면, 나날의 언설과 실천과 관련되는 보다 덜 정밀한 이해에서는 그보다도 더 큰 부조화가 있었을지 모른다는 증좌로 삼을 수도 있을 것이다. 이렇게 볼 때, 다스림에 관한 인간의 이해 및 정부의 타당한 직무에 관한 인간의 관념을 알려줄 정보의 세 원천 — 실천의 유형과 언설의 유형과 숙고된 저술의 유형 — 가운데 첫 번째가 가장 신빙할 만하고, 두 번째는 가장 양이 많으며 내용도 풍부한 반면에, 세 번째는 해석하기가 가장 어렵다.

II

따라서 우리의 논의는 정부의 직무에 관한 어떤 간단하고 정밀한 개념이나 정부의 타당한 활동에 관한 어떤 정확한 파악에서 출발하지 않고, 실제로 수행되고 있는 어떤 활동의 (다스리는 활동의) 사례 그리고 실제로 향유되고 있는 경험의 (다스림을 받는 경험의) 사례에서 출발한다. 이러한 활동과 경험은 언설을 불러일으키고 때로는 다양한 수준에서 이해되어 저술되기도 한다.

근대 유럽에서 정부의 활동과 관련해서 가장 먼저 관찰해야 할 사항은 그것이 단순하지도 획일적이지도 동질적이지도 않다는 점이다. 근대 유럽에서 정부의 활동은 이런 성격을 가진 적이 없고, 시간이 지남에 따라 복잡성은 증가하고 있다. 16세기의 한 시인의 표현을 빌리면, "유모 여러 명의 젖을 먹고 자라온" 셈이다.[38] 우리 시대 다스리는 방식에 나타나는 이러한 복합성은 우리가 다스림을 얘기하는 방식 및 이 주제를 이해하려고 할 때 부딪칠 수밖에 없는 어려움 안에 어쩔 수 없이 반영되고 있다.

다스리는 활동 가운데 어떤 단일한 목표 또는 어떤 동질적인 여러 개의 목표들로 구성된 하나의 체계를 지향하면서 균질적인 성격을 드러내는 사례를 상상해 볼 수 있다. 실제 역사에서 비유적으로 말하자면, 잡종이 아니라 순종처럼 정치가 행해지는 사회가 (설사 그런 사회가 있다고 해도 거기에 복잡성이 전혀 없을 리는 없지만) 있을지도 모른다. 그러나 지금 우리가 관심을 기울이는 사회, 즉 근대 유럽 여러 사회들의 정치는 그런 종류가 아니다. 심지어 고대 아테네의 정

---

38) 브룩 남작Baron Brooke, Fulke Greville(1554~1628)의 시, "A Treatise of Monarchie," Sec. IV, 18연, 2행에 나오는 문구를 가리킨다. (역주)

치에서도 다면적이고 분절적인 성격이 나타났었고, 서로마 제국의 멸망 이래 유럽 사회 가운데 혼합적인 정치제도 아닌 것을 누려온 척할 수 있는 사회는 하나도 없다. 각 사회는 기원부터 잡종이었고, 그 사회 가운데 균질성이라는 특징을 가진 사회가 하나도 없다는 데에 바로 기원의 잡종성이 반영되고 있다. 모든 사회가 한 방향이 아니라 여러 방향을 지향하는 성격을 가지고 있는 것이다. 더구나 복잡한 것은 유럽 각 사회의 (인민의 정치적 행태를 구성하는 각종 제도들의 총합을 가리키는) 정치체계 차원에 국한되지 않고, 이 체계들을 구성하고 있는 개별적인 제도 하나하나 역시 잡종으로 생성되었고, 혼합적인 성격을 가지고 있다.

예를 들어 보자. 중세 잉글랜드의 왕이라고 지금 우리가 부르는 제도는 왕들이 익숙하게 행동한 방식 그리고 왕이라면 어떻게 행동해야 하는지에 관한 사람들의 생각들을 가리키는 것인데, 이 제도는 실지로 앵글로-색슨 왕국들의 제도, 중세 영주들 사이의 주종관계, 기독교 신조 등에다가 나중에는 로마 황제의 격식을 비롯한 여러 가지 양념들을 첨가한 합성물이다. 이 요소들은 어느 하나도 다른 요소와 정확히 맞아 떨어지지 않으며, 각 요소는 자체로 이미 복합적인 성격을 지닌다. 다른 예로 근대 유럽의 대의제를 보면, 이것은 나라마다 다를 뿐만 아니라 각 나라의 대의제라는 것은 수많은 원천으로부터 조금씩 기여 받은 사연이 족보에 적혀 있는 합성물로서, 일상적인 운영 안에서 이와 같은 혼종적인 기원이 증명된다. 유럽의 사법체계 역시 마찬가지다. 순종은 하나도 없고 모두가 잡동사니에 해당한다. 요컨대, 우리 시대 다스리는 방식을 구성하는 습관과 제도는 모두 합리적인 통일체도 아니고, 우발적인 퇴적물도 아니며, 역사적인 복합물인 것이다.

다른 이유는 접어두더라도 바로 이 때문에 우리의 정치제도 중에 어떤 것 하나라도 모종의 특정한 목적에 봉사하기 위해 고안된 도구로 간주하면 위험한 오해를 낳게 된다. 정치제도라는 것은 그 기원이 아무리 혼성적이라고 할지라도 특정한 하나의 시점에서 어떤 소정의 유용한 목적을 수행하기 위한 것처럼 인지될 수 있다. 우리가 하고 싶은 어떤 일을 할 수 있게 하거나 피하고 싶은 어떤 일이 발생하지 않도록 방지하기 위한 것일 수 있다. 그렇지만 그 제도의 목적이 이와 같은 기능에 있다고 귀속하는 어법은 최대한 잘 봐주더라도 느슨한 어법에 불과하다. 하나의 제도에 어떤 하나의 목적이 있다고 말할 수 있는 경우에조차 그 목적이라는 것은 체계 안에서 그 제도가 차지하는 위상이며, 아무리 중요한 정치제도라고 하더라도 그 자리를 대신할 수 있는 대안의 범위에는 한도가 있기 어렵다. 더구나 그 제도가 그와 같은 목적을 수행하기 위해 고안되었다고 생각하는 것은 커다란 실수이다. 조금이라도 중요성을 가지는 정치제도가 특정한 목적을 수행하기 위해 고안된 적은 실제로 전혀 없다. 그런 의미로는 애당초 어떤 제도도 고안된 적이 전혀 없는 것이다. 그러므로 정치제도에 관해 말할 때에는 필요조건이라든지 충분조건이라는 등의 언어 자체가 전적으로 부적절하다. 근대 유럽 정치제도의 잡종적인 기원과 혼성적인 성격이야말로 해당 정치제도로 하여금 그토록 다양한 용도에 응용될 수 있도록 만들고 그토록 다양하게 해석될 수 있게 하는 요인인 것이다.

더구나 다양한 요소들로 구성된 것은 근대 유럽 정치의 습관과 제도만이 아니다. 언어, 즉 정부의 활동에 관해 우리가 말하는 정치적 어휘, 그럼으로써 우리가 정부의 활동을 이해할 수 있게 되는 바로 그 정치적 어휘 역시 잡종이다. 정치적 어휘는 근대적인 언어이고,

모든 근대 언어가 그렇듯이 이 역시 (다양한 원천에서 파생한) 여러 단어들과 표현들의 혼합물로서, 각 단어나 표현은 자체가 다양한 의미를 내포하는 복합적인 세계에 해당한다. 우리의 정치적 어휘에 들어있는 모든 문구 그리고 거의 모든 단어들은 수백 년이라는 기간에 걸쳐서 굉장히 다양한 상황에서 임무를 이행해 왔다. 각각의 상황과 각각의 맥락은 각 표현과 단어에 특별한 의미를 심어 넣었기 때문에, 나중에 그러한 특별한 의미를 탈색시키기는 몹시 어렵다. 우리의 어휘 중에는 최근에 출현한 단어나 표현도 있지만, 이런 것들 역시 더 오래된 것들에 필적할 만큼 복잡한 의미를 신속하게 획득한다. "파시즘" 이 "민주주의" 또는 심지어 "정부" 에 비해 의미의 복합성이 조금도 덜하지 않은 것이다. 각 표현이 보편적으로 공인된 단일한 의미를 지니는 식의 "과학적" 인 정치 언어 따위는 우리에게 없다. 우리가 가진 언어는 오직 살아있는 언어, 인민에 의해서 사용되는 언어뿐이다. 이 언어는 용례와 사정에 따라 가변적이고, 각 표현은 다각적인 해석의 여지를 허용하고 있으며, 이러한 해석들은 각기 나름대로 호소력과 중요성을 가진다.

물론 이런 점들 가운데 어떤 것도 놀랍지는 않다. 우리네 정치의 제도와 언어만큼이나 우리의 혈통과 종교와 도덕도 이질적인 요소들로 이뤄진 혼성물이다. 이 모두는 항상 조화롭지만은 않은 이질적인 요소들이 역사적으로 혼합된 합성물들이다. 근대 언어라든지 다양한 기후 따위를 대부분 어떻게 다뤄야 할지를 알듯이, 우리는 복합성이라는 것을 처리하는 데 익숙하며 어떻게 다뤄야 할지를 안다. 단순성과 동질성을 갈구하면서 한숨을 내쉬는 사람들이 있는 것은 사실이다. 토머스 페인이 정치에서 단순성을 꿈꾸고 다우티[39]가 언어에서 동질성을 꿈꾼 것처럼, 파도 없는 바다 또는 변치 않는 계절을 꿈꾸는 사람들도 있다. 그렇지만 일상적인 용도에서는 잡종이 오히려 유리한 것으로 인정된다. 순종에 비해 잡종은 상황에 적응하고 후예를 생산하는 능력이 더 낫고 보살핌을 덜 받아도 된다.

우리의 정치적 습관과 정치 언어를 구성하는 혼합물이 해체되지 않고 유지되는 것은 각 부분들 사이에 확립되어 있는 긴장과 스트레스 덕분이다. 각 부분 안에 내부 운동의 기회가 획일적인 구조에 비해 훨씬 많이 허용된다. 획일적인 구조라면 내부에 그 정도의 운동이 있다면 무너지고 말 것이다. 통일성이 없는 곳에서도 때로는 조화가 달성된다. 추진되는 사업들은 어떤 단일한 동력만을 따라서 이뤄지는 것이 아니라 대개는 여러 세력들 사이의 균형점에서 이뤄진다. 그리고 복합적인 정치적 습관 안에 들어있는 다양한 내용물을 발굴하는 와중에 (복합적인 언어의 다양한 내용물을 탐구하는 와중에 다양한 저술의 문체가 생성되듯이) 정치 활동의 다양한 스타일이 출현할 수도 있다. 각 스타일은 혼합물 내부의 어떤 특정 요소를 활용하려 시도하는 동시에, 하나의 스타일은 다른 스타일과 (이 스타일들이 혼합물 전체에 본디 적대적이지 않은 한) 우호적인 관계를 유지한다.

이렇듯 다스림이라는 활동은 다양한 유산을 상속 받은 소산으로서 복합적인 성격을 지니는데, 내부가 끊임없는 운동 상태인 것이 정상이다. 내부의 운동은 극단과 극단을 오가는 것이 아니라 때에 따라 강조점을 이쪽 또는 저쪽 방향으로 바꾸는 형태이다. 외부 자극이 있을 때에만 운동하는 것도 아니며, 어떤 한 방향의 운동이 사전에 결정되는 것도 아니다. 강조점의 변천은 당시에는 눈에 띄지 않다가 오직 나중에 가서야 지각되기도 한다. 또는 그러한 변천이 일어나는 도

---

39) 다우티Charles Montagu Doughty(1843~1926, 영국의 시인, 작가, 여행가)를 가리키는 것으로 보인다. (역주)

중에 모종의 더 큰 차원으로 시선이 미치게 되기도 한다. 강조점의 변화는 (예컨대, 전쟁에 참가한다든지 정부 권력이 갑자기 이동하는 등) 사정이 바뀌어 일어날 수도 있고, 아니면 단순히 하나의 강조점에 너무나 오래 머물러 뭔가 새로운 무게 중심을 원하게 되어 일어날 수도 있다. "프랑스는 권태에 빠졌다" 고 했던 라마르틴[40]의 표현은 아마추어스럽기는 하지만 예리한 면이 있는 진단이었다. 어쨌든 다스림의 구체적인 방식을 바르게 이해하기만 하면 이와 같은 내부의 운동들이 중구난방이 아님을 파악할 수 있다. 이 운동들에는 양식이 있다. 설령 운동의 동력이 외생적인 경우에도 변화 각각은 종전에 이미 암시되었던 요소들을 활용하고 있음을 찾아낼 수 있고, 견딜 수 없을 정도로 생소한 지평으로 우리를 끌고 가지는 않는다.

그렇지만 다스림이라고 하는 혼성적이고 복합적인 활동에는 언제나 극단에 해당하는 지점들이 있다. 정상적인 경우 내부의 운동은 거기까지 가지 않는다. 극단 쪽으로 이끌려가기보다는 극단에서 멀어지는 것이 보통이다. 다스림이라는 활동에 전형적으로 해당하는 운동의 개념적 한도를 규정함으로써, 다스리는 방식의 정체성을 지켜주는 것이 궁극적으로는 이 극단이라고 하는 기둥들이다. 한쪽 극단은 다른 쪽 극단과 멀리 떨어져서 인간적 노력의 넓은 폭을 마련해주기도 하며, 서로 완전히 상반되어 한쪽이 처방하는 것을 다른 쪽은 금지하기도 한다. 이처럼 상반되는 양쪽의 극단들이 있다고 해도 서로 매개되는 한은 다스림의 방식을 무너뜨리지 않는다. 매개는 요소들의 혼합

---

40) 라마르틴Alphonse de Lamartine(1790~1869): 프랑스의 낭만파 시인, 저술가. 1848년 제2공화국이 수립되기 전에 과도정부 수반으로 활약했다. 1839년 시민 왕 루이 필립에게, "프랑스는 권태에 빠졌습니다. 왕께서 이 나라에 행동결핍증을 불러왔습니다" 라고 말했다고 전한다. (역주)

에 의해 이뤄지는데, 이 요소들 각각이 극단은 아니지만 극단에 속하는 속성들을 어느 정도는 담고 있다. 이는 사실 흔히 관찰할 수 있는 일이다. 인간의 성격은 엄청나게 다양하다. 그런데도 (예를 들어, 성자 대 탕자와 같은) 극단의 쌍이 인간적인 속성으로서 쉽사리 이해될 수 있는 까닭은 그 중간의 공간이 실제 사람들의 다양한 성격들에 의해 공백 없이 채워져 있기 때문이다.

한쪽 극단의 방향으로, 버틸 수 있는 데까지, 다스림이라는 활동을 완강하게 그리고 오랜 기간 동안 몰아붙이는 상황이 벌어질 때도 있다. 한쪽 방향으로만 가는 무제한적인 운동은 기획의 결과이기가 아주 드물다. 만에 하나 기획의 결과라고 하더라도 처음부터 기획된 일일 수는 없다. 대개 그런 일은 방심의 결과이다. 최초의 불꽃이 더 잘 타오르도록 만들기 위해 방해가 될 만한 것을 모두 치워버렸다는 사실을 잊기가 쉽고, 열기를 즐기는 동안 난로가 석탄으로 가득 차서 굴뚝이 거의 화염에 싸여도 감지하지 못할 때가 많은 것이다. 그러나 재앙이 당장 엄습하지 않는 한, 우리는 극단 상태의 삶에도 적응하게 될 것이고 어쩌면 심지어 그것과 사랑에 빠지기도 한다. 우연히 그런 상태에 처하게 되었음을 깨닫게 된 후라도 우리는 계속 거기에 머물기를 선택할지 모른다. 이 상태는 하나의 매혹적인 경험이다. 그런 삶에 내재하는 가능성들을 활용하지 말아야 한다면 어불성설일 것 같다. 하지만 다스림이라는 활동이 이런 방향으로 오래 실천되다 보면 우리의 이해력은 관행에 맞게 축소되고, 기대는 경험에 순응하며, 믿음은 우리의 상황에 동화된다. 한쪽의 극단에 위치하는 삶이 워낙 유혹적이기 때문이다. 어쩌다 보니 갇혀 살게 된 어떤 극단에서 운이 좋게 탈출할 수는 있다. 그러나 이런저런 종류의 극단 말고 다른 것을 인지할 능력이 급속도로 사라진다. 단지 겨울을 피하기 위해 지구를 빙빙 돌아 여름을 찾아다니는 사람은 자기가 그 와중에 중간 계절들을 맛보고 있다는 사실을 잊어버린다. 이와 마찬가지로 정치에서 극단을 한 번 껴안은 사람들은 오로지 극단의 정치만을 이해하게 된다. 나아가 이렇게 중간 지역에 대한 촉각이 사라진 다음에는 극단이 아닌 것을 전혀 인지할 수 없을 뿐만 아니라, 서로 다른 극단들에 관한 혼동까지 발생한다. 여태까지 서로 떨어져 서 있던 극단의 기둥들이 서로 포옹하는 일이 발생한다. 햇볕을 좇던 한 영국인이 버뮤다에서 **겨울을 보낸다**고 말할 때처럼, 우리의 언어는 우리의 발밑에서 미끄러져서 애매모호해진다.

일정한 양식의 정치적 활동이 모호함으로 치닫게 된다고 내가 일컬을 때, 모호함의 일반적 성격이 이와 같다. 이 모호함을 나는 탐구해 보려고 한다. 이것이 출현하게 되는 일반적인 조건을 우리는 이미 관찰하고 있는지도 모른다. 이질적이고 복잡한 양식의 정치활동만이 모호해지는 성향을 가진다. 그러한 잠재성이 실현되는 것은 우리가 그 다양한 성격을 활용하기를 그치고, 사정 때문이든 기획 때문이든, 극단 위에 자리를 잡고 오직 극단들만을 인식하게 되었을 때다. 나는 근대 정치(지난 5백 년간 다스림의 활동 및 다스림에 관한 우리의 이해)라는 것이 이질적이며 복잡하므로, 모호함으로 치닫게 되는 성향을 가질 수밖에 없다고 주장해 왔다. 이제 다음 순서는, 우리의 현실에서 그러한 잠재성이 실현되었다고 믿을 만한 눈에 띄는 근거가 있는지 없는지를 결정할 증거를 고찰하는 일이다.

III

모호함이라는 것은, 따져서 말하자면 의미들 사이의 혼동이므로 언어의 한 성격이다. 행동의 성격 중에는 양가성兩價性, 두 개의 상반되는 활동 방식 또는 방향 사이에서 우왕좌왕하는 태도가 이에 상응한다. 모호한 말은 양가적 행동의 소산인 경우가 많다고 나는 믿는다. 목표들 사이의 충돌 때문에 활동이 위축될 때 모호한 언어로 말할 필요가 생긴다. 그러나 양가성이 모호성에 반드시 선행한다고 여기면 과장이고, 양가성이 모호성의 원인은 확실히 아니다. 때에 따라서는 모호한 어휘가 사용됨으로써 행동에 주문呪文이 걸릴 수 있다. 그 때문에 어떤 양가성이 스며드는 통로가 열릴 수도 있고 잠복하던 양가성을 키울 수도 있다. 모호한 어휘가 상충하는 두 길을 동시에 제시함으로써 양가적 행동이 유발될 수도 있다. 그러나 둘 중에 어떤 것이 먼저인지를 정해야 할 필요는 없다고 생각한다. 양가성과 모호성은 서로 제휴 상대가 되어 함께 일한다. 하나가 없다면 다른 하나도 제대로 유지될 수 없고, 하나를 고려하자면 다른 하나도 고려하게 된다. 어쨌든 우리는 지금 다스림이라는 활동을 어떻게 이해할 것인지를 따지고 있는데, 그 이해는 이 주제에 관해 우리가 말하는 양식 안에 담겨서 드러난다. 말하는 양식 중에 먼저 우리의 관심은 모호성을 지목한다.

물론, 세계는 모호함으로 가득 차 있다:
이중성으로 꽉 찬 이 파삭파삭한 세계.[41]

---

[41] 원문은 Of course, the world is full of ambiguities: This brittle world, so full of doubleness. Stephen Hawes(1502~1521년에 활동한 잉글랜드 시인)의 *The Pastime of Pleasure*에 "This worlde, so full of mutabilyte" (cap. XIV)와 "The bryttle worlde, so

복잡성은 언제나 모호성을 낳기 쉽다. 그리고 단순성은 어디서나 일종의 강요로서 자기가 맡은 몫은 해내지만 스스로 준거로 삼은 특별한 세계를 벗어나는 순간 의미를 상실한다. 복잡성의 개별적인 사례에서 모호성이 솟아나는 경우도 있다. 예컨대, 인간 본성 안에서 "성정"[42]과 "이성" 사이의 불일치는 너무나 오랫동안 "지겨운 인간 조건"을 구성하는 모호성으로서 하나의 공인된 공식처럼 자리를 잡았다. 우리의 도덕적 종교적 (그리고 어쩌면 정치적) 모호성의 일부는 기독교에 기인한다고 나는 생각한다. 현실 속의 생활에 대한 개입은 오래 전에 멈췄지만, 이 종교는 우리가 누리는 문명과 완전히 동화된 적이 없다. 만약 기독교의 증거들이 (물론 이 증거들 자체가 복잡하고 하나 이상의 방향을 가리킨다) 우리가 살고 있는 세계 위에 적혀 있다고 한다면, 더 오래된 다른 신조들의 증거들도 있다고 봐야 하므로 이러한 중첩 때문에 혼동이 발생할 수 있는 것이다. 이처럼 여러 분야에서 나타나는 모호성들 사이에 어떤 연관을 찾을 수 있겠지만, 지금 우리의 관심은 정치에 있다. 그리고 정치가 나타내는 가장 분명한 특징은 아마도 현재 우리의 정치적 어휘가 모호하다는 점일 것이다. 둘 이상의 의미를 가지지 않는 단어, 양면성을 가지지 않는 개념은 하나도 찾기가 어려울 지경이다.

우리의 정치적 어휘에서 중의성이 가장 현저한 사례는 아마도 "전쟁"과 "평화"일 것이다. 현재의 용례에서 이 단어들은 각기 자기 자

---

full of doubleness" (Cap. XLII)라는 문구가 나온다. (역주)

42) 성정性情, passion: "열정熱情"은 "냉정冷情"을 부당하게 배제하기 때문에, "정념情念"은 "念" (생각 념)이 이성과 혼동을 자아내기 때문에, 적확하지 못하다고 본다. 외부의 자극에 생각이나 의지보다 몸 또는 마음이 먼저 반응하는 측면을 가리키기에 "성정"이 가장 적합하다. 오크쇼트가 지목하는 대립은 한국어에서 흔히 "이성"과 "감성" 또는 "감정"의 구분이라고 불린다. (역주)

신과 그 반대를 거의 완벽하게 가리킨다. "자유" 의 모호성도 공공연하게 알려진 지 오래 되었다. "자유화" 라는 말은 "자유롭게 풀어준다" 는 뜻일 때도 있지만, "노예로 만들다" 와 "파괴한다" 는 뜻일 때도 있다. 게다가 정부가 공급하는 서비스를 가리킬 때도 같은 단어가[43] 사용되어 모호성을 가중한다. "권리" 라는 말도 이중 의미를 가진다. "민주주의" 에 이중 의미가 있음은 두 말할 나위가 없다. "좌" 와 "우" 는 정당이 아니라 행동이나 사고의 방식을 가리킬 때는 시시때때로 지시대상이 바뀐다. "진보" 와 "반동" 역시 이 질병에 쉽게 전염된다. "반역" 과 "반역자" 의 (법률 용어가 아닐 때) 모호성은 양가적 충성심을 반영한다. "안보" 와 "정의" 도 각각 이중적이면서 상반되는 의미를 가진다. "질서" 처럼 간단한 단어마저 이중적이다. "관인" [44]과 관련된 오늘날의 딜레마는 대체로 그 단어가 모호한 데서 비롯된다.

이와 같은 곤경에 대한 우리의 자각은 우리의 대응 방식을 통해 드러난다. 명사에 형용사를 붙임으로써 모호성을 해소하려는 전략이 유행이다. 예를 들면, "자유" 라고만 하면 모호하기 때문에 "정치적" 자유와 "경제적" 자유를 구분하는 식이다. 루터가 16세기에 "기독교도의" 자유를 운위했듯이 종전과 다른 "새로운" 자유를 말하는 사람들도 있다. "정의" 나 "안보" 같은 단어에는 때때로 "사회적" 이라는 접두사가 붙는다. 전쟁 앞에 "차가운" 을 붙이면[45] "평화" 를 뜻한다. "동

[43] 교육이나 의료, 주거 등의 서비스를 정부가 제공할 때 영어로는 "free" 라는 단어가 사용된다. 한국어로는 "무상" 에 해당한다. (역주)

[44] 흔히 "관용" 이라고 번역되어 사용되지만, 이 개념은 용납한다는 뜻보다 참아준다는 뜻이 강하기 때문에 "관인" 으로 번역한다. 관인과 관련해서는, 차이를 관인하지 못하는 행태를 관인해도 관인의 원칙에 어긋나고 관인하지 않아도 어긋난다는 논리적 딜레마가 있다. (역주)

[45] "냉전cold war" 을 가리킨다. (역주)

방의" 민주주의와 "서방의" 민주주의를 구별하고 "정치적" 민주주의와 "경제적" 민주주의도 구별한다. 이는 모두 일종의 불안감을 증언한다. 그러나 이런 식의 눈속임으로 안도감이 커질 수는 없고, 하물며 우리의 이해력은 전혀 증진되지 않는다. 휴이 롱[46]은 "파시즘"이 미국에 자리 잡을 수도 있겠지만 그러려면 명칭을 바꿔서 "민주주의"라는 이름으로 그렇게 해야 할 거라고 말한 적이 있는데, 정치적 언어의 모호성을 공격하기 위한 말이었겠지만 자신의 정치적 어휘가 얼마나 근대적인지를 과시한 결과가 되었다. 현재의 상황은 이와 같은 아이러니로 가득 차 있다. 고대 그리스의 위대한 신들은 각기 이름이 여러 개였다. 이름의 개수는 각 신이 향유한 권력의 개수와 다양성을 나타냈다. 신들 자체가 다면적인 존재였던 것이다. 이에 반해 우리의 정치에서 신들은 각각 하나의 이름만을 가진다. 그러나 그 이름 밑에 숨어 있는 성격은 그리스 신들보다 훨씬 더 다면적일 때가 많다.

근대 유럽 (그리고 우리가 말하는 방식과 그에 따른 곤경을 복사해 간 다른 지역) 바깥에서도 정치적 표현의 모호성은 늘 있는 일이다. 그러나 후자의 경우 혼동은 보통 각기 나름으로는 그다지 중의적이지 않은 두 부류의 어휘가 서로 만날 때 발생한다. 예컨대, 로마인들이 아테네인들에게서 독립을 빼앗으면서 동시에 리베르타스libertas(자유)를 부여했노라고 말한 것과 같은 경우이다. 이것도 당혹스러운 상황임에 틀림없다. 그러나 우리가 직면하는 중의성이란 (우리가 물려받은 유산이 복잡한 탓이기는 하지만) 우리의 정치적 어휘 안에 들어있는 고유한 속성이다. 우리의 정치적 어휘는 태생적인 모호성을

---

46) 휴이 롱Huey Long(1893~1935): 루이지애나 주지사와 연방 상원의원을 지낸 미국의 정치인. 민주당 좌파에 속한 포퓰리스트로서 대통령직에 도전하겠다고 나섰으나 암살당했다. (역주)

감추면서 동시에 드러낸다.

이 모호성은 최근에 나타난 새로운 일도 아니다. 이를 탐구한 (당연히 내가 최초는 아니다) 사람들의 저술을 보면, 프랑스 혁명 때부터 나타난 일이라고 적은 저자도 일부 있기는 하지만 현대의 산물이라고 보는 견해가 많다. 중의성은 우리와 더불어 성장해 왔고, 현대의 여러 사정들 (정치에 관해 공허한 수다가 부쩍 늘어난 현상도 빠지지 않고 포함된다) 때문에 성장이 촉진된 것은 확실하다. 그리고 그 성장 과정에서 프랑스 혁명이 하나의 이정표인 것도 확실하다. 그러나 이미 16세기부터 모호성이 출현하고 있었음을 보지 못하면 본질적인 성격을 파악할 수 없고, 모호성을 근대의 역사 전체라는 맥락에 비추어 해석하지 않는다면 오해에 빠지게 될 것이다. 나아가 프랑스 혁명, 자유주의, 자본주의, 사회주의, 낭만주의, 고전주의, 등등 오래된 단어에 새로운 의미를 첨가함으로써 모호성을 완화해 보려는 시도였다고 우리가 배운 이런 모든 사건들과 과정들과 운동들 자체가 양가적임을 간과한다면 뉘앙스를 놓치게 된다. 이 가운데 어떤 것도 한 방향을 가리키는 것은 없다. 모두가 복잡하고 자기 분열적이다.

나아가 이 모호성은 단순한 언어의 남용과도 같지 않다. 남을 속이려는 의도에서 나오는 언어의 남용과는 확실히 구분되어야 한다. 아무리 정직한 정치적 저술가라도 가장 깊은 곳에서부터 중의적인 어휘를 사용할 수밖에 없는 처지를 한탄하느라 일을 잠시 멈출 수밖에 없는 때를 자주 만난다. 붓끝에 맴도는 단어가 미묘하게 해석될 여지가 남아서, 그 여지를 배제할 길을 찾아보지만 다른 대안이 없는 지경을 만날 수밖에 없다. 너무나 많은 뜻을 한꺼번에 담고 있어서 쓸모가 없어져 버린 명사들과 ("자유적" 이나 "사회적" 따위) 형용사들. 이런 순간을 당하면 누구나 과거의 어떤 시대에는 이렇게 복잡하지 않았을 거라고 그리워하기 마련이다. 그러나 정치적 어휘가 "단순" 했던 시대가 한번이라도 있었으리라는 생각은 착각이다. 정치적 어휘에 "원래의 뜻" 이 있었는데 시간이 흐르면서 불순물이 섞였다는 생각, 순결하지 못한 부분들만 도려내면 모호성이 해소되리라는 생각이 자체로 착각인 것이다. 우리의 정치적 어휘가 불순물로 가득 차 있다는 데에는 의문의 여지가 없다. 태생적인 모호성을 이용해서 혼동을 확산시키고 양심불량을 은폐할 길이 열려있다는 데에도 의문의 여지가 없다. 우리의 정치적 발언에 중의성을 섞는 충동 가운데에는 어쩌면 (악이 덕에게 지불하는 공물에 해당하는) 위선도 있을 것이다. 그렇지만 "이중적인 언설" 을 고안해서 효과를 얻을 수 있는 까닭은 오로지 우리의 정치적 어휘 안에 고안되지 않은 모호성이 깊게 자리 잡고 있기 때문이며, 우리의 행동 안에 가공되지 않은 채로 담겨 있는 양가성이 현대를 풍미하는 "이중적인 사고" 를 통해 반영되기 때문이다.

이와 같은 나의 현실 인식이 실수가 아니라면, 지금 우리가 고찰하고 있는 모호성에는 하나의 공통된 뿌리가 있다. 다스리는 방식 그리고 다스림이라는 활동을 우리가 이해하는 방식에 깊은 분열이 도사리고 있음을 보여주는 표지가 바로 모호성이다. 이런 모호성을 뚫고 이해에 도달하려면 우리의 정치적 활동과 이해가 변동하는 진폭을 포괄하는 양쪽의 극단들을 고찰해야 한다. 이런 극단의 기둥이 무엇인지에 관해서는 다양한 해설이 나와 있고, 그 중에서 일리가 있는 대표적인 견해를 두 가지쯤 찾을 수도 있겠지만, 내가 보기에는 어떤 것도 문제의 핵심을 건드리지 못하고 있다.

근대 세계에서 정치라는 활동은 무정부와 집단주의라는 두 개의 극단 사이에서 변동한다는 견해가 있다.[47] 한쪽 극단은 다스림이 전혀 없는 상태이고, 다른 쪽 극단은 다스림이 개입해서 어떤 이익을 기대할 수 있을지에 관해 고유한 한도가 전혀 없는 상태이다. 이 견해는 절대적이고 본원적인 극단들을 채택하고 있는 만큼 일리가 있다. 이는 이론적으로 완전한[48] 이분법일 뿐만 아니라 역사적인 근거도 갖추고 있다. "무정부anarchy" 라는 것은 근대 세계에서 다스림이라는 활동과 관련된 하나의 신조를 표상하는 단어로 사용되어 왔다. 그렇지만 이 견해는 두 가지 점에서 결함을 가진다. 이론적으로 "무정부" 라는 개념은 다스림에 관한 개념으로 부적절하며, 실제적으로 (다스림에 대해 일반적인 불신을 표현하면서, 다스림의 활동 범위를 가능한 한 축소하기를 바란 저자는 많지만) 다스림 자체를 철폐할 수 있다거나 철폐하는 것이 바람직하다고 보는 사람은 극소수의 기인들뿐이다. 요컨대, "전능한 다스림" 은 이론적으로나 역사적으로나 하나의 극단을 표상할 수 있겠지만 "다스림이 없는 상태" 라는 것은 이론적으로나 역사적으로 반대편의 극단이 될 수 없다. 가장 순진한 집단주의자를 제외하면, 레쎄-페르라는 것을 정부 자체의 폐지라기보다 정부가 지금 하고 있는 일 가운데 일부에서 손을 떼야 한다는 의미로 이해해야 하며, "무정부" 자체를 다스리는 방식 가운데 하나로 여긴다는 것은 혼란한 사유를 반증할 뿐이다.

우리의 정치적 어휘에 들어있는 모호성을 진단하고자 한 다른 시도로는 제임스 스티븐[49]의 사례가 있다. 근대 세계에서 통치자와 피

---

47) G. Lowes Dickinson, *A Modern Symposium*, p. 65.

48) 여기서 완전하다complete는 말은 모든 경우를 포괄한다는 뜻이다. (역주)

49) 제임스 스티븐Sir James Fitzjames Stephen(1829~1894): 영국의 판사로서 빅토리아 여왕으로부터 준남작의 지위를 받아서 영어 문헌에서는 이름 앞에 관행적으로 경칭이 붙는다. 개인의 자유만으로 세상이 돌아가지 않는다는 입장에서 권위와 전통을 (다소 피상적으로) 강조하는 많은 저술을 남겼다. (역주)

치자 사이의 관계에 대해 쌍벽을 이루는 “두 가지 서로 다른 견해”를 그가 대조한 대목이 있다.[50] 하나의 견해에서는 “통치자가 피치자보다 우월하다고 여기” 면서, 그러므로 통치자에 대한 비판은 어쩔 수 없는 경우에 한해서 존경하는 마음으로 이뤄져야 한다고 본다. 다른 견해에서는 통치자를 피치자의 “대리인이자 하인” 으로 여긴다. 그러므로 통치자는 피치자의 지시를 받아야 하며, 필요하다면 낱낱이 조사를 받아야 한다. 그러나 이 대조는 다스림이라는 활동에 관한 것이라기보다는 다스리는 권위의 원천에 관한 것이다. 다스리는 권위의 원천에 관해서도 우리의 언어나 사유습관은 아마 다른 어떤 주제에 관해서와 마찬가지로 모호할 것이고, 이 모호성이 변동하는 진폭을 표시하는 데 스티븐의 설명이 최소한 재치 있는 지표는 될 수 있을 것이다. 뿐만 아니라 다스리는 권위의 원천에 관해 우리가 생각하는 방식과 다스림이라는 활동에 관해 생각하는 방식 사이에는 연관이 (직접적이지는 않지만) 있다고 앞에서도 밝힌 바 있다. 그러나 지금 우리의 관심은 다스림이라는 활동 및 거기에 직결되는 기획들에 관해서 우리가 말하고 생각하는 방식에 있기 때문에 이것들이 변동하는 진폭을 가리키는 양 극단을 찾기 위해서는 스티븐이 가리키는 곳 말고 다른 곳으로 시선을 돌려야 한다.

내가 이해하는 한, 다스림이라고 하는 활동은 각각 신념정치와 의심정치라고 일컬을 수 있는 두 가지의 극단 사이에서 변동한다. 이와 같은 나의 진단을 검토하고, 이것이 무슨 뜻인지를 논의한 후에, 이로부터 이론적으로나 실제적으로 모종의 결론을 이끌어내는 작업이 이 책의 주 내용을 이룰 것이다. 그러나 그 전에 몇 가지 사항이 분

---

50) *History of Criminal Law in England*, ii, p. 299.

명하게 이해되기를 바란다. 신념정치와 의심정치라고 하는 두 가지 표현은 다스림이라는 활동에 관한 두 개의 극단이자 동시에 그 활동에 관한 우리의 이해에 관한 두 개의 극단이다. 이러한 극단들을 축으로 삼음으로써 다스리는 활동에서 우리가 드러내는 양가성과 동시에 정치적 언어에서 드러나는 모호성이 이해될 수 있으리라 기대한다. 나아가 이것들은 행위와 이해에 관한 이론적인 극단이면서 동시에 역사적 극단이기도 하다. 근대라는 시대에 우리의 행위와 이해가 실제로 변동한 진폭을 표시하는 기둥들이다. 그러므로 이 각각을 다스림이라는 활동에 관한 단순한 신조 정도로 치부해서도 안 되고, 다스림을 우리가 실천할 때 전제되는 고정된 조건이라고 여겨서도 안 된다. 이것들이 역사성을 가진다는 점은 곧 역사 안에서 변화한다는 말이다. 이것들은 각각 조건일 뿐만 아니라 과정인 것이다. 신념정치와 의심정치 각각이 (시간에 따른 굴곡과 좌절을 견디면서 어떤 기획에서 특징적으로 나타나기도 하고, 다른 기획에서 재현되기도 하는 등) 다양한 형태로 현현하리라 예상해야 하며, 유럽의 지난 5백 년 역사에서 여러 조건들이 변화해온 현실을 반영하리라고 예상해야 한다. 역사는 다양한 판본들을 분석해서 특징들을 조명하는 데 관심이 있다.

나아가 내가 제시하는 이 두 극단은 근대 정치에서 출현한 여타 신조나 실천들 어떤 것과도 일치하지 않는다. 예컨대, 영국이나 다른 나라에서 현재 활동하거나 또는 과거에 활동했던 정당들의 노선이나 신조가 이 두 극단에 상응하는 것은 아니다. 다스리는 권위의 원천에 관해 서로 다르게 생각하고 말하는 경쟁적인 방식들과도 일치하지 않는다. 내가 제시하는 극단적 기둥들의 의의는, 요약해서 말하자면, 표면에 위치하므로 우리에게 익숙한 흔한 차이들, 서로 언제나 통하는 구멍들이 있기 때문에 깊게 생각할 필요가 없는 그런 차이들 말고, 근대 정치에서 가장 깊은 곳에 위치하는 대립을 표시한다는 데 있다. 이 극단들은 내용에서 서로 대립하면서도 같은 언어를 사용하기 때문에 우리의 언어와 정치적 활동이 모호해지는 것이다.

> 무지한 군대들이 밤에 서로 부딪히고,
> 부대낌과 탈출의 혼란한 아우성으로 뒤덮인
> 캄캄한 평원[51]

IV

탐구를 본격적으로 시작하기 전에 정리할 일이 하나 더 남았다. 탐구의 결과 어떤 수확을 기대하는가? 우리가 기대하는 수확의 성격과 한계를 미리 가늠해 보는 것은 바보짓도 아니고 부질없는 짓도 아니다. 어떤 종류의 대답을 찾고자 하는지를 조망해보는 것은 우리의 질문을 더욱 탄탄하게 만드는 하나의 길이기 때문이다. 그러므로 수고를 아끼지 말아야 할 일이다.

우리 앞에 놓인 문제는 대략 이런 질문이다 - 근대 정치에 어떤 성격이 있기에 실천은 양가적이고 언어는 중의적이 되는가? 지금까지 우리는 양가성과 모호성의 일반적 조건을 고찰했다. 덧붙여 나는 하나의 가설을 제안했다. 근대 정치의 활동과 이해에서 신념정치와

---

51) 매튜 아놀드Matthew Arnold(1822~1888)의 시, 「도버 해안Dover Beach」의 마지막 구절이다. (역주)

의심정치가 두 개의 기둥이라는 가설이다. 이 가설은 검증을 받아야 한다. 그렇지만 이것이 진실임을 증명하거나 명제로서 확립할 수 있으리라고는 기대하지 않는다. 다만 이 가설을 통해 어떤 진실이 드러날 수 있기를 바라며, 이를 통해 어떤 진실이 드러나는지를 독자들에게 일부나마 보여줄 수 있기를 바란다. 감각 있는 사람이 관심을 기울일 만한 유일한 가설이라고는 생각하지 않으며, 단지 탐구해 볼 가치가 있는 가설이라고 주장하고 싶다.

먼저 이것이 어떤 가설인지 부터 밝혀야 한다. 이 가설의 바탕에 어떤 생각이 깔려 있는지 우리 눈앞에 분명하게 드러내야 한다. 다음에는 이 가설이 어떤 방향으로 작동하는지를 봐야 하는데, 그러기 위해서는 지난 5백 년 동안 유럽의 정치사상에서 있었던 굴절과 반전들을 파고들어가게 될 것이다. 그렇지만 우리가 역사 그 자체를 탐구하는 것은 아니다. 우리는 변화를 연구하겠지만, 변화가 어떻게 매개되었는지를 (역사가에게는 이것만이 유일한 관심사이다) 밝히지는 않을 것이다. 이 와중에 이런저런 흥미로운 점들이 발굴되겠지만 기대할 수 있는 주된 결실은 우리 정치의 숨겨진 성격 몇 가지를 좀 더 가까이서 들여다 볼 수 있는 시야, 그리고 우리가 겪고 있는 정치적 곤경에 대한 좀 더 폭넓은 공감대이다. 만일 우리의 정치적 상황에서 얼핏 새로워 보이는 사항 가운데 많은 부분이 단지 오랫동안 풍미했던 사물들의 여건이 겉모습만 다르게 나타난 것에 불과하다는 점을 이 연구의 도중에 발견하게 되더라도, 그 때문에 내가 제안해야 할 말이 있다면 그토록 우리와 오래 함께 했던 일들이 갑자기 사라지거나 쉽사리 억제되지는 않으리라는 추론뿐이다.

정치는 어떤 시대든 유쾌하지 못한 광경을 연출한다. 불투명성, 혼돈, 과잉, 원칙을 포기한 타협, 끝없이 등장하는 속임수, 가짜 경건,

도덕주의의 한가운데서 기승을 부리는 부도덕성, 부패, 음모, 직무유기, 말다툼, 허영, 자기기만, 그리고 마지막으로 "우리에 갇혀 맴도는 늙은 말과 같은"[52] 부질없음 등이 우리의 합리적인 성향과 예술적 취향을 가장 심하게 모욕한다. 인간사에 대한 자의적 폭력의 지배를 교정하는 데 정치적 활동이 성공을 거둘 수 있다는 여지를 인정하는 한, 정치에 관해 무언가 말해야 할 것이 틀림없이 있어야 한다. 그리고 그런 말은 비용을 치르더라도 그만한 가치가 있다고 여겨야 할지도 모른다. 그럼에도 불구하고 정치적 활동은 역사상 가장 우호적인 시대에마저 인간성 가운데 유쾌하지 못한 특질들을 장려하고 있는 듯 보인다.

정치를 향해 공감대를 획득할 수 있는 가장 쉬운 길은 당파에 소속하는 길이다. 당파성 자체에 특별히 경멸스러운 면은 전혀 없다. 사실을 말하자면, 편을 들지 않겠다는 태도야말로 가장 구역질나는 우월감의 가식에 해당한다. 다만, 당파성보다 덜 격렬하면서 보다 더 오래 갈 수 있는 부류의 공감도 있다. 이 부류의 공감은 필요와 동맹을 맺고 불가피성을 인정하는 데서 나온다. 스피노자가 우주를 상대로 느꼈던 것과 같은 종류의 공감이다. 내가 이제 제안하는 탐구를 통해 얻을 수 있는 공감이 바로 그런 종류다. 물론 정치에는 가공되지 않은 필요라는 것이 없다. 정치의 세계에 인간이 고안한 결과가 아닌 것은 많지만, 인간의 활동에서 유래하지 않는 것은 하나도 없다. 그리고 인간의 활동과 관련해서 필요와 효율에만 몰두하는 언어는 부적절하다. 다만, 우리가 정치에 관해 관심을 가지는 대상은 예외적으로 깊게 뿌리를 내려서 상대적으로 변화가 어렵고 따라서 발

---

52) 예이츠W. B. Yeats(1865~1939)의 시, 「솔로몬이 시바에게Solomon to Sheba」의 제1연 마지막 행이다. (역주)

호하지 못하게 막기가 불가능한 전략적 운동들이기 때문에, 우리는 편을 들지 않아도 되는 주제를 고찰하게 될 것이다. 이 차원에서는, 현실 정치의 선택에 가담하지 않는 것이 단순히 잘난 척이 아니라 오히려 적절하다. 따라서 우리는 "사물과 행동이 있는 그대로 정체를 드러내고, 그런 일들의 결과가 어떠한지 역시 실제 그 결과가 어떤지에 따라 드러나는" 차원에 관심이 있다. 이를 위해 필요한 야심은 오직 기만에 빠지지 않는 것뿐이다.

우리의 정치가 드러내는 규칙성에서 유달리 영속적인 요소들을 식별해 내려면, 그리고 그것들을 주관적으로 받아들일 수 있는 정도가 아니라 불가피한 정도에 따라서만 받아들이려면 정치의 불쾌한 표면에 관해 당황하지 않고 더욱 뚜렷한 이해를 구해야 한다. 내가 특별히 피하고 싶은 결론이 있다면, 덕스러운 정치라면 단순성을 추구할 것이라든지, 모호한 혼합물을 몰아낼 것이라든지, 우리의 정치에서 양가성과 모호성을 해소할 길을 목표로 삼아야 한다든지, 또는 적어도 그것들을 극복할 수 있는 공식을 찾아야 한다는 따위의 부질없는 결론이다.

제2장 모호성의 확인

I

우리의 정치적 어휘에서 명백하게 나타나는 모호성이 우리 탐구의 출발점이다. 모호성에는 장점도 있고 단점도 있다. 장점은 실천적인 측면에 있다. 감추면서 동시에 드러냄으로써 경계선을 부드럽게 만들고 차이를 완화시키는 베일과 같이, 모호한 언어는 까발렸다가는 폭력과 재앙을 불러올 균열을 감춰주는 작용을 한다. 단점은 주로 철학적인 측면에 있다. 모호성 때문에 우리는 정치에 관해 명료하게 사고하기가 어려워지고 심오한 정치적 자각을 얻지 못하게 방해를 받는다. 한마디를 덧붙이자면, 정직하지 않은 정치인이 혼란을 부추길 기회를 얻게 된다는 점은 모호성의 실천적 효용과 상반되는 실천적 결함이다.

언어의 배신행위를 비난하는 것이 내 목적은 아니다. 모호성을 제거하거나 해소하는 것도 내 목적이 아니다. 모호성을 이해하는 것이 내 목적이다. 내가 검토의 도마 위에 올리려는 가설은 거의 5백 년 동안 우리의 정치적 언어가 두 주인을 섬기고자 애를 쓴 사실에서 모호성이 유래한다는 것이다.

나는 이 두 주인을 신념정치와 의심정치라고 부른다. 두 개의 기둥 또는 극단 사이에서 근대 정부의 활동도 변동해왔고 정부의 타당한 직무에 관한 우리의 이해도 변동해왔다. 이것들은 극단이기 때문에 관념적이다. 두 극단들 사이의 공간 가운데에는 지금까지 역사를 통해 나타난 어떤 활동과 이해에 의해서도 점유된 적이 없는 지점들이 많이 있다. 활동과 이해가 두 관념적 극단 중에서 어느 쪽으로 방향을 잡느냐에 따라 역사적으로 두 가지 양식의 정치가 나타난다. 각 양식의 특질은 그것이 지향하는 극단의 특질과 같지만, 물론 거리가 떨어진 만큼 실현의 정도는 불완전하다. 근대 역사 5백 년 동안 정치적 활동의 두 양식이 서로 옆구리를 맞대고 자리를 잡았다. 이 양식들은 (이쪽 또는 저쪽의 극단에 특별히 가까이 다가간 현저한 사례를 제외하면) 쉽사리 눈에 띄지 않았고, 우리의 정치적 어휘가 모호한 덕택에 서로 구분되지 않은 경우가 많았다. 이것들은 고정불변의 신조가 아니라서, 각 양식이 실제로 나타난 사례들은 완전한 정도에서 서로 다를 뿐만 아니라 판본도 다양하다. "판본" 이란 특정한 맥락에서 특정한 정치 상황에 대응하기 위해 각 양식이 보유한 자원을 배치한 양태를 가리킨다. 그러므로 근대 유럽의 역사에서 어느 지역 어떤 시기든지, 두 가지 정치 양식 각각이 어느 정도의 강도로 (다시 말해, 각기의 관념적 극단에 얼마나 가까이 접근하여) 나타나고 있는지, 그리고 각 양식의 어떤 판본이 진행되고 있는지 (다시 말해, 당대 정치 상황에 각 양식이 어떻게 응용되고 있는지) 찾아낼 수 있다. 건축에 비유하면 내 뜻이 분명해질 것 같다. 건물을 짓는 활동에서 무엇을 어떻게 하는지 일정한 규칙성을 식별할 수 있다. 그리고 추상의 과정을 거쳐서 하나의 건축 양식에 관해 관념적인 원칙을 형성할 수 있다. 실제 지어진 건물 가운데 이 관념적 양식을 정확하게 대변하는 것이 하나라도 있으리라고는 기대할 수 없다. 다만 주어진 실제 건물이 이 양식에 어느 정도 가까운지는 관찰할 수 있다. 나아가 건축 현장의 필요, 가용한 자원의 제약, 그 건물의 용도 등에 따라 실제로 건물이 지어지는 방식은 달라질 수 있다. 이렇듯 하나의 건물이 관념적 양식에 얼마나 가까운지 만이 아니라, 현장의 특별한 목적을 위해 양식의 원칙들이 어느 정도로 활용되었는지도 확인할 수가 있는 것이다.

우리는 근대 정치가 활용해온 두 가지 양식의 여러 판본들 중 일부에 관심을 기울일 것이다. 각 판본의 기원과 계승을 상세하게 추적하기 위해서가 아니라(이것은 역사가의 임무이다), 각 양식이 변이하는 환경에서 어떻게 적응했는지를 관찰함으로써 양식 자체에 대한 우리의 지식을 확장하기 위해서다. 하지만 두 가지 정치 양식이 역사 안에서 어떤 운수를 겪었는지 고찰을 시작하기 전에, 각 양식의 추상적 원칙을 먼저 명료하게 해두는 것이 현명하다. 이 원칙들이 추상적이라는 점, 다시 말해 추상의 과정을 통해 도달한 원칙이라는 점을 명심해야 한다. 근대 유럽의 인민들이 다스림이라는 사업을 어떻게 처리해왔는지 그리고 정부의 타당한 직무에 관해 어떻게 이해해 (그리고 말로 표현해) 왔는지 우리가 찾아낼 수 있는 최대치가 우리의 작업을 구성하는 재료가 될 것이다. 이 재료들에 관해 성찰해 봄으로써 우리는 정치적 활동의 두 갈래 상이한 양식을 분별할 수 있을 것이다. 그리고 하나의 양식에 어떤 경향들이 대변되어 나타나는지를 유추해봄으로써 그 양식이 지향하는 관념적 극단을 정형화할 수 있을 것이다.

II

먼저 신념정치를 살펴보자. 이 표현에는 아마도 역설이 섞여 있다고 봐야 할 텐데, 논의를 진행함에 따라 적절한 표현인지 여부가 드러날 것이다.

신념정치에서는 다스림이라는 활동이 인류의 완성에 봉사하는 것으로 이해된다. 우주가 완벽하므로 인간의 완성도 불가피하다는 우주적 낙관론의 신조가 있다. 이 낙관론은 관찰에서 나온 것이 아니라 창조자가 완벽할 때 피조물도 완벽해질 수밖에 없다는 추론에서 나온 것이다. 아울러 인간의 완성은 섭리에 의한 선물이라는 신조, 즉 인간이 받을 자격은 없지만 틀림없이 받게 된다는 신조도 있다. 그런데 신념정치를 특징짓는 인간의 완성 가능성이라는 관념은 이 두 신조 모두에 적대적이다. 신념정치에서 인간의 완성은 현실이 아니기 때문에 추구된다. 나아가 신적 섭리의 작용에 우리가 의존할 필요도 없고 의존해서도 안 된다는 것이다. 인간의 완성은 인간의 노력에 의해 달성되어야 한다. 불완전성이 물러나리라는 믿음은 신의 섭리에 대한 신뢰가 아니라 인간의 힘에 대한 신념에서 나온다. 우리의 노력을 신의 섭리가 승인하고 지지해주리라고 믿음으로써 자신을 북돋우는 것까지는 어쩌면 허용될지 모른다. 어쨌든 완성의 달성은 우리 자신의 단호한 노력에 의존하며, 노력의 끈을 놓지 않는 한 완성이 찾아오리라는 깨달음이 우리에게 요구된다.

이 첫 번째 원칙에 이어 세 가지 원칙이 수반된다. 완성 또는 구원은 이 세상에서 이룩될 일이다. 즉, 인간은 역사 안에서 구원받을 수 있다. 바로 이 점에서 이와 같은 정치의 양식은 "펠라기우스적"이다.[53] 나아가 인간의 완성은 현세 내의 일일 뿐만 아니라 인간의 환경을 구성하는 하나의 조건에 해당한다. 그러나 여기에는 혼동의 여지가 있다. 만약 인간성이라는 것이 환경으로부터 부분적으로나마 독립적이라고 여겨야 한다면, 인간의 완성을 신념정치에 포함시키지 않는 것이 온당하고, 그렇다면 이 양식이 노리는 목표에도 일정한 한계가 있다고 봐야 할 것이다. 그러나 실제로는 그렇지 않다. 이 양식을 품에 안는 사람들은 인간을 환경의 피조물이라 믿는다.[54] 그러므로 환경이 인간의 완성을 위한 조건이 된다. 이 양식이 다른 양식과 구분되는 것은 결국 바로 이 입장 때문이고, 이로 말미암아 이 양식은 인간이 바랄 수 있는 모든 것을 추구할 수 있게 된다. 완성이라는 정점에 도달할 때까지 인간성을 개선할 주된 주체는 정부라고 상정된다. 그리하여 다스림이라는 활동은 인간의 완성을 달성하려는 목적을 위해 인간의 활동을 통제하고 조직하는 사업이라고 이해되기에 이른다.

이와 같은 관념 가운데 확연히 근대적 발현으로 보이는 요소들이 섞여 있다. 그 요소들이 신념정치에서 뿌리가 된다면, 이 양식의 출현을 근대사의 개막기까지 끌어올릴 수는 없다는 말이 될 것이다. 그

---

53) 펠라기우스Pelagius: 4세기 말에서 5세기 초에 활약했던 금욕주의 신학자로서 자유의지에 의한 구원을 주장하여 신의 은총에 의한 구원만이 가능하다고 본 아우구스티누스와 대립했다. 418년에 파문당한 이후 행적은 드물고 희미하게만 전해진다. 르네상스 이후 인간의 능동성에 대한 강조를 아우구스티누스 신학에 대한 펠라기우스적 도전이라고 지칭하는 전통적인 용례가 있다. (역주)

54) 이 믿음의 근거를 일찍이 제공한 사람은 물론 로크다.

렇지만 그 요소들은 흔히 생각하는 것보다 더 오랜 역사를 가지고 있다. 비록 내가 그 요소들을 진술하는 방식은 주로 성숙하여 자신감에 충만했던 18세기의 어법에 따르지만, 그 요소들은 그보다 훨씬 전에 부화되었던 것들이다. 흔히 생각하기에 최근에 나타난 현상의 역사를 내가 지나치게 오래된 것으로 잡고 있다는 의혹을 제거하는 과제는 뒤에서 다루고자 한다. 다만, 현 단계에서도 두 가지 사항에 주목해 보면 그러한 의혹이 진정될 수 있을 것이다. 첫째, 인간의 힘이 경이롭게 증가하여 사람들을 매혹시켰다는 점이 신념정치가 출현하는 데 가장 중요한 조건으로 작용한 것은 최근의 역사만이 아니라 근대 역사의 개막을 가름하는 특징이다. 둘째, 이 양식의 정치 내부에는 "완성" 이라고 하는 주제어의 해석을 둘러싸고 다양한 (그 중 일부는 전혀 근대주의적이 아니다) 여지들이 열려 있다. 이 정치 양식은 천년왕국의 이상과 분리될 수 없는데, 이 이상이 인간 환경의 현세적 조건을 가리키는 것은 사실이다. 그러나 여전히 그것은 도덕적 덕목이나 종교적 구원이라는 조건에서부터 "번영" , "풍요" , "복지" 라는 조건에 이르기까지 다양한 해석의 대상이다. 요컨대, 이 정치 양식에는 18세기나 19세기의 사정에 맞는 판본만 있는 것이 아니라 16세기에 맞는 판본도 있는 것이다.

신념정치를 일단 이렇게 요약해 봤는데, 두 가지 특질을 놓치지 말아야 한다. 첫째, 다스림이라는 활동은 완성이라는 정점을 향해 나아가는 향상의 과정에서 보조적인 대리자에 불과한 것이 아니다. 정부의 활동은 이 추진과정에 영감을 불어넣는 주체이자 유일한 지휘자다. 정부의 사무가 무언가 감지할 수 있는 이익을 인류에게 공헌해야 한다는 정도의 신조였다면, 신념정치라는 것이 (그래도 무정부주의와는 구분되겠지만) 여타 신조와 구분될 수가 없었을 것이다. 우리가 지금 고찰하는 신조는 다스림이라는 활동을 이해함에 있어서 인류를 "구원" 하는 ("구원" 에 대한 다양한 해석의 여지는 이 양식 내부에 열려 있다) 의무와 권력을 정부 자체에 귀속시키는 (그리고 왜 그래야 하는지 이유를 제시하는) 신조라는 점을 분명히 포착해야 한다.

두 번째 특질은 "완성" 에 관한 것이다. 이 양식의 정치에서는 일종의 천년왕국이라는 이념을 담고 있다고 나는 말한 바 있는데, 이 때문에 내가 이 신조를 너무나 편협한 것으로 만든다고 생각할 사람이 있을지 모른다. 천년왕국 같은 생각은 오늘날 극소수 기인들이나 주장할 테고, 근대 정치의 전체 광경 안에서는 어차피 무의미한 얘기라고 보는 사람들이 그렇게 생각할 것이다. 인간의 환경을 향상시키는 데 목적을 두는 정치의 양식은 우리 모두에게 익숙하지만, 인간의 완성이라는 관념은 지나친 것이 아닌가? 그렇지만 이 양자는 구분하기가 불가능하게 연관되어 있다. 일반적으로 유토피아적 정치라 불리는 것을 내가 신념정치에서 추려내 지적하고 있는 것은 맞다. 그렇지만 완성을 말하지 않고 오직 향상을 추구한다고 주장함으로써 유토피아적 관념에서 탈피할 수 있다고 생각하는 사람은 향상에 관한 특정한 관념까지 함께 내다버리지 않는 한 탈출구가 너무 좁다는 사실에 직면하지 않을 수 없을 것이다.

중뿔나게 천년왕국을 입에 담는 사람이라면 신념정치를 추종하는 이들 사이에서도 특별한 부류일 테니 접어두자. 유토피아적 가식을 거부하는 향상주의자들만 고찰해보자. 인류의 팔자를 향상하려는 사업은 두 가지 경로를 따라 수행될 수 있다. 하나는 더 나은 쪽을 지향하는 모든 형태의 변화들을 기획하고 활용하고 전개할 수 있다. 여기서 "더 낫다" 는 말은, 다른 사정들이 똑 같다고 할 때 이런저런 활동을 수행하기에 더 나은 길 또는 우리가 살고 있는 세상을 향유하기에 더 나은 길을 뜻한다. 그런데 이와 같은 환경의 향상은 하나의 방향으로만 일어날 수가 없고, 만약 하나의 향상이 다른 향상과 충돌한다면(그럴 가능성이 대단히 높다), 서로 다른 방향의 향상들 사이에 조율이 필요할 것이다. 향상들 자체도 한 길로 일어나지 않을 뿐만 아니라 그 사이의 조율도 한 방향을 가리킬 수는 없다.

인간의 환경을 향상하려는 다른 경로는 "더 나은" 방향이 무엇인지를 먼저 결정한 (이 결정이 어떻게 이루어질지는 따지지 않고) 다음에 그 방향을 추구하는 길이다. 이런 발상은 최선이 무엇인지에 관해 상세한 지식까지는 아니더라도 적어도 어렴풋한 구상 하나는 가지고 있을 것을 전제한다. 왜냐하면 하나의 방향을 이와 같은 식으로 선택한다는 것은 다른 대안들에 비교했을 때 (장단점이 각각 있지만) 이것이 종합적으로 더 낫기 때문에 선택한다는 말이 아니고 그 방향이 최선이기 때문에 선택한다는 말이 되기 때문이다. 바로 이런 식으로 향상을 추구하는 태도가 신념정치에 속한다. 앞으로 살펴보겠지만, 이 양식의 정치를 추종하는 많은 사람들이 자기는 완벽주의자도 아니고 유토피아주의자도 아니라고 주장한다. 이와 같은 부인이 반드시 자기기만은 아니며, 이들이 이렇게 부인한다는 사실에 음미해볼 의미가 담겨 있다. 그들이 확립하고자 하는 상태가 미리 정확히 예견할 수 있는 성질이 아니고, 기성복처럼 다 만들어져서 하늘에서 땅으로 내려오는 성질이 아니라는 의미가 그들의 부인 안에 담겨 있다. 그렇지만 향상을 추구하는 방향에 관해서 주저한다는 의미는 거기에 담겨 있지 않다.

요컨대 귀하가 하나의 길을 상정하고 있다면, 그 길을 얼마나 천천히 따라가려고 맘먹고 있든지, 그 길로 가서 얼마나 많은 수확을 기대하고 있든지 상관없이 귀하는 완벽주의자다. 끝에 무엇이 있는지 귀하가 자세히 알고 있기 때문이 아니라 다른 모든 길을 배제했고, 귀하가 가는 그 길을 따라가면 완성이 있으리라고 확신하기 때문이다. 이와 같은 기획에서 정부에 부여된 직무의 적절성은 정부가 행사할 수 있는 권력의 양을 감안해서 판단되지 않고, 그 한 방향으로만 권력이 행사되어야 한다는 점에 비춰서 판단된다.

이렇게 볼 때 신념정치를 특징짓는 두 가지 전제를 확인할 수 있다. 첫째, 구원을 가져오는 데 인간의 힘이 충분하다. 지금 당장 충분하지는 않더라도 앞으로 충분해질 것이다. 둘째, "완성" 이라는 단어 또는 그 동의어는 인간을 둘러싼 환경 전반에 관해 하나의 유일한 상태를 가리킨다. 이 상태는 곧바로 실현되지 않을 수도 있고, 우리가 그 상태에 관해 구체적인 지식을 미리 가지지 못할 수도 있지만, 적어도 대략적인 윤곽은 알아낼 수 있다. 그것이 모든 정치 활동의 목적이고, 그것 말고는 어떤 대안도 없다. 그러므로 이 양식의 정치에서는 두 갈래의 자신감이 필요하다. 이런 목적을 위해 필요한 힘이 인간의 손 안에 지금 있거나 또는 손 안에 들어올 수 있다는 확신, 그리고 우리가 지금 당장은 비록 어떻게 완성을 이룩할지 정확히 모를 수 있지만 거기로 가는 길은 적어도 알고 있다는 확신이다. 필요한 힘이 인간의 손 안에 있다는 자신감은 완성을 추구해 나아감에 따라 더 커질 것으로 기대된다. 그리고 우리가 가는 길이 옳다는 자신감은 다양한 방식을 통해 획득될 수 있다. 미래를 내다보는 예지에 근거한 확신일 수도 있고, 연구나 성찰이나 논증의 결실일 수도 있다. 신념정치에서 정치적 결정과 기획은 (반드시 하나만 있어야 하는) 공동선을 영감에 의해 지각한 데 따르는 반응 또는 합리적 논증에 따라 도출된 결론으로 이해된다. 여기에 일시적 편의를 위한 선택이라든지 세상 일이 돌아가도록 유지하기 위해 무언가를 해보는 정도로 정치적 결정을 이해할 여지는 없다. 그러므로 이렇게 정치를 이해할 때, 다스림의 제도들은 현안을 처리한다든지 어떤 종류이든 결정을 내리기 위한 수단으로 해석되지 않고, "오류" 를 배제하고 "진리" 에 도달하여 그 "진리" 가 세상을 이끌도록 만들기 위한 수단으로 해석된다.

신념정치는 다스림을 "무제한적" 활동으로 이해한다. 정부는 전능하다. 이는 다스림의 목적이 "구원" 또는 "완성" 에 있다는 말을 바꿔 말한 데 불과하다. 그러나 이렇게 바꿔 말해 보면 중요한 구분을 볼 수 있게 된다. "절대주의" 와 전능" 의 구분이다. 엄밀하게 따져 말하자면 절대주의의 신조는 다스리는 권위의 원천에 관한 신조이다. 절대주의가 함축하는 권위는 스스로 권위를 부여하는 권위가 아니라 (이런 권위는 이론적으로는 가능할지 모르나 역사상 나타난 적이 없다), 일단 인정된 다음에는 결코 (또는 쉽사리) 철회되거나 수정되거나 양도되거나 방해 받을 수 없는 권위이다. 다스림에 적합한 모든 권력을 한 사람 또는 한 단체에게 맡기고 어떤 다른 사람이나 단체도 권력을 공유할 수 없는 형태의 권위를 절대주의가 함축하고 있다고도 볼 수 있다. 그렇지만 내 생각으로는, 어떤 점에서는 모든 정부가 권력을 공유하지 않는다는 의미에서 "절대적" 이다. 권위를 부여받자마자 (아무 이유도 없이 또는 조그만 구실만으로) 권위를 내놓아야 하는 정부, 또는 동일한 권위를 수임 받지 못한 개인 또는 단체와 권력을 공유해야만 하는 정부는 근대 시대의 대다수 정부들과 같은 방식으로 다스릴 자격을 얻은 정부가 아니다. 어쨌든, 이 모든 이야기들은 "전능한" 정부와는 전적으로 다르다. 근대 세계에서 "주권적" 다스림이 어떻게 출현했는지에 관한 연구는 풍성하다. "꼼꼼한" 다스림이 출현한 사연은 아직 밝혀지지 않은 상태이다. 대충 비슷해 보이는 사항들이지만 사실은 서로 다르다. "꼼꼼함" 과 "전능함" 은 다스리는 권위의 원천을 가리키는 것이 아니라 다스리는 활동과 항목을 가리킨다. 예를 들어, 홉스가 다스림을 "절대적" 권위의 행사로 이해했으며, 따라서 주권적 다스림에 관한 최초의 위대한 이론가라고 말하면 나무랄 데가 없을 것이다. 그러나 다스리는 활동을 전능한 활동으로 이해한 흔적은 전혀 찾을 수 없다(오히려 정반대의 흔적만 있다). 인간적 향상 및 완성의 역할을 정부가 맡는다는 발상은 그의 저술 어디에도 없다(인간적 완성이라는 관념이 그에게는 어불성설이다). 반면에 다스리는 활동에 적합한 아주 중요하지만 제한된 항목에 관해서는 매우 정밀하고 원대한 상념들이 도처에 나타난다. 다스림은 최고로 높지만 그 활동 공간은 좁은 것이다.

신념정치에서 다스리는 활동은 자체로 전능하지만 반드시 절대적이지는 않은 것으로 이해된다. 다시 말해 "집단주의" 의 일부 형태들은 신념정치에 속하지만(로마 제국을 "괴상한 인물들에게 행복한 광장" 으로 만들었던), 카이사르주의는 여타 모든 정부에 속할 수 있는 정도만큼만 신념정치에 속한다. 신념정치는 다스림을 신민의 모든 활동을 통합하면서 한없이 확장해 나가는 활동으로 이해한다. 이런 식의 정치가 어떤 결과를 초래할지, 한 가지는 바로 눈에 띈다. 우리의 정치적 어휘에 들어있는 단어와 문구들은 각각 좁은 의미와 넓은 의미, 그리고 그 사이에 분포하는 다양한 의미들을 가진다. 그런데 신념정치에서는 인간적 완성이라는 기획 때문에 각 단어와 문구가 최대로 확장된 넓은 의미를 가지게 될 것이다. 의미는 언제나 그 어휘가 무의미해지기 직전의 한계까지 연장되고, 때로는 형용사를 덧붙여 한계를 넘기까지 할 것이다.

신념정치에 대한 지금까지의 스케치는 하나의 추상적인 요약으로서 제시해본 것이지만, 어쨌든 아직 불완전하다. 하지만 이 정도만 가지고 생각해봐도 몇 가지 명백한 추론이 가능하다. 이 추론 몇 가지를 간략하게 정리해봄으로써 스케치의 내용을 보완할 수 있을 것이다. 그리하여 추상의 단계를 지나 이 양식의 정치가 구체적으로 작동하는 판본들을 살필 준비가 될 수 있을 것이다.

이 양식의 정치에서는 권력을 골치 아픈 대상으로 여기기보다는 환영한다. 그리고 권력이 아무리 많더라도 지나치게 많다고는 생각하지 않는다. 모든 활동에 관해 따져보고, 모든 기획을 일사불란하게 정렬하고, 모든 사업에 관해 승인 또는 거부 의사를 서둘러 표명한다는 것은, 요컨대 공동체의 모든 권력과 자원을 완성의 기획에 집중하여 방치되거나 낭비되는 것이 없도록 만전을 기한다는 것은, 실로 인간의 완성을 조직하는 활동으로 이해되는 정치에 알맞을 것이 분명하다. 이 양식의 정치에서 다스리는 활동은 보유한 권력에 비례하여 세밀하고 꼼꼼하게 따져 대충 넘어가는 일이 없을 것이다. 이것은 이 양식의 결함이 아니라 덕목이다. 사회는 하나의 파놉티콘과 같고 통치자들은 모든 것을 들여다보는 감시자가 될 것이다. 세계를 물리적으로 (아니면 적어도 정신적으로) 정복한다고 하는 목적을 통해 공동체의 자아를 표현하려는 사회의 대변자로서 정부는 보유한 권력에 비례해서 모든 노력을 집중하게 될 것이다. "진실" 을 감추는 행위는 반역이 되고, 선전에 게으름을 피우는 짓은 수치가 될 것이다.

나아가 정부의 활동에서 고도의 형식성 따위는 이 양식의 특징에 반한다. 이 양식의 다스림은 신을 흉내 내는 모험으로서, 규칙과 헌법을 꼬치꼬치 준수하다가는 추진력을 방해한다고 쉽사리 여겨질 것이다. 권리라든지 구제받을 수단 따위는 여기에 어울리지 않는다. 그런 것들은 모두 단 하나의 종합적인 권리, 완성으로 가는 향상의 길에 동참할 권리로 대체된다. 선례가 수행할 역할도 별로 없다. 과거보다 현재가 훨씬 중요하고, 미래는 현재보다 더욱 중요하기 때문이다. 국가이성은 완성의 기획과 결부됨으로써 신성시되고, 모든 논의에서 적절하고 설득력을 가지며 심지어 도덕주의적인 논거로 여겨질 것이다. 소급 입법에 대한 혐오는 설자리를 잃고, 예방이 처벌보다 낫다고 여겨질 것이다. 죄인이 빠져나가는 것보다 무고한 사람이 고통 받는 것이 덜 나쁘게 비쳐질 것이다. 유죄로 입증되기 전까지 무죄로 추정되기보다는 무죄로 입증되지 않는 한 유죄 추정이 쉬워질 것이다. 반대가 "진실" 에 도달하기 위한 수단이라고 이해되는 것까지는 허용되지만, 단지 일시적이고 간헐적인 효용만 인정되어 "진실" 이 명백해진 순간부터는 훼방으로 간주될 것이다.

더욱이 완성의 기획과 정부가 결부되면 피치자들은 복종과 순응만이 아니라 정부에 찬성하고 심지어 정부를 사랑해야 한다는 요구가 당연시될 것이다. 이견이나 불복종은 처벌 대상이 될 텐데, 단순히 말썽거리라서가 아니라 "오류" 또는 "저질러서는 안 될 죄악" 이라는 이유에서일 것이다. 열정이 부족한 태도마저 범죄로 간주되어 예방을 위한 교육이 시행되고, 그래도 저지르는 자는 반역죄로 처벌될 것이다. 그렇지만 완성을 향해 한마음으로 매진하는 충동에 사로잡힌 이 양식의 정치에 대해 불만이 없을 수 없다. 완성은 미래에나 찾아올 일인데 비해 우리 인간은 많은 일이 부족할 때보다 한 가지 일이 없을 때 항상 불만을 더 많이 느끼기 때문이다. 한편 정부의 직무는 여타 어떤 직무보다 자신을 상위에 둠으로써 일종의 도덕적 격상을 달성하게 될 것이다. 정치인과 그 조수들은 사회의 하인인 동시에 지도자이면서 또한 구원자로 이해될 것이다.

III

우리가 지금 추상적 극단을 다루고 있기 때문에, (이제부터 살피려는) 의심정치라고 하는 것은 모든 면에서 신념정치에 반대되는 양식의 정치라고 생각하는 것이 (과장이 아니라) 당연하다. 그러나 이 대목에서 나올 수 있는 실수에 주목하여 피해야 한다. 지금 실수를 피하지 못하면 나중에 역사의 진행을 다룰 때 더 큰 실수를 낳을 것이다. 논리적으로 반대되는 한 쌍을 역사적으로 적대하는 한 쌍으로 전환시키는 실수가 그것으로서, 이 경우에는 신념을 의심에 대한 반작용으로 간주하고 의심을 신념에 대한 반작용으로 간주하면서 하나를 오로지 다른 하나에 비친 영상만으로 이해하는 실수이다. 내가 생각할 때, 의심정치 가운데는 근대 세계에서 나타난 신념정치 어떤 판본보다도 시기적으로 앞서는 판본이 있고, 이럴 수밖에 없었던 명백한 까닭도 있다. 그러나 이 두 양식의 정치가 근대의 시작 이래 줄곧 (물론 항상 열렬하기만 한 것은 아니지만) 나타나고 있다는 것이 지금 내 주장이기 때문에, 둘 중 하나가 시기적으로 앞선다는 얘기는 현재의 목적에 비춰 상관이 없다. 논의에서는 하나를 먼저 취하고 다른 하나를 나중 취하게 될 것이지만, 사실에 있어서는 둘이 함께 나타난다. 나는 근대 정치의 역사는 (다스림이라는 활동의 관점에 주목할 때) 이 두 양식이 자아낸 불협화음의 역사라고 본다. 그리고 회의주의가 실패해서 신념이 일어났고, 신념이 무너져서 회의주의가 일어났다는 생각은 내가 보기에 잘못이다. 물론 양자는 서로 얽혀 있었기 때문에 서로를 상대로 작용과 반작용을 거듭해 왔고, 심지어 상대를 변화시키기도 (하나가 그 이론적 극단에 도달하지 못하게 다른 하나가 방해하는 식으로) 했다. 그러나 양자 모두의 뿌리는 서로 독립적으로 근대 정치라는 여건에 있다. 앞에서도 말했지만, 실제 정치사의 표면을 구성하는 견해차, 균열, 반목, 줄서기, 정파는 두 양식 어느 것과도 일치하지 않는다. 표면적인 요소들은 대체로 또는 전적으로, 이 두 양식이 각각 다른 양식에 반영되는 만큼 존재한다. 그러므로 우리가 고찰하고 있는 정치의 두 가지 양식은 추상적으로는 상반되지만, 그 두 양식이 함께 우리의 복잡하고 양가적인 다스림의 방식 그리고 정부의 타당한 직무가 무엇인지에 관한 우리의 복잡하고 양가적인 이해를 구성한다.

의심의 작용은 결코 절대적일 수 없다. 전면적인 의심은 단지 자가당착일 뿐이다. 다스리는 활동을 이해하는 양식으로서 의심은 무정부주의와 같지 않고, 무정부주의와 자주 제휴하는 철저한 개인주의와도 같지 않다.[55] 정반대로 의심정치에서는 다스림이 하나의 특정한 활동으로 이해되며 인간적 완성의 추구와는 분리된 것으로 이해된다. 이와 같은 분리는 인간의 완성을 인간이 처한 세속적 조건의 일부로 간주하지 않을 때, 또는 완성의 추구는 온당하다고 인정하지만 정부 말고 다른 권위가 그 과업을 맡아야 한다고 생각할 때 달성된다. 후자는 일정한 유보조건들이 추가되어야 하겠지만, 중세 유럽을 특징지은 회의주의 정치 양식이었다고 말할 수 있을 것이다. 완성의 추구와 정부의 분리는 다른 식으로도 이뤄질 수 있다. 근대적인 의심정치는 인간적 완성이 착각이라는 발본적인 믿음, 또는 정부의 활동과 완성의 추구를 결부시켜서 한 방향으로만 모든 힘을 집중하기에는 완성을 위한 조건이 무엇인지에 관해 우리가 아는 바가 부족하다고 하는 약간 덜 발본적인 믿음에 뿌리가 있다고 말할 수 있다. 인간의 불완

[55] 역사적으로 출현한 무정부주의는 의심정치보다는 신념정치에 더 가깝다. 신념에 내재하는 이율배반적 경향은 전제적일 뿐만 아니라 동시에 자체로 무정부적이다.

전성이 인간의 환경을 구성하는 하나의 조건으로서 일소될 수 있다고까지 양보하더라도, 완성을 한 방향으로만 (그리고 도중에 무슨 일을 겪든지 상관하지 않고 오직 직선거리로만) 추구했다가는 필경 실망과 비참을 초래하고 말리라는 믿음도 덜 발본적인 부류에 해당한다. 지금 우리는 근대를 다루고 있기 때문에, 회의주의적 정치의 뿌리에는 발본적인 의심보다는 이와 같이 보다 신중한 무능감이 있다고 말해야 더 정확할 것으로 생각된다. 발본적 의심이 없지는 않았다. 지금까지 거론하지 않은 다른 견해도 하나 있다. 혈통이든 무력이든 선출이든, 어떤 식으로든 통치자의 지위를 획득한 자들더러 통제하고 관리하도록 맡기기에는 완성의 추구가 너무나 중요하다는 견해가 그것이다. 그렇지만 정부의 활동을 완성의 추구에서 분리하는 데에는 위에 언급한 발본적 의심이나 방금 언급한 수정본이 반드시 필요하지는 않다.

정부의 활동을 완성의 추구에서 분리함으로써, 신념정치에서 정부에게 맡겼던 공동선의 추구라는 종합적 목적이 정부의 활동 범위에서 삭제된다. 의심정치에서 정부의 직무는 완벽한 생활방식을 설계한다든지, 생활방식의 향상을 설계한다든지, 심지어 어떤 형태의 생활방식이라도 설계하는 것이어서는 안 된다. 그러나 이런 것이 삭제된다고 해서 정부의 활동 범위가 모조리 삭제되는 것은 아니다. 의심정치에서 정부의 활동을 인정하는 논거는 신념정치처럼 인간 본성에 관한 일정한 신조에서 나오는 것이 아니라 인간 행동에 대한 일정한 독해에서 나온다. 정치에 관한 회의주의자는 사람들이 서로 부대끼며 살아가고, 다양한 활동들을 추구하다보면 서로 갈등을 일으킬 수밖에 없다고 본다. 이 갈등이 일정한 차원에 도달하게 되면 삶이 야만적이고 참기 어려워질 뿐만 아니라 심하게는 삶이 느닷없이 끝장날 수도 있다. 따라서 정치를 이런 식으로 이해할 때 정부의 활동은 선이기 때문이 아니라 필요하기 때문에 유지되는 것이다. 정부의 주된 직무는 인간적 갈등의 빈도를 줄임으로써 갈등의 강도를 완화하는 데 있다. 이 직무는 시세의 풍습 상으로 승인되는 종류의 인간 행위를 억누르지 않고 그 행위와 조화를 이루는 방식으로 수행되는 한, 바로 그럼으로써 일종의 "선"을 제공하는 것이라고 운위할 수도 있다.

이와 같은 피상적인 질서가 무의미하게 비쳐질 수 있고(신념정치에서는 이를 굳이 언급할 필요도 없이 당연하게 여긴다), 이런 질서를 유지한다는 것은 저급한 업무로 여겨질 수 있다. 하지만 회의주의자는 질서라는 것이 언제라도 망가지거나 와해될 수 있는 만큼 위대하고 어려운 업적이라고 이해한다. 헨리 제임스가 "재난의 상상력"[56]이라 부른 상상력을 회의주의자는 가지고 있다. 따라서 심지어 피상적인 질서라도 취약한 만큼 가치 있는 것이며, 만약 그것이 무너지면 삶은 급격하게 "고독하고, 가난하고, 형편없고, 잔혹하고, 단명한" 상태로 전락하여 완성 따위를 추구할 기회는 전혀 없고 그에 관해 생각해 볼 기회조차 별로 없으리라는 점을 상기시킨다. 그러나 비록 이 피상적인 질서가 멸시할 일은 아니지만, 이것이 전부인 것도 아니다. 따라서 이 질서를 유지하는 데 필요한 정도 이상으로는 우리의 자원을 소비하지는 않는 편이 좋다고 역설할 임무가 회의주의자에게 떨어진다.

더 나은 시기였다면 공동체에게 맡겨졌을 대량의 권력이 정부에 집중되고, 인간의 활동에서 보다 공감할 수 있는 추구들이 부차적인 지

---

56) 헨리 제임스Henry James(1843~1916): 미국 소설가. 1896년에 쓴 한 편지에서 "내게는 재난의 상상력이 있다 — 실로 인생을 흉포하고 불길한 것으로 본다" 고 썼다. Elizabeth Stevenson, *Henry James: The Crooked Corridor* (Macmillan, 1949), p. 34. (역주)

위로 밀려나야 하는 것이 필요한 질서를 위해 치러야 할 비용이다. 약한 정부는 쓸모가 없다. 하지만 회의주의자는 강한 정부라고 해서 곧 신념정치를 향한 발걸음과 같은 것으로 혼동하면 안 된다고 이해한다. 강한 정부를 꼼꼼한 정부와 혼동하면 안 되는 것과 같은 이유에서다. 강한 정부라고 할지라도 좁게 설정된 활동 범위라는 조건 안에서 작동한다. 어쨌든, 정부의 권력 행사에서 효율성을 고려하는 것이 회의주의자의 특징에 속한다. 실제 우리가 이 문제에 관해 행하는 여러 생각들과 실천들은 이 양식의 정치에서 나온 것이다. 의심정치의 다양한 판본에 따라 달라지는 다양한 생각과 실천을 현재의 논의에서 다룰 수는 없다. 그러나 추상적인 구도의 관점에 국한하더라도 공인되고 쉽게 작용하는 구제의 수단들과 연계되어 있는 (그리고 역사적으로 거기서 파생한) 공인되고 확립된 법률과 권리의 체계를 통한 정부의 행위가 효율성의 관점에서 적절하다고 보는 태도는 현재의 논의에 밀접한 상관이 있다. 이와 같은 다스림의 방식에 대한 유일한 대안은 질서 유지의 방향으로 꾸준하고 중용적인 압력을 요청하는 대신에 대량의 권력을 항시적으로 동원하거나 아니면 해체하면서 임시적인 교정적 정책을 시행함으로써 인간의 여러 활동들에 지속적으로 또는 간헐적으로 간섭하는 것인데, 이에 비하면 질서 유지를 중시하는 정치 양식이 권력 행사에 있어 적어도 더욱 효율적이다. 원칙의 언어로 말하자면, 회의주의자가 이해하는 정부의 활동은 **사법적** 활동이고, 정부의 직무에 집중되는 권력은 나름대로 추진해 보고 싶은 기획을 구상하고 있는 사람이면 아무나 가져다 쓸 수 있는 것이 아니다.

회의주의자가 정부 권력의 효율성에 특별히 관심을 가지는 데에는 한 가지 이유가 더 있다. 회의주의자의 이론적 출발점은 갈등을 예비하는 것으로 인간의 행위를 독해하고, 갈등을 폐지하려면 여타 아주 많은 것들을 함께 폐지하지 않으면 안 된다는 데 있다. 따라서 회의주의자는 정부의 직위를 차지하게 될 사람들이 그들의 통치를 받게 될 피치자들과 종자가 같다는 사실을 망각할 수 없는 성향을 가진다. 다시 말해, 누구든 통치자의 자리에 일단 앉으면 자신의 준거점을 벗어나 자기네의 특수 이익에 우호적인 "질서" 를 공동체에 강요할 수 있는 경향에 항상 노출된다는 것이다. 또는 그들이 (야심이 지나치든 아량이 지나치든) 질서 이상의 것을 공동체에 강요할 수도 있다. 이러한 이유만 생각하더라도 의심정치로서는 정부의 손아귀에 들어갈 권력의 양에 관해 인색해야 맞다. 만일 통치자의 집단 말고 정부를 수호할 집단을 별도로 꾸려야 할 필요가 생겨서 일정한 사람들을 모아 보다 인간적인 활동을 잠시 유보하라고 하고 그 임무를 맡기게 된다면, 이 역시 좋은 정부를 위해 불가피한 비용의 일부로 간주될 것이다. 그러나 이 비용 역시 가장 효율적인 수준으로 유지되어야 한다.

정치에 관한 회의주의적 이해에서는 질서의 유지가 정부의 첫 번째 목적이다. 여기에 두 번째 목적이 뒤따른다. 향상의 길을 탐색하는 것이다. 가능하다면 권리와 의무의 체계 및 이와 연관되는 구제수단의 체계를 향상하려는 목적이다. 피상적 질서는 이런 것들로 구성된다. 물론 이와 같은 "향상" 의 활동은 신념정치에서 정부의 종합적 목적으로 이해하는 향상과는 구별되어야 한다. 의심정치에서 향상의 대상은 인간 또는 인간의 행위 또는 넓은 의미의 인간적 환경이 아니라, 권리와 의무와 구제수단의 기존 체계이다. 그리고 향상을 모색하는 방향에도 실수의 여지가 인지된다. 발본적인 방향도 있고 덜 발본적인 방향도 있을 수 있다. 그러나 정부의 활동을 첫 번째 목적에서 벗어나는 영역까지 연장하는 방향은 있을 수 없다. 실은, 여기서 "향상" 이란 단지 질서 유지가 표현되는 양태의 일환에 해당한다.

질서를 유지하는 방식 그리고 질서 자체의 성격은 언제나 공동체 구성원들이 어떤 부류의 활동에 종사하는지에 따라서 달라지리라는 점을 관찰력이 있는 독자라면 알아차릴 수 있을 것이다. 이 활동들은 변화하기 마련이다. 근대 유럽의 공동체에서는 실제로 계속 변화하고 있는 중이다. 수천 가지 기계적 발명 각각이 일으킨 변화가 이런 부류에 속한다. 의심정치에서 정부가 할 일은 사람들이 무슨 활동에 종사할지를 결정하는 것이 아니라 (가장 원시적이거나 부질없는 활동을 제외한) 모든 활동이 가능하기 위해 필수불가결한 질서를 사람들의 활동이 와해시키지 못하도록 막는 데 있다. 이렇듯 권리와 의무와 구제수단의 체계를 수정해 나가는 가운데 사람들의 활동에 변화를 기하는 정도가 이 양식의 정치에서 정부가 추구할 수 있는 가장 발본적인 형태의 향상이다. 이런 "향상" 활동은 질서를 유지하는 활동에 추가되는 어떤 독립적인 항목이 아니라 그 자체가 적절한 질서를 유지하는 활동에 속한다는 점에 유의할 필요가 있다. 이를 방기하는 것은 어떤 추가적인 의무를 방기하는 것이 아니라 무질서를 방조하는 셈이 된다. 따라서 향상의 활동은 엄밀히 말해서 정부의 두 번째 목적이 아니다. 그것은 첫 번째이자 유일한 목적의 한 양상일 따름이다.

그러나 좀 더 생각하면, 권리와 의무와 구제수단의 체계는 모두 내부적으로 불균형을 안고 있다. 이런 체계가 전체적으로 고안된 적은 전혀 없다. 이런 체계에 어떤 정합성이 담겨 있다고 한다면 내부의 각 부분들이 서로에 대해 항시적으로 적응하고 재적응한 결과일 뿐이다. 사람들의 활동 방향에서는 아무런 변화가 일어나지 않더라도 피상적 질서의 체계는 언제나 좀 더 정합적이도록 변화할 여지를 안고 있다. 이 체계에 관해 숙고하고 그것을 좀 더 정합적으로 만들 수 있도록 거기서 나오는 암시에 응답하는 것이 그것을 향상시키는 길이며, 이런 향상은 회의주의자가 이해하는 정부의 직무에 속한다. 물론 회의주의자는 대칭성에 대한 굉장한 사랑이나 변이를 근절하려는 열렬한 충동이 과잉으로 흐를 위험을 항상 경계한다.

이 양식의 정치에서도 있을 수 있는 향상의 방향에는 이보다도 더 당연한 것이 있다. 정부의 활동은 권력과 자원의 사용에 관해 효율성을 증진할 여지가 항상 있다. 아울러 질서의 효율성을 해치지 않고도 질서의 부담을 줄일 수 있는 여지도 항상 있다. 현재 부과되고 있는 질서 가운데 지나친 대목을 피해가기 위한 소모적인[57] 노력, 또는 질서정연을 지나치게 고집스럽게 강요당할 때 발생하는 좌절을 피할 수 있는 틈새를 찾아내기 위한 소모적인 노력에 할애되어야 하는 인간의 활동을 줄일 수 있다면 분명히 이득일 것이다. 회의주의자에게는 무질서의 야만만큼이나 질서의 야만도 마찬가지로 피할 일이다. 질서의 야만은 질서 자체를 위한 질서가 추구될 때, 그리고 질서 유지를 위해 다른 모든 것이 파괴되어 다만 개밋둑의 질서 또는 공동묘지의 질서만이 남게 될 때 발생한다.

따라서 다스리는 활동은 다양한 활동들의 복합체 안에 속한다고 회의주의자는 이해한다. 그 활동은 수백 가지 활동 중 하나이며, 공공질서의 관점에서 다른 모든 활동들을 감독한다는 점에서만 오직 전체 복합체보다 우월하다. 다스림이란 하나의 도덕적 (그리고 도덕 이외 다른 차원의) 방향이나 논조나 양식을 피치자들의 활동에 덮어씌우는 일이 아니다. 공동체 안에서 전개되는 활동의 범위와 방향은

---

57) 질서가 지나치게 강요되고 있을 때 그것을 피하려는 노력은 단지 잘못된 것을 고치는 데 불과하기 때문에, 원래 잘못이 없었더라면 불필요했을 노력이라는 관점에서 더욱 창조적인 활동에 바쳐질 수 있는 노력이 그 와중에 소모된다는 의미에서 소모적이다. 다음에 나오는 좌절을 피하기 위한 노력 역시 비슷한 이유에서 소모적이다. (역주)

실제로 전개되는 바와 같을 뿐이다. 그리고 실제로 행해지고 있는 행위를 도덕적으로 승인하거나 거부하는 활동도 물론 전체 활동들 안에 속한다. 도덕적 승인이나 거부는 정부의 직무에 속하지 않는다. 정부의 직무는 인간의 영혼과는 상관이 없다. 궁극적인 의미에서 누가 옳고 그른지는 결정될 수 있는 문제가 아니고, 결정되어야 할 필요도 없다. (자유에 관한 존 스튜어트 밀의 신조처럼) 신성한 개인성을 강조하거나, (다른 사람들처럼) 사회적 연대를 강조하는 사변적인 이론을 끌어들일 필요도 없다. 정부의 유일한 관심사는 각 행위가 공공질서에 미치는 효과뿐이다. 이런 양식에 따르는 소박한 통치자는 인간 활동의 일반적 경로를 결정할 능력이 이웃에게 보다 자기에게 더 많이 있다고 생각하지 않는다. 그러나 그의 무능감은 여기서 끝난다. 좁게 설정된 통치자의 업무 안에 속한 사무에 관해서라면 그는 가차 없는 결단을 내릴 수 있다. 권리를 인정받지 못한 사람들이 호소할 수 있는 구제수단이 제대로 작동하도록 유지하고, 이러한 권리와 의무가 사회의 현재 여건에서 적절한지를 살피고, 이런 의미의 "정의"가 타락하지 않도록 방지하는 것이 그의 사무이다. 외부의 적으로부터 공동체를 방어한다든지, 국제 사회에서 공동체의 이익을 보호하기 위해 숙고하는 과업을 굳이 추가로 거론할 수는 있지만 질서 유지라는 과업 안에 이미 함축된 사항들이다. 이와 같은 질서의 수호자 역할은 구체적인 맥락 안에서 경험적인 방식으로 수행되어야 하며, 정책을 추구하는 문제라기보다는 권리와 의무를 강제하는 문제인 것이 맞다. 하지만 그렇다고 하더라도 그 한계는 마찬가지이다. 그리고 외국에 대항해서 도덕적 십자군을 이끄는 행위는 국내의 피치자를 상대로 도덕적 십자군을 이끄는 행위나 마찬가지로 이 양식의 정치와는 어긋난다. 요컨대 의심정치에서 다스림이라는 것은 선량한 해학이나 농담과 비슷하다. 이렇게 한다고 해서 우리를 천국으로 인도하지 도 않고 저렇게 한다고 해서 "진리"를 보여주지도 않는다. 다만 지옥에서 우리를 구할 수는 있고, 어리석음에 빠지지 않도록 지켜줄 수는 있는 것이다.

신념정치를 논할 때와 같이 의심정치에 관해서도 추상적인 구도에 담겨 있는 몇 가지 함의를 찾아보자. 이 양식의 정치에서는 권력의 행사에 관해 일정한 긴장감이 있어야 한다고 이해한다. 권력의 한계가 엄격할수록 (부주의 때문이든 야심 때문이든) 월권에 따르는 책임이 커지는 것이다. 인간 행위의 다양성에 절대적 가치가 있다는 식의 믿음을 철칙처럼 고수할 필요는 없을 것으로 생각한다. 단지 그런 다양성이 존재하는 것이 사실인데, 그것을 파괴할 권위가 자신 또는 어느 누구에게 있다는 생각을 할 수 없는 것으로 충분할 것이다. 아무튼 다스림이라는 것은 일정한 영토 안에 사는 모든 주민들에 대해 일정한 통제를 가하는 일이다. 이처럼 좁게 구획된 과업을 수행하려면 권력이 불가피하게 필요하다. 이 권력은 항상 그렇게 맘만 먹는다면 질서유지를 위해 필요한 정도 이상의 획일성을 강요할 수 있을 만큼 충분하다. 그러므로 이 양식의 정치가 가지는 장점 바로 밑에 숨어 있는 결점은, 권력이 약해질 수 있는 데 있는 것이 아니라 권력이 필요 이상으로 강해졌다는 사실을 축소하려는 경향에 있다. 요리에 사용된 마늘처럼 없을 때에나 표가 날 정도로 다스림이라는 것이 조심스럽게 사용되어야 한다고 믿는 회의주의자는 중뿔난 활동이 벌어지는 순간 촉각을 곤두세운다. 그렇지만 다스림이 없어지면 곧바로 표가 나리라는 점은 의심하지 않는다.

아울러 이 양식의 다스림에서는 고도의 형식성이 적절한 것으로 여겨진다. 선례에 대해서도 상당한 주의가 기울여질 것이다. 그렇지만 선례가 "진리" 를 대변한다든지, 선례를 어기면 "오류" 라는 식의 믿음 때문은 아니다. 단지 질서의 유지 자체가 질서에 따라 이뤄지지 못한다면 편파성 또는 맘에 드는 기획을 추구하는 상태로 급속히 전락하기 때문이다. 회의주의자가 형식성의 가치를 높게 보는 까닭은 지나침이 모자람보다 더 나쁘다고 보는 관점에서 지나침을 값싼 비용으로 피할 수 있는 길이 그것이기 때문이다. 법조문에 명확하게 지목되어 있지 않은 행위를 처벌하기 위한 소급 입법 또는 법조문의 왜곡 역시 의심정치라고 하는 양식의 특징에 배치된다. 처벌은 명확하게 이뤄질 것이며, 해당 사회에서 익히 알려진 정도의 범죄를 저지른 자들에게 국한될 것이다. "증명불능" 이라는 야만적 평결제도,[58)]신념정치에나 어울릴 과학적 정확성이라는 가면 뒤에 숨은 씨족적 완고함의 잔재에 불과한 그런 제도는 여기에 설자리가 없다. 피치자 개개인의 행위에 관한 한 예방보다는 처벌이 선호될 것이다. 왜냐하면 어떤 행동 한 가지를 예방하기 위해서는 그 행동을 둘러싼 아주 광범위한 행위 영역을 통제하지 않으면 안 되고, 많은 양의 권력이 행사되지 않으면 안 되기 때문이다. 단적으로 말해서, 시민 사회를 하나의 교실, 그것도 아주 잘못 관리되는 교실, 다시 말해 집중력 저하를 미연에 방지한다는 미명 아래 새총, 장기판, 장난감 등에 대한 대대적인 수색작업이 모든 수업에 앞서 선행되어야 하는 식의 교실로 바꾸지 않으면 그런 예방은 불가능하다. 하지만 그런 교실에서는

---

58) 증명불능의 평결: 배심재판에서 미국과 영국은 유죄guilty와 무죄not guilty의 평결만이 가능한 반면에 스코틀랜드에서는 유죄proven, 무죄not guilty 이외에 제3의 평결로 증명불능not proven의 평결이 가능하다. 어차피 유죄 아니면 무죄 평결만이 있는 곳에서도 증거가 불충분하면 피고에게 유리한 평결을 내려야 하는 것이 원칙이다. 따라서 제3의 평결은 배심원들로 하여금 결단을 회피함으로써 범죄자를 풀어주는 통로가 된다는 비판을 받는다. (역주)

학생뿐만 아니라 교사들도 똑같이 비참을 느끼면서 공휴일이나 방학날짜만을 손으로 꼽을 것이다.

다스림이라는 것은 명제의 "진리" 를 확립하고 그 명제를 행동으로 번역하는 일이 아니라 피상적 질서를 강제하는 일이라고 하는 회의주의자의 믿음은 근대 정부에서 익숙한 여러 제도에 대한 일정한 이해를 함축한다. 토론과 "반대" 는 "진실의 발견" 을 위한 수단으로[59] 간주되는 것이 아니라, 그렇게 하지 않으면 잊힐지도 모를 일에 주의를 환기하고 정부의 활동을 고유한 한계 안에 머무르도록 만들기 위한 수단으로 간주된다. 그렇기 때문에 토론이나 반대와 같은 활동은 유사시에 어쩔 수 없이 시행할 수단이 아니라 지속적으로 이뤄져야 할 활동이 된다. 회의주의자는 일반적으로 사회제도들이 어떤 사업을 시행하기에 도움이 된다는 측면보다는 제도가 야심에 찬 자들의 손아귀에 들어갔을 때 발생할 수도 있는 피해를 줄이는 측면에서 제도의 가치를 본다. 다스리는 활동의 범위가 아무리 제한되어 있다고 할지라도 다스림이라는 것은 인간이 감당하기에 언제나 무언가 자격이 부족한 과업이라고 보는 것이다. 다스림을 위해서는 불편부당이 필요한데, 인간에게는 항상 결핍된 속성이기 때문이다. 그러므로 어떤 사정 아래에서 더 심각한 편파성이나 더 파멸적인 야심에 대항할 수 있는 수단이 그것뿐이라면, "부패" 라도 회의주의자는 환영할 것이다.

마지막으로, 의심정치에서는 다스리는 활동이 전혀 열광의 대상이 아니다. 다스림을 통해 기대되는 봉사를 위해서도 열광 따위는 필요하지 않다. 통치자의 자리는 영예롭고 존경스러울지언정 높지는 않

---

59) Lindsay, *Essentials of Democracy*, p. 35.

다. "그대는 자신이 신보다 작다고 여기기에 다스린다dis te minorem quod geris imperas"[60]— 신민들의 활동을 지도하는 신과 같은 역량을 자처하지 않는 사람이어야 통치자로서 가장 현저한 자격을 갖춘 사람이다.[61]

IV

지금까지 두 가지 정치의 양식을 추상적인 얼개의 수준으로 정리했다. 근대 정치의 양가성이 두 양식을 양쪽 끝으로 삼는 활동과 이해로부터 파생했다는 내 주장이 형체를 갖추기 시작한다. 다스림을 실행하고 이해하는 두 양식은 각각 우리의 정치가 수행할 수 있는 역량의 추상적 극단에 해당하기 때문에 서로 극명하게 상반된다. 물론 추상적 극단들은 관념에 속한다. 실제 역사 안에서 다스림의 실천과 이해는 중간지대에서 주로 움직였고, 극단 쪽으로 다가간 적이 간혹 있었을 뿐이다. 그렇지만 실천과 이해는 공히 양방향을 바라보면서 움직였다. 이러한 시각들과 운동들이 우리의 두 가지 정치 양식을 구성해왔다.

이 두 가지 양식은 서로 너무나 상반되기 때문에 소통을 기대할 수 없을 것처럼 비칠 수 있다. 한편에서 주창하는 바를 다른 편은 부인한다. 중간지대에서 쌍방이 일정한 자기망각을 공유할 때에만 대화

---

60) 호라티우스, 『송가*Carmina*』, III, vi, 5. 키플링의 "Regulus"에도 인용되었다. (역주)
61) 의심정치에 관한 나의 요약을 "야경국가"와 혼동하지 않기를 바란다. 나는 지금 "국가"를 논하고 있는 것이 아니라, 단지 다스리는 활동을 논하고 있을 뿐이다.

가 일어날 것처럼 보인다. 그러나 이와 같은 상호 격리를 유보하는 조건 하나가 실제에서는 줄곧 수반되어왔다. 두 양식이 공통적인 어휘를 공유한다는 점이다. 두 양식은 같은 언어를 사용하고, 두 양식이 이론화의 대상으로 삼은 익숙한 다스림의 제도들도 대체로 같다. 다만 공유하는 어휘에 들어있는 단어들과 문구를 각기 상반되는 의미로 사용하기 때문에 그 사이의 소통이 대체로 동상이몽이고, 어휘의 모호성이 고착되어왔다. 그럼에도 전면적인 오해가 발생하지 않은 까닭은 많은 단어들이 일정한 의미의 폭을 가지는데, 그 폭의 중간지점에서 극단들이 서로 매개될 수 있었던 덕분이다.

두 양식의 정치가 역사 안에서 표현된 판본 몇 가지를 고찰해본다면 이 모호성이 작용한 실제를 관찰할 수 있을 것이다. 그리고 나는 우리 정치의 구체적 성격, 다시 말해 이 두 양식들이 불협화음[62]을 이루는 모습을 더 가까이서 살필 수 있으리라고 바란다. 그러나 그 전에 모호성의 추상적인 양식을 두 가지의 사례를 통해 살펴보고 싶다. 우리의 어휘가 다양한 용례로 얼마나 쉽게 변용되는지를 드러내기 위함이다.

"살루스 포풀리 수프레마 렉스 에스토salus populi suprema lex esto" 라는 유명한 문구가 고대로부터 전해진다.[63] 키케로의 저작에 나온다.[64] 이 문구가 그 이후 내내 통용되었다고 말하면 과장일지 모르지만, 결핍의 시기에 인용할 수 있는 유럽적 정치 어휘에 속해

62) 불협화음concordia discors: 현대 한국어에서는 화음이라는 의미는 밀려나고 불협을 부각하는 뜻으로 더 많이 사용되지만, 원래 의미는 이질성 사이의 화음, 마찰 속의 조화라는 뜻이다. 물론 아이러니가 담겨 있다. (역주)

63) 대략 "인민의 건강이 최고의 법" 이라는 뜻이다. 각 단어에 관한 상세한 논의는 바로 이어진다. (역주)

64) Cicero, *De Legibus*, III, iii, 8.

있었던 것은 틀림없다. 고대 이래로 이 문구는 인용되고 오용되고 변용되고 축약되고 풍자되었다. 의심정치와 신념정치를 위해 공히 봉사한 이 문구는 오래 전에 이중의미의 걸작이 되었다. 우리네 정치적 어휘의 모든 모호성을 대표하는 바로 그 이중의미이다. 만약에 이 문구를 고안한 취지가 모호성에 있었다면, 그보다 잘 할 수는 없었을 정도이다. 라틴어 문장의 마지막 단어, 보통 생략되는 그 단어를 빼고 이 문구의 모든 단어는 잠재적으로 이중의미를 가진다.

살루스salus에서부터 시작해보자. 이 단어의 의미는 고전 라틴어에서도 (멸망의 위협에서 구조된 상태인) 단순한 안보에서부터 (정상이라는 뜻인) 건강을 거쳐, (소박한 수준의) 번영과 (지나친 수준의) 풍요와 (종합적인 의미의) 복리를 지나, (더는 바랄 것이 아무것도 없는) 구원에 이르기까지 널따란 폭을 가졌다. 로마의 시민 종교에서 살루스는 건강, 번영, 공공복리 등을 동시에 의인화한 여신이었다.[65] 그리고 로마인들의 귀에는 살루스 포풀리라고 하면 살루스 푸블리카 또는 살루스 로마나가 떠올랐고, 이는 곧 살루스 여신이 하사하는 보호와 선물이었다.[66] 그런데도 이 문장에서 키케로는 이 단어를 좁은 의미로 군사적 맥락과 연관시켜 사용한다. 적군이 성을 에워싸고, 도시의 존립 자체가 위험에 빠졌을 때 군대를 지휘하는 장군에게 첫 번째 고려사항은 로마 인민의 살루스이다. 번영, 행복, 좋은 삶 등은 나중 일이고, 단순한 생존이 절박한 급선무이다. 이렇게 보면 살루스라는 단어의 정치적 생명은 보존의 정치, 즉 의심정치에, 그것도 극단적인 형태의 의심정치에 복무하면서 시작되었다. 살루스라는 라틴

---

65) Cicero, *De Legibus*, II, xi, 28; Tacitus, *Agricola*, 12. 23.

66) 살루스 포풀리salus populi는 인민의 건강, 살루스 푸블리카salus publica는 공공의 건강, 살루스 로마나salus Romana는 로마의 건강이라는 뜻이다. (역주)

어의 형태로든 유럽 각국어로 번역된 형태로든, 이 단어는 이러한 의미로 사용되어왔다. "공안" 을 위한 위원회[67]는 사람들의 마음이 번영이나 복리에 기울어지는 조용한 시기에는 등장하지 않는다. 그런 위원회는 위급한 시기에 속한다. 그 직무는 풍요를 분배하기보다 기근과 싸우는 데 있고, 건강을 증진하기보다 전염병을 처치하는 데 있고, 복리를 제공하기보다 멸망에서 구조하는 데 있다.

기독교의 어휘에서 살루스는 죄와 거기에 수반되는 처벌로부터 구원을 의미하게 되었고, 이로 말미암아 정치에서도 더욱 넓은 의미로 용례가 확장된 것은 사실이다. 중세 시대에는 키케로의 이 문구가 별로 사용되지 않은 것으로 보이지만, 근대 영국 정치에서 사용된 최초의 용례에서는 국왕의 대권을 가리키는 공식처럼 사용되었다. "왕과 사적 개인을 구분하는 권력과 권리와 면책특권 일체" 그리고 성문법에도 보통법에도 들어있지 않고 의회 바깥에서 행사되는 것으로 16세기부터 이해되기 시작한 국왕의 재량권이 바로 대권인데, 이것이 위기 상황에서 잘못 돌아간 일들을 바로잡을 권위를 가리킨다는 데에는 의문의 여지가 없다. 하지만 이 정도로 끝이 아니다. 살루스 포풀리라는 문구를 공식처럼 상용할 때, 그 의미는 ("공공의 안보" 보다 더 넓은 의미인) "강역疆域의 일반적 이익" 이었다.[68] 이 단어는 여기서 이미 잠재적 의미가 고양되었는데, 이후로 한참 더 올라간다. 베이컨은 전형적으로 베이컨다운 반전의 어법으로 판사의 직무는 유

---

67) 로베스피에르의 공포정치를 집행한 기관인 "공안위원회Comité de salut public" 를 염두에 두고 하는 말이다. 프랑스어 "salut public" 은 라틴어 "살루스 푸블리카" 의 직역이다. (역주)

68) G. W. Prothero, *Select Statutes and other Constitutional Documents Illustrative of the Reigns of Elizabeth and James I* (1558~1625), p. 341, Chief Baron Fleming in Bates's Case (1606)를 참조하라.

스다레가 아니라 유스디케레임을[69] 판사들에게 일깨우고 나서, 아울러 살루스 포풀리 수프레마 렉스라는 격률의 인도를 받으라고 충고한다. 만약 판사들이 이 충고를 귀담아들었다면, 법원은 "인민재판소" 로 바뀌어 규정된 범죄가 아니라 규정되지 않은 모든 비행을 심판하고, 공인된 법에 따른 정의가 아니라 뭔가 다른 종류의 "정의" , 어쩌면 "사회적 정의" 를 시행하는 장소가 되었을 것이다. 나아가 군주제와 국왕의 대권을 폐지한 사람들이 정부를 규율하는 원칙, 즉 정부의 "기본법" 을 모색할 때에 바로 이 키케로의 표어가 자주 채택되었다. 그리하여 급진적인 반율법주의의 표어가 되기도 하고 엄격한 헌정주의의 표어가 되기도 하는 등, 아주 다양한 해석이 부여되었다. 이 와중에 살루스의 의미가 확장되었다. "공공선" , "공공복리" , "민족의 번영" 등을 뜻하게 되었고, 이런 단어들은 다시 "진정한 종교의 확립" , "의로움의 통치" , 그리고 "구원" 등으로 해석되었다. 따라서 독설가 셀던이 "살루스 포풀리 수프레마 렉스라는 문장보다 천한 신세로 전락한 것은 이 세상에 없다" 고 한 말은 놀랍지 않다.[70]

이 문구에서 모호한 단어는 살루스만이 아니다. 로마인들에게 포풀루스는 키비타스 또는 레스푸블리카에 상당하는 것이었다.[71] 키케

69) 유스다레jus dare는 법을 만드는 일로 입법부의 몫이고, 판사의 직무는 유스디케레jus dicere 즉 법을 선포하는 데 있다는 말이다. 보통은 판사의 권한을 제약하는 의미로 해석되지만, 법의 선포와 인민의 건강을 베이컨 식으로 연결하면 의미의 무한 확장이 가능하다. (역주)

70) *Table Talk*, CIII. [셀던John Selden(1584~1654)은 영국 법률가, 법학자이자 혁명기에 의회파 정치인이었다. (역주)]

71) 포풀루스populus는 포풀리의 명사형으로 인민을 뜻하고, 키비타스civitas는 시민들로 이뤄진 도시 공동체를 가리키던 로마 시대의 용어이며, 레스푸블리카res publica는 로마의 공화정 체제를 스스로 부르던 명칭이다. (역주)

로는 살루스를 항상 키비타스와 연관시켜서 사용했고, 대개는 "안보" 나 "안전" 등 좁은 의미로 썼다.[72] 그리고 키케로의 표현을 대권의 공식으로 취한 사람들이 포풀리를 "강역" [73]이라는 의미로 읽은 것도 분명하다. 나중 사람들도 이 해석을 유지했다. 그렇지만 포풀루스가 나머지는 빼고 민중만을 뜻한다고 해석한 사람들도 있었고, 이로부터 "인민" 에 관한 현대의 통속적 의미가 출현했다. 또 다른 사람들은 키케로의 문장에서 포풀리가 신민 개개인을 가리킨다고 읽기도 했다. 실제로 로크는 대충 넘어가는 버릇을 여기서도 발휘하여, 한 군데 이상에서 이런 식으로 읽었다. 수프레마 역시 비슷한 모호성을 보여준다. "근본적" 이라는 의미를 가질 때도 있고, "최우선적" 이라는 의미를 가질 때도 있다. 이 단어는 가장 먼저 고려해야 한다는 뜻과 함께 다른 모든 방침들을 침묵시키고 최종적으로 고려되어야 한다는 뜻도 가진다. 렉스를 엄밀한 의미에서 "성문법" 이라고 해석한 사람은 내가 생각할 때 없는 것 같다. 살루스 포풀리는 자연법 lex naturalis의 명령인 것처럼 간주되었지만, 이때 렉스가 마치 유스와 같은 것처럼 다룬 문헌도 많다.[74]

라틴어 단어들이 영어로 들어와 정치적 언어를 형성하게 되었을 때, 살루스를 대신하게 된 "구원" 과 "안전" 같은 단어들이 의미의

72) Cicero, *De Republica*, I, i, 1; I, xxxiv, 51; II, xxiii, 43; VI, xii, 12. *In Verrem*, II, ii, 6, 16; II, i, 2, 4.

73) 강역realm: 이 문맥에서 realm은 "왕의 영토" 또는 "왕국" 이라는 의미를 가진다. (역주)

74) 렉스lex와 유스jus는 라틴어에서 공히 법을 가리키던 단어인데, 뉘앙스의 차이를 명료하게 구분하기는 불가능하다. 단, 여기서 오크쇼트는 어떤 추상적 원리 또는 권위에서 나오는 법을 렉스라고 보고, 관습 또는 제도적 절차에 의해 탄생한 법을 유스로 보는 것 같다. (역주)

진폭과 모호성을 물려받았다. 피트[75]는 영국이 본보기를 보여줌으로써 유럽을, 그리고 스스로 노력함으로써 자신을 "구원했다" 고 말했는데, 의미의 진폭 가운데 가장 밑바닥에 터를 잡고 말한 것이 분명하다. "정복당하지" 않게 "구원했다" 는 뜻이고, 압제자로부터 "구조했다" 는 뜻인 것이다. 혁명파라면 이와 같은 피트의 발언을 "해방되지" 않도록 "구원했다" 든지, "구원받지" 못하도록 "구조했다" 는 식으로 번역할 수 있었을 텐데, 만약 실제로 누가 그랬다면 의미의 상승이 심하게 일어난 셈이겠지만 그렇다고 의미의 매개가 못 알아들을 정도는 아니었을 것이다. 한편 오늘날의 야당 정치인이 이렇게 말했다고 쳐보자 — "다음 선거 때에는 현 정부를 몰아내야 합니다. 그래야만 인류를 구원할 가능성이 열립니다." 이렇게 사용되는 "구원" 은 완전히 다른 차원에서 날아다닌다. "안전" 이라는 단어 역시 이런 점에서는 "구원" 이나 마찬가지다. "안전" 의 의미가 얼마나 넓은지 그리고 얼마나 모호한지는 예를 들 필요조차 없이 널리 알려져 있다.

두 번째 예는 "권리" 라는 단어인데, 어떤 상황인지를 길게 밝힐 필요도 없다. 권리라는 단어가 가리킬 수 있는 의미의 폭에서 양쪽 끝은 각각 지금 우리가 논하고 있는 두 가지 양식의 정치에 적합한 의미들이다. 바닥 쪽에서 "권리" 는 스스로 일정한 방식으로 행동할 권위 또는 다른 사람들이 취한 일정한 조처를 향유할 수 있는 권위를

---

75) 소 피트William Pitt the Younger(1759~1806): 영국 수상(1783~1801, 1804~1806)으로 혁명 이후의 (특히 나폴레옹의) 프랑스에 대항했다. 1805년 11월 9일의 연설에서, "영국은 스스로 노력해서 자신을 구원했고, 본보기를 보임으로써 유럽을 구원할 것이라고 나는 믿습니다England has saved herself by her exertions, and will, as I trust, save Europe by her example" 라고 말했다. *The War Speeches of William Pitt the Younger*, Oxford: Clarendon Press, 1915, p. 351. (역주)

가리킨다. 이 권위는 기대가 좌절되었을 때 구제나 보상을 모색할 방법과 결부된다. 그리고 내 생각으로는 실제 역사를 조사해보면, 일반적으로 말해서 구제의 수단이 먼저 발생하고 그 다음에 "권리" 가 그로부터 추론된 것으로 나타날 것이다. 이때 권리의 정식화는 구제수단이 확보된 정도보다 약간이나마 더 너그러운 것이 보통이다. 법정의 판결에 의하지 않고는 아주 짧은 기간 이상은 구금되지 않을 권리, 재판에서 유죄 선고를 받지 않았다면, 그리고 추가적인 혐의가 제기되지 않는 한 풀려날 권리라는 것들이 다 이런 형태이다. 일반적으로 신체의 자유라는 것이 우리의 구제수단이다. 아울러 예외가 있기는 하지만, 종교적 믿음 때문에 영국의 대학에 입학을 거부당하지 않을 권리가 내게는 있다. 이는 그런 이유로 나를 거부한 사람을 상대로 행동을 취할 수 있다는 뜻이고, 이는 다시 나를 원치 않는 사람들은 뭔가 다른 이유를 찾아야 한다는 뜻으로 연결된다. 따라서 이 경우 기실 내 권리는 거부의 이유랍시고 종교를 거론하는 소리를 듣지 않을 권리와 같다. 내가 중범죄를 저질렀다고 믿을 만한 분별 있는 근거가 확보되지 않은 한, 경찰관에 의해 체포되지 않을 권리가 내게는 있다고 할 때에도 실제로는 만약 그런 식으로 체포되었다면 그 경찰관을 상대로 뭔가 행동을 취할 수 있다는 뜻이다. 내게는 발언의 자유라는 것이 있는데, 정확히 그 자유가 무엇인지를 알고 싶다면 법적으로 책임을 지지 않고 말할 수 있는 자유가 어디까지인지를 고찰해봐야 답을 찾을 수 있을 것이다. 다시 말해서, 내 권리는 다른 누군가의 의무이고, 권리와 의무는 이렇게 서로를 규정한다.

선포된 권리 가운데에는 이런 것들보다 훨씬 큰 부류도 있는 것 같다. 예컨대 "생명, 자유, 행복 추구" 의 권리가 그렇다. 이런 경우 "권리" 라는 단어의 의미는 확장된다. 형용사를 첨가함으로써 이런 의미의 확장에 안도감을 느끼는 습관이 우리에게는 오랫동안 자리를 잡았다. 저울의 가장 아래쪽에 있는 권리를 우리는 "법적" 권리라고 부르고, 위쪽으로 가면서는 "도덕적" 또는 "사회적" 권리라고 부른다. 하지만 이런 책략은 어떤 난제도 풀지 못한다. 저울의 아래쪽에 있는 권리와 관련해서 중요한 점은 그것들이 "법적" 이라는 것이 아니고, 그것들이 좁다는 것이다. 저울의 위쪽으로 올라가면서 나타나는 권리와 관련해서 중요한 점은 그것들이 "법적" 권리와 다르게 "도덕적" 이거나 "사회적" 이라는 것이 아니고, 그것들이 넓다는 것이다. 아래서 살펴보듯이 이 가운데 일부는 실로 "법적" 이다. 이제 물어보자 — "생명권" 이라는 것은 무엇인가? 적법 절차에 의하지 않고는 내 생명이 종결되지 않도록 할 권리인가? 아니면 일정한 종류 또는 수준의 삶을 향유할 수 있는 권리인가? 전자라고 하면, 우리는 여전히 저울의 아래쪽에 머물러 있는 셈이다. 후자라고 하면, 그때에도 혹자는 여전히 "법적" 권리를 운위할 수도 있겠지만, 저울의 반대쪽 끝을 향해 다소간 움직인 셈이다. 요컨대, 생명이란 모호한 단어이다. 그리고 "생명권" 은 "권리" 라는 단어에 담겨 있는 잠재적 모호성을 노정한다. 이런 점들은 "자유권" 이나 "행복추구권" 에서도 마찬가지다. 아마도 저울의 꼭대기에는 "결핍으로부터 자유" 처럼 유명한 선언문[76]에 함축된 권리가 있다고 봐도 될 것이다. 물론 거기에는 이것 말고도 여러 가지가 있을 수 있다. 어쨌든 이것이 만약 하나의 "권리" 라고 하더라도 (심지어 "법적" 권리일 수도 있다 — 그러려면 정

---

76) 미국 대통령 루스벨트Franklin D. Roosevelt(1882~1945, 재임 1933~1945)는 1941년 1월 6일, 연두국정연설에서 발언의 자유freedom of speech, 예배의 자유freedom of worship, 결핍으로부터의 자유freedom from want, 공포로부터의 자유freedom of fear를 선언했다. (역주)

의定義가 필요하겠지만) 자의적 체포를 당하지 않을 권리와 같은 의미의 "권리" 일 수는 없다. 프랑스에서 "누구나 글을 쓸 권리가 있지만 그럴 능력이 있는 사람은 별로 없다" 고 한 스칼리제르[77]의 말이 무슨 뜻인지는 쉽게 알 수 있다. 그러나 글 쓸 능력을 하나의 "권리" 라고 주장하게 되면 완전히 다른 세상으로 들어가게 된다. "모든 프랑스인은 전장에서 조국의 적과 마주칠 권리가 있다" — 프랑스 혁명기에 횡행하던 이 문장에 들어있는 권리가 어떤 결과로 이어졌던가?

정치적 단어로서 살루스의 경우에 우리가 관찰했던 것과 같이 의미의 넓은 진폭이 여기에도 있다. 저울의 한쪽 끝에서, 나는 내 땅에서 자라는 잡초가 내 이웃의 땅을 망치지 않도록 예방할 의무를 지닌다. 이 의무를 게을리했다가는 이웃이 행동을 취할 수 있다. 저울의 다른 쪽 끝에서는, 농부로서 내 땅을 "훌륭한 농사의 규칙에 따라" 경작할 의무가 있고 그렇지 못하면 법적 벌칙이 부과될 수도 있다. 저울의 한쪽 끝에는 자의적으로 체포되지 않을 권리가 있다. 중간에는 아마 "복지" 가 있을 것이다. 공동체 전체가 비용을 부담하고 임신한 여성이 오렌지 주스를 마실 권리 같은 것이다. 저울의 다른 쪽 끝에는 결핍으로부터 자유로워야 한다고 선포된 권리가 있다. 바닥에는, 또는 바닥 가까이에는 노동의 의무가 있다. 중간에는 (또는 중간보다 조금 더 올라가면) 노동의 권리가 있다. 꼭대기에는 "강제노동수용소" 가 있다.

이와 같은 의미의 극단들은, 내가 볼 때 의심정치와 신념정치에 각각 적합한 것 같다. 실제로 나는 우리가 말하는 방식 안에서 나타나는 행동과 이해의 극단들을 추려서 이 두 양식을 제시했다. 따라서

77) 스칼리제르Joseph Justus Scaliger(1540~1609, 이탈리아계 네덜란드 출신 신학자, 고전학자)를 가리키는 것으로 보인다. 인용문의 출전은 확인하지 못했다. (역주)

이런 식의 정리는 우리 정치가 현재 및 과거에 보여주는 혼잡한 양상을 이해하는 데 도움이 되는 만큼만 설득력을 가진다. 물론 모호성은 똑같은 하나의 단어가 다양한 사고방식, 심지어 상반되는 사고방식을 표현하기 위해 사용되는 데서 기인한다.

지금까지 우리는 다스림의 두 양식, 동시에 정부의 타당한 직무가 무엇인지에 관한 이해의 두 양식을 추상적 구도의 차원에서 정리해봤다. 그 와중에 우리는 모호성의 메커니즘이라 일컬을 만한 것도 살펴봤다. 이제 다음 과제는 신념정치와 의심정치가 실제로 겪어온 운수를 고찰하는 것이다.

제3장 신념정치의 운수

I

신념정치의 일반적 특징은 지금까지 정리되었다. 이제 이 양식의 정치가 근대 시대에 어떻게 출현했는지를 고찰하고, 이 양식이 표현된 판본 몇 가지를 살펴볼 차례이다.

신념정치에서는 다스리는 활동이 인간의 완성에 기여한다고 이해한다. 또한 완성이라는 것이 인간을 둘러싼 여러 일상적인 조건 가운데 하나이며, 완성의 달성은 인간의 노력에 달려 있다고 이해한다. 정부의 직무는 신민들의 여러 활동을 지시하는 데 있는데, 완성으로 수렴되는 향상에 기여할 수 있는 방향 또는 정부가 부과하는 형식에 순응하는 방향으로 이끌기 위함이다. 이러한 직무는 오로지 인간들의 여러 활동을 꼼꼼하게 그리고 열심히 통제해야 지속될 수 있기 때문에, 신념정치에서 정부에 첫 번째로 필요한 요소는 이러한 과업에 상응하는 권력이다.

그렇기 때문에, 이 양식의 정치를 원리로 받아들인 사람이라면 누구나 이 기획에 착수하는 데 필요한 권력을 축적하기 위해 적극적으로 나서야 할 듯하다. 실제로 이런 일 또는 이와 매우 비슷한 일이 역사적으로 벌어졌다고 볼 수도 있다. 그러나 내가 보기에는 처음부터 그랬던 것은 아니다. 정부의 직무에 관해서만이 아니라 어떤 사항에 관해서도 추상적이고 사변적인 관념들은 이런 식으로 저절로 튀어나오지 않는다. 사람들이 하고 싶어 하는 일은 그들이 이미 지니고 있는 (또는 그럴듯한 범위 안에서 지닐 수 있으리라 기대할 수 있는) 능력과 자원을 가지고 무언가를 하는 상상에 뿌리를 둔다는 점이 일반적으로 밝혀질 수 있다고 나는 생각한다. 아무튼 내가 밝혀내고 싶은 주안점은 근대 유럽의 역사에서 신념정치는 정부의 손아귀에 들어가는 권력의 양이 급증하게 된 원인이 아니라 다른 사정으로 인해 급증한 권력의 소산이라는 명제다. 크게 증가한 권력의 양이 갑자기는 아니지만 놀랍도록 짧은 기간에 출현한 현상, 그 권력의 일부는 이미 정부의 직무 안에 포함되었고 그 권력의 모두는 잠재적으로 정부의 손아귀에 들어가게 된 현상, 이른바 중세라 불리는 시대에서 벗어나 근대 세계가 출현하도록 만든 이 변천은 다스림의 실천을 유례없이 꼼꼼하게 신민의 활동을 통제하는 방향으로 이끌었고 신념정치에 속하는 믿음들을 생성했다. 바꿔 말하면, 우리 시대의 초기에 유럽의 정부들이 획득하기 시작한 권력은 제일차적으로 대량의 권력이 필요한 다스림의 양식을 추구하기 위해 요청되었던 것이 아니라, 필요한 만큼의 권력이 나타난 다음에 이런 양식의 다스림이 출현했다는 것이 내 주장이다. 이런 양식의 다스림이 통치자에게나 신민에게나 추상적인 호소력을 가지게 된 것은 이미 현실에서 어느 정도로 그 양식이 확립된 다음이었다. 그렇지만 이와 같은 권력의 축적이 신념정치가 출현하기 위한 필요충분조건이었다는 주장은 아니다. 역사에는 필요충분조건 따위는 없다. 내 주장은 단지 근대 세계에서 신념정치는 이처럼 권력이 축적된 정황의 산물이라는 것이다. 의심정치 역시 (아마 어머니는 다르겠지만) 같은 아버지의 소생임을 나는 나중에 주장할 것이다. 이 두 양식의 정치는 근대의 개막을 표시하는 권력의 확장으로부터 태어난 이복형제라는 것이 내 주장이다.

이 명제는 일반적인 근거에서 옹호될 수 있을지도 모른다. 아니면 역사적으로, 다시 말해 초기 근대 역사에서 다스림을 이렇게 이해하는 방식과 권력 관련 조건들이 출현한 사정을 자세히 밝힘으로써 이 명제를 뒷받침할 수 있을 것이다. 그러나 나는 이런 방식을 취하지 않겠다. 일반적인 차원의 논변은 나 혼자 납득할지는 몰라도 다른 사람 누구에게 설득력이 있을지 의심을 떨치기 어렵기 때문이다. 역사적 논변은 내 지식이 불충분하기 때문이다. 내 명제를 증명하려는 노력은 기울이지 않으련다. 대신, 이 명제를 굴착해 들어가면서 하나의 그럴듯한 가설은 된다는 수준에서 설득력을 높이고, 이 명제를 통해 어떤 다른 점들이 시야에 잡히는지를 부각하기 위해 최선을 다 해볼 작정이다.

신념정치에서 정부의 직무는 신민의 모든 활동을 지시하고 통합하는 데 있다. 다스리는 권위에 의해 인도되었거나 또는 적어도 승인받지 않은 움직임은 일어나지 않는 상태가 이상으로 여겨진다. 이런 이상적 상태가 이뤄질 수 있는 일반적 여건은 두 가지가 있다. 공적 사안과 사적 사안의 구분, 종교적 사안과 세속적 사안의 구분 등이 전혀 공인된 적이 없어서 다스림이 하나의 특정한 활동 영역으로 분리되지 않은 공동체라면 그럴 수 있다. 아니면 정부의 역량이 만사를 총괄하는 지경으로 확장되어 그런 구분 및 여타 유사한 구분이 모두

지워져버린 공동체에서도 그럴 수 있다. 이렇게 볼 때, 신념정치 가운데 원시적 판본이라 분간해서 부를 만한 것을 추릴 수 있다. 원시적 공동체에 특유한 꼼꼼한 통제는 오직 공동체가 작고 좁기 때문에, 그리고 활동들이 별로 다양하지 않고 향상의 충동에 상대적으로 사로잡혀 있지 않기 때문에, 그리고 총괄적 통제를 견제할 조건이 될 수 있는 구분들이 뒤섞여 있거나 전혀 만들어진 적이 없기 때문에 가능하다. 이런 양식의 "정부" 를 작동시키는 권력은 그다지 커야 할 필요가 없기 때문에 부족할 일이 없다. 근대에서라면 (실제 경험이 보여주듯이) 만약 가용한 권력의 양이 이 양식의 정치를 지탱하기에 필요한 정도에 미치지 못한다면, 신민들의 활동이 통제 가능한 범위 안으로 축소되고, 완성의 개념은 정부 권력이 마련해줄 수 있는 여건에 가깝도록 조정될 것이다. 이와 같은 축소가 원시 공동체에서는 불필요하다. 여기서는 통제 권력과 통제되어야 할 활동 사이에 괴리가 없다. 양자가 함께 태어나 자라났기 때문이다.

근대 유럽에서는 사정이 다르다. 근대 정부를 특징짓는 엄청난 권력이 종래의 정부에는 없었다. 정부 권력이 부족해서 (매콜리가 말했듯이) "당시에는 반란이 지금의 청원만큼 자주 일어났다" 고 할 정도로 공공질서가 자주 불안했다는 뜻이 아니다. 공공질서의 유지라는 것이 군주에게 부여된 권력에만 의존한 것이 아니라는 유보조건이 비록 붙기는 해야 하겠지만, 공공질서가 당시에 불안했다는 말은 맞을 수 있다. 하지만 내 뜻은 신념정치를 특징짓는 꼼꼼한 통제를 위해 필요한 권력과 자원이 당시에는 완전히 결여되었다는 것이다. 비록 "사적 영역" 이라는 관념이 희미했고 "공적 영역" 이라는 관념은 더 희미했으며, 신민의 활동을 중앙에서 지시하고 통합한다는 발상은 아직 지평선 너머 까마득한 곳에나 있었지만, 종교적 사안과 세속적 사안 사이의 구분은 (이조차 실천에서 그 구분을 관찰하기는 어렵지만) 이미 훨씬 전에 이뤄졌다. 요컨대 내 주장은 이것이다—중세의 우리 조상들이 신념정치에 빠지지 않은 까닭은 덕성 때문도 악폐 때문도 아니었고, 현명해서도 멍청해서도 아니었으며, 단지 이런 양식의 정치를 추구하기에는 정부의 역량이 명백하게 부족했기 때문에 이런 기획이 아예 머리에 떠오를 수가 없었던 것이다. 중세 유럽으로부터 근대의 출현을 표시하는 가장 두드러진 표지는 이런 양식의 정치가 가능할 만큼 충분한 권력과 자원을 보유한 정부의 출현이었고, 이는 점진적이었지만 엄청난 변화로서 이에 따라 이런 양식의 정치를 실제로 추구해야겠다는 영감이 심어지기에 이른 것이다.

15세기 말에서 16세기에 이르는 기간에 유럽 각국의 정부들은 각기 정도의 차이는 있지만, 신민들의 활동과 운명을 통제할 권력을 획득해 나아갔다. 아주 작고, 내부에 다양성이 별로 없는 공동체의 (따라서 정부라고 분류되지도 못했던 수준의) "정부"를 제외하면, 종래 어떤 정부가 누릴 수 있었던 권력도 능가하는 수준의 권력이었다. 권력의 이러한 증가는 셀 수 없는 작은 변화들, 자체로는 거의 의미가 없는 변화들에 의해 생성되었다. 권력의 증가는 두 각도에서 바라볼 수 있다. 첫째, 그때까지 수많은 상이한 (인격적이기도 하고 몰인격적이기도 하며 특정적이기도 하고 관습적이기도 한) 권위의 주체들에 의해 (각기 다양한 정도의 독립성을 가지고) 행사되던 통제와 통합의 권력이 정부를 차지한 군주와 그를 돕는 조수들의 손아귀 안에 모였다. 둘째, 사람과 사물을 통제할 기술적 능력의 막대한 증가는 그 시대의 특징이었는데, 정부가 이 기술적 능력의 증가에 동참했다.

그때까지 넓게 분산되어 있던 다스림의 권력을 하나의 중심에 모으는 과정은 중세 유럽으로부터 근대 유럽의 등장을 구성한 변화들 가운데 가장 중요한 변화의 하나로 오랫동안 인정되어 왔다(그러나 항상 제대로 해석된 것은 아니다). 이 과정은 유럽 전역에서 각기 다른 속도와 강도로 일어났는데, 영국만큼 급속하게 그리고 결정적으로 일어난 곳은 없다. 영국에는 장애물이 어느 곳보다도 적었기 때문이다. 서로 경쟁하던 권력 중심들의 쇠퇴, 종전까지 통합의 주동력으로 작용했던 위계적 사회질서의 해체, 교회에 대한 정치권력의 압도, 국왕의 위원회[78] 및 그 하급기관에 의해 장악되고 지시 받는 지방행정의 발전, 그리고 (이 모든 변화를 대표적으로 상징하는) 자신만의 특별한 위상을 지니는 "공적" 권위의 뚜렷한 출현 — 다스리는 일과 관련된다고 널리 이해되던 권위의 총량을 휘두르는 유일한 중앙의 권력이 이 모든 일들로 말미암아 16세기가 끝나기 전에 이미 존재하게 되었다. 이 총량은 단순히 집결의 과정만으로 크게 증가했다. 독점이라는 것이 늘 그렇듯이, 독점으로써 포섭된 권력의 총량은 산재하던 상태의 총량보다 크다. 이 모든 일이 공동체에서 공공질서가 크게 증진된 원천이었음은 역사가들에 의해 줄곧 인지되어왔다. 그리고 이 때문에 신민, 특히 소지주와 상인 등 새로이 부상하는 계급은 이 변화를 환영했다. 이로 말미암아 독재가 가까워진다손 치더라도 일정한 한도 안에서 독재는 지금까지 희귀했던 질서라는 상품을 위해 기꺼이 지불할 준비가 되어 있는 대가에 해당했다. 또한 정부의 통제 안

78) 국왕의 위원회King' s Council: 라틴어로는 curia regis다. 고대나 중세 초기에 비해 중세 후기나 근대로 오면서 이를 라틴어로 부르는 용례보다 영어로 부르는 용례가 증가했다. 고대에서 근대에 이르기까지 이 위원회는 왕의 근신으로 구성된 작은 회의체일 수도 있고, 각 지방의 유지(대표)들을 불러 모은 큰 회의체일 수도 있었다. 어전회의 형태의 작은 회의체들은 상시적인 반면에 일상적인 일을 처리했다면, 큰 회의체는 임시적인 반면에 비상시의 일을 처리했다. 큰 회의체는 의회로 발전하고, 의회가 상설화되면서 국왕의 역할은 쇠퇴했다. 종래의 작은 회의체는 내각의 형태로 탈바꿈했다. (역주)

에 권력이 이렇게 집중됨으로써 후일 성공하게 되는 모든 정치혁명들이 가능하게 되었다는 점 역시 널리 인지되어 있다. 후일의 어떤 혁명도 16세기 초에 시작된 다스림의 양태를 바꾼 적은 없고, 혁명의 대다수는 오히려 그 양태를 더욱 정교하게 다듬은 결과로 이어졌다.[79] 그러나 우리에게 중요한 것은 공공질서의 증진이 아니라 꼼꼼한 다스림이 그 와중에 가능하게 된 (실제로는 그 때문에 장려된) 경로이다. 이제부터 정부는 유일하고 논란의 여지가 없는 존재일 뿐만 아니라 신민의 활동 가운데 여태까지 어떤 권력으로도 통제할 수 없었던 대단히 많은 수의 활동에까지 틈입하여 (실효성은 사례에 따라 다양하지만) 통제력을 발휘할 수 있는 존재로 되었기 때문이다. 지칠 줄 모르고, 닦달하듯 취조하며, 도처를 배회하는 정부의 손이 모든 곳에 도달할 수 있게 되기 시작했다. 정부의 오지랖 바깥에는 아무것도 남아 있으면 안 된다는 발상에 신민들을 적응시키고, 투기적인 저술가들에게 무한한 가능성을 품은 미래의 창을 열어준 것이다. 이러한 시각에서 볼 때, 이 모든 변화에서 가장 중요한 점은 종래의 약한 중앙 정부와 신민 사이에서 작용하던 중간 권위체들의 실종이라고 나는 생각한다. 그리하여 양에 있어서 자연의 힘에 필적할 정도로 커져가고 있던 권력에 신민들이 발가벗은 채 노출된 것이다. 당시 모든 변화가 다 그랬지만 이와 같은 신민의 고립은 이미 꼼꼼한 통제를 지향하고 있었던 정부의 고안에 따른 결과가 아니었다. 사정의 변화, 종전에 있던 어떤 것이 사라진 자리가 새로운 것으로 채워진 전위

---

[79] 튜더 왕조를 영국 헌정사에서 하나의 단절 부위로 바라보게 된 착오는 바로 이 점을 음미하지 못한 탓에 기인한다. 프랑스 역사가 프랑스 혁명으로 말미암아 17세기 왕조적 실천에서 탈피하게 되었다고 보는 착오 역시 마찬가지이다. 이 두 가지의 착오는 모두 다스리는 권위의 원천에만 주목하고 다스리는 활동을 간과한 데서 나온다.

현상에 따라 그런 식의 다스림이 가능하게 바뀐 것이었다. 16세기 이래 외로운 신민과 정부 사이에 새로운 중간 권위가 등장한 사례는 많다. 그러나 신념정치는 언제나 자신의 목적에 비출 때 그런 중간 권위가 적절하지 못하다고 여겼고, 이런 양식의 정치가 풍미하는 한 이들 중간 권위들은 간신히 유지되거나 아니면 유지되지 못했다. 이렇게 부분적으로는 우연히, 부분적으로는 (비록 아주 멀리 내다보는 정책은 결코 아니었지만) 정책의 결과로서,[80] 신념정치를 시행하기에 더욱 적합한 역량을 갖춘 정부가 근대의 초기 연간에 출현하고 있었던 것이다.

근대 초기 신민들의 활동을 통제하고 통합하는 정부 권력의 확대가 권위의 집중에서만 기인한 것은 아니다. 인간과 사물을 통제할 수 있는 능력이 당시에 굉장히 증가하고 있었고, 그러한 증가에 정부가 참여했다는 점에서도 기인했다. 실은 이러한 참여가 없었더라면 중앙집권화 과정 자체가 중도에서 파국을 맞았을 것이다. 왜냐하면 권력이란 추상이 아니기 때문이다. 권력이란 효율적으로 신속하게 행동해서 확실한 효과를 내는 능력이다. 이러한 능력 자체는 중앙집권화의 소생이 아니다. 인간이 세계를 파악하는 데 기여하는 요소, 인간의 노력과 정력의 생산성과 효율성을 높이는 요소는 (이 중에 다스리는 활동에 자체로 부적절한 것은 거의 없다) 어떤 것이든 하나라도 정부에 의해 동원될 때 신념정치를 더욱 가능하게 만들고 따라서 (나는 주장하건대) 더욱 매력적인 것으로 만든다.

이처럼 내가 지금 논급하는 시대에 정부의 권력은 더욱 효율적인

---

80) 시대를 꽤나 많이 거슬러 올라가 이러한 정책의 한 예를 들자면, 의회의 의원들이 자기 지방을 대변하는 데 전권을 가져야 한다고 했던 군주들의 요구도 영국의 의회와 신념정치 사이의 결합을 용이하게 만드는 데 기여했다.

기술이 응용됨으로써도 확대되었다. 기술의 대부분은 상업이나 산업과 같은 여타 활동 분야에서 이미 숙련된 것이었다. 기실, 오늘날의 정부가 신민의 활동을 꼼꼼하게 통제할 수 있는 수단들은 모두 — 금융, 부기, 기록관리, 각종 목록, 서류철, 여권, 문서, 색인 등으로 이뤄진 장치는 모두 — 이미 존재한 상태로 활용될 날만 기다리고 있었다. 이동과 통신이 용이하지 못하다면, 종이와 잉크가 손쉽게 공급되지 못한다면, 종이와 잉크와 인간의 호기심이 결합될 때마다 이 모든 보고와 기록이 생산될 수 없다면, 안정된 공통의 언어가 없다면, 글을 읽을 수 있는 인구가 없다면, 위조 서류를 가려낼 방법이 준비되어 있지 못하다면, 관할권의 경계가 안정되지 못하다면, (요컨대) 인간과 사물에 대한 고도의 파악이 없다면, 신념정치가 성공할 가능성은 없다. 그것들이 있다면 신념정치를 방해할 장애물이 별로 없다.

이 모든 것들이 16세기의 정부들에게 이미 가용한 상태였거나, 아니면 바로 문턱 너머에 있었다. 이와 관련해서 근대에 첨가된 요소 중에 괄목할 만큼 중요하다고 할 수 있는 것은 오로지 전기의 부산물들뿐이다. 전신은 압둘 하미드로 하여금 아르메니아인들을 아무도 필적할 수 없도록 능률적으로 학살할 수 있게 해줬고,[81] 전화가 없었다면 신념정치는 동력을 상실하여 이미 오래 전에 매력의 절반 이상은 잃었을 것이다. 펠리페 2세의[82] 제국 행정을 우리 기준에서 바라보면

---

[81] 압둘 하미드 2세Abdul Hamid II(1842~1918): 오스만 터키의 술탄(1876~1909). 1894~1896년간의 아르메니아인 학살을 주도하여 "대암살자" 라고 불린다. (역주)

[82] 펠리페 2세Philip II(1527~1598): 신성로마황제 카를(에스파냐 왕으로서는 카롤로스 1세) 5세의 아들로 태어나, 에스파냐, 부르군디, 나폴리를 상속받았고, 영국 여왕 메리 1세와 결혼하여 잉글랜드와 아일랜드의 왕이 되었으며(1558년 메리의 사망 시까지), 포르투갈 왕위 쟁탈전에 승리하여(1580년에 사망한 왕 엔리케가 그의 외삼촌이었다) 포르

서투르고 비효율적이었던 것이 틀림없다. 그러나 그보다 한 세기 전에 할 수 있었던 수준과 비교하면 혹독한 꼼꼼함에서 경이적인 경지였다. 요컨대 (내가 말하고자 하는 요지는 명백하다) 신념정치를 가능하게 만든 여러 조건들이 이미 16세기에 이전에 존재하던 수준을 훨씬 능가하여 확장되었기 때문에, 그것들이 그때 최초로 나타났다고 말해도 과언이 아니다.[83] 무대는 차려졌고, 배우들은 모였다. 남은 문제는 어떤 작품을 상연할지, 그리고 인물들이 각자의 배역을 익혔는지 뿐이다. 이제부터 정부가 과시할 통제 권력에 비하면 과거에 나타난 모든 실적이 가짜처럼 비칠 것이다. 그렇다면 이와 같은 권력을 소유한 결과 정부의 직무에 관한 이해는 어떻게 변모했는지를 고찰해 보자.

정부가 이미 그렇게 많은 권력을 장악하고 있는 광경에다가 앞으로 예상되는 발전된 기술들까지 모두 활용한다고 했을 때, 나아가 기술의 발전을 정부가 나서서 촉진하기까지 하리라고 볼 때 펼쳐질 광경에 대한 예상이 덧붙여진 결과 다양한 반응이 나타났다. 지금까지 들어보지 못한 행복으로 충만한 시대가 개막하리라고 보면서 열광적인 갈채와 함께 환영한 사람들도 있었고, 두려운 눈으로 응시하는 사람들도 있었다. 이처럼 상반된 반응의 와중에서 신념정치와 의심정치가 근대적인 형태로 출현했다. 이 장은 낙관적인 반응을 다루는 대목

투갈 왕이 되었다. (역주)

83) 그레빌Baron Brooke, Fulke Greville(1554~1628)의 저술들은 여러 면에서 주목할 만한데, 그 중에서도 정부가 장악한 권력에서 받은 인상에 압도된 한 사람을 보여준다는 점은 사소하지 않다. 그는 그러한 정부의 권력을 "쉴 새 없이", "뭔가를 처리하는" 권력으로 인식한다. 그렇지만 이에 대한 그의 태도는 양가적이다. "공공선" 을 향한 잠재력에는 감동하면서도, 동시에 인간의 지혜와 정부에게 부여된 권력 사이의 불균형은 두려워했다.

이고, 이를 먼저 고찰하는 편이 타당하다. 낙관이 가장 멀리 내다본 결과이기 때문이 아니라, 이편의 목소리가 가장 컸고, 이런 목소리의 성량에 조금도 흔들리지 않은 사람이 별로 없었기 때문이다.[84)]

그 당시에 많은 사람들이 권력예찬론자였다. 그리고 그들의 손 안에서 정부의 직무에 관한 새로운 이해 하나가 서서히 형체를 갖추었다. 정부가 많은 권력을 장악한 광경과 그로부터 펼쳐지는 약속에 그들은 매혹되었다. 그들은 자기네 시대에 어떤 잠재력이 숨어있는지를 각기 나름의 온갖 수준의 통찰력을 발휘하며 탐구하고 파헤쳤다. 이랬던 사람들이 너무나 많기 때문에 한 사람만을 대표로 찍는다면 공연한 분란만 초래할 만큼 불공평할 것이다. 그렇지만 이와 같은 태도를 (잉글랜드에만 국한할 때) 너무나 완전하고 무조건적으로 대변한 사람이 한 명 있다. 이 사람은 (유럽 전체로 넓혀서 봐도) 이 태도를 촉진하는 데 다른 누구보다 많은 영향을 미쳤다. 따라서 이 시대의

---

84) 물론 상황에 따라 다르게 대응하면서 세부 사항들에 관심을 기울인 사람들도 있었다. 예컨대 정치권력이 어디서 권위를 얻는가, 정부에 대한 복종의 근거와 한계는 무엇인가 등의 질문은 정부권력의 확대와 항상 관련되며, 확대 자체보다도 훨씬 중요하다. 그러나 행사되는 권력도 작고 확대하겠다는 정도도 작다면, 이런 질문은 대개 "학구적" 인 것으로, 하루 밤 정도 논의해보다가 이튿날 일상사로 돌아갈 때가 되면 흥미가 사라지는 질문으로 치부될 것이다. 설사 때때로 커다란 문제에 봉착한 경우라도, 가령 나라를 방위해야 하는 등의 비상시에 시민들에게 목숨 걸고 나서달라고 권력이 요구하는 경우라도, 상황이 그처럼 긴박하다는 이유 때문에 여타 훨씬 사소하지만 수가 많고 일상적인 권력의 요구들, 매일 매순간마다 느껴지는 요구들, 가장 사적인 영역인 침실에서까지 느끼지 않으면 안 되는 요구들이 덩달아 중요해지지는 않았다. 근대에는 이런 문제들이 점점 중요해졌다는 점이 신념정치가 얻은 동력을 말해준다. 이 양식의 정치와 상관이 없이 "양심적 반대" 가 의미를 가질 수 있겠는가? 이런 문제들은 16세기에 두드러지게 중요해졌다. 종교와 관련된 정부의 요구들이 꼼꼼하게 파고드는 식이었기 때문이다. 그리고 이 문제들은 그 후에도 계속 중요성을 유지했다. 신념정치가 실천되는 한, 모든 종류의 인간 활동에 관해 정부의 요구들이 더욱더 꼼꼼하게 파고드는 식으로 발전했기 때문이다.

거울이자 신념정치를 설계한 우두머리 건축가에 시선을 맞춰도 된다. 바로 프랜시스 베이컨이다.

물론 베이컨 전에도 다스리는 활동을 권력의 행사로 이해한 사람들은 많다. 마키아벨리가 한 예이다. 그러나 신념정치를 특징짓는 발상들 중 어느 것도 마키아벨리의 저술에는 나타나지 않는다. 그는 질서를 유지하고 정치공동체의 존속을 확보하기 위해 권력을 행사하는 것으로 다스리는 활동을 이해한다. 신민의 다양한 활동 모두를 쉬지 않고 지시하기 위해 꼼꼼하게 골머리를 앓는 권위를 시사하는 낌새는 그에게서 나타나지 않는다. 인간의 완성이 세속적인 조건의 하나로 촉진되거나 부과되어야 한다는 발상도 없다(실은 정반대의 발상만 있다). 그는 통치자를 완성의 후견인으로 이해하지 않고 혼란과 멸절에 대비한 방패로 이해한 회의주의자였다. 유럽의 정치적 어휘가 제공하기 시작한 의미의 진폭 가운데 마키아벨리는 밑바닥 쪽의 의미를 끈질기게 견지했다. 아울러 그에게 익숙했던 정치권력이 신민의 모든 활동에 대한 통제와 통합의 가능성을 시사할 만큼 충분히 컸는지도 의심스럽다. 그렇지만 프랜시스 베이컨의 경우는 다른 세상이 그려진다. 인간의 향상으로 가는 엄청난 통로가 우리 앞에 열리고, (인간과 사물을 파악하고 통제할 수 있는 한, 권력의 모든 요소를 연장하고 촉진하고 활용하면서) 완성의 추구를 선도하는 행위자가 정부이다. 사실은, 신념정치가 후일의 역사에서 여러 반전과 역발상을 거치면서 전개되었지만, 그런 반전과 역발상조차도 베이컨의 저술에서 시사되지 않은 내용은 없다.

복잡하게 얽혀 있는 세세한 사항들은 건너 뛸 수밖에 없다. 신념정치의 첫 번째 원칙은 인간의 활동을 인간 완성을 향한 추구로 바라보는 시각인데, 베이컨의 저술을 세심하게 읽은 독자라면 과연 그런 입장이 정확하게 나타나는지 의심할 수 있다. 베이컨의 관심이 완성보다는 향상에 있었다고 읽을 수 있다. 그러나 "인간을 완벽하게 만드는 것은 베이컨의 계획에 속하지 않는다. 불완전한 인간을 보다 안락하게 만드는 것이 그의 소박한 목표였다" 고 말한 매콜리가 너무 나아갔다고 읽을 수도 있다. 인간성의 변혁을 기대하는 듯한 인상은 베이컨이 결코 남기지 않은 것이 맞다(신념정치 가운데 이런 인상을 남기지 않은 판본은 많다). 그렇지만 그가 추구하거나 부과해야 한다고 생각한 것은 일정한 세속적 여건이었다. 그는 그런 여건에 인간이 태생적인 권리를 가진다고 보지는 않았지만, 어쨌든 에덴동산에서 추방당할 때 상실했던 것을 복원해야 한다는 식으로 생각했다. 그러한 여건은 오로지 인간의 노력에 의해서만 달성할 수 있다. 인류가 자신의 이익을 위해 세계의 모든 자원을 활용할 수 있는 힘을 보유할 뿐만 아니라 실제로 활용하고 있는 상태가 바로 그런 여건이다. 세계가 허락하는 최대한의 "복지" 를 인류가 향유하는 여건인 것이다. 최고의 정점에 도달할 수 있다든지, 새로운 황금시대가 찾아오리라는 생각은 베이컨에게 별로 없었다. 각 단계마다 나름의 보상을 얻는 가운데 끝없이 이뤄지는 추구에 그의 마음은 기울어져 있었다. 그러나 이 때문에 베이컨을 "완벽주의" 에서 면제해 줄 수는 없다. 베이컨의 길은 오직 그 길만이 탁월하기 때문에 선택되는 것이다. 그러므로 베이컨이 이와 같은 추구를 역사 안에서 인간이 구원을 얻는 길로 간주했다고 인정하더라도 그에게 불공정한 일은 아니다. 인간 노력의 총체가 엄격하게 조직될 수만 있다면 인간을 둘러싼 여건의 불완전성이 대체로 사라지리라는 것이 그의 논지였다. 따라서 인간은 그 노력에 종사해야 한다는 것이다. 16세기 말에는 세계의 여건에 관한 두 갈래 이론, 세상이 점점 나빠진다는 이론과 좋아진다는 이론, 세계가 낡고

헐었다는 이론과 젊고 활기차다는 이론 중에서 선택을 해야 했다. 진보의 이론에 반대한다는 것은 퇴락의 이론을 숭상하는 셈이었다.[85] 베이컨은 사변적인 의견에 탐닉하는 기질이 아니었다. 이 문제에 관해 그가 낙관론자에 속하게 된 까닭은 주로 (헤이크윌처럼)[86] 인간의 생활조건이 인간적 노력에 의해 크게 향상될 수 있다고 믿었기 때문이며, 반면에 전면적 퇴락의 이론은 "희망을 위축시키고 인간 노력의 예봉을 무디게 만들며",[87] 인간 노력에서 기력을 빼앗아 인류로 하여금 해야 할 업무를 멀리하게 만들 것으로 의심했기 때문이다.

베이컨은 자기 시대에 세상이 흘러가는 모습에 자주 불만을 표했는데, 내 생각으로는 여기에는 큰 신경을 쓰지 않는 편이 현명하다. 사실 그는 "가장 깊은 암흑의 품 안에서" 태어나지 않았다.[88] 그리고 당대인들의 무관심과 무지를 그가 과장했다는 점은 당시부터 지적되고 있었다. 당시 인류가 종사한 주업들이 수작업과 전통적 의례에 의

---

85) 샤토브리앙François-René de Chateaubriand(1768~1848), 메스트르Joseph-Marie de Maistre(1753~1821), 보날드Louis Gabriel Ambroise de Bonald(1754~1840) 등, 19세기 초의 보수주의자들의 저술에서 이 선택은 다시 강요된다. 다행히도 우리는 이따위 합리주의적 선택을 요구받지 않는다. 전면적 퇴락이나 전면적 진보는 마찬가지로 수상하다.

86) 헤이크윌George Hakewill(1578~1649): *An Apologie or declaration of the power and Providence of God in the government of the world: Consisting of an examination and censure of the common errour touching natures perpetuall and universall decay* (1627년 초판, 1635년 개정 3판)의 저자. 자연과 인간은 퇴락할 수밖에 없다는 견해에 베이컨이 반대한 것처럼 반대한 저술로 당대에 영향력이 있었다.

87) Bacon, *Works* IV, p. 90.

88) 베이컨이 "가장 깊은 암흑의 품 안에서dans le sein de la nuit la plus profonde" 태어났다는 말은 달랑베르Jean-Baptiste le Rond d'Alembert(1717~1783)가 『문학, 역사, 철학 총서*Mélanges de Littéature, d'Histoire, et de Philosophie*』(1753)에서 한 말이다. (역주)

거하고 있었던 것은 사실이지만, 변화를 암시하는 실마리들이 찾는 사람에게는 나타나고 있었다. 더구나 베이컨 자신이 참여했던 끝없는 호기심의 거대한 물결이 거기에 있었다. 그 물결이 그의 시대를 구분지었고, 그는 그 물결이 흘러갈 물꼬를 터주고 싶어 했던 것이다. 아무튼 그가 학문의 방향을 의미심장하게 바꾼 것은 사실인데, 이 점에서도 그가 한 일은 선대로부터 물려받은 유산 가운데 남들이 미처 못 보고 있던 대목에 착목하여 개량한 것이다. 넓은 의미에서 일종의 공리주의적 전환이라고 약칭할 수 있는 전환이었다. 지식이 힘을 제공할 수 있다고 그는 생각했다. 지식을 조직적으로 추구한다면 대량의 힘을 빠르게 제공할 수 있을 것이다. 그는 힘에 관심이 있었고, 힘이란 곧 인류의 이익을 위해 세계를 통달하는 일이라고 생각했다. 이렇게 베이컨은 지식에 도달하는 광활한 가능성과 거기에 수반되는 장악력의 확장에서 영감을 받았다. 그가 당대 사람들 및 후세 사람들에게 전한 요지는 세 가지로 요약할 수 있다. 첫째, 바로 이와 같은 전망에서 느껴지는 흥분감; 둘째, 이런 가능성에 도달하지 못할 만큼 인간 본성의 뿌리에 무슨 원천적인 결함이 있는 것은 아니라는 믿음; 셋째, 부지런히 노력하면 성과가 있으리라는 자신감; 그리고 넷째, 노력하는 과정에서 따라야 할 방법(또는 적어도 그러한 방법의 얼개). 이 방법에 가치가 있다면 결과는 확실하고 쉬워진다. 실제로 후세들은 지식이 쌓이면 힘이 뒤따른다는 점만이 아니라, 인류가 밟아 나아가야 할 올바른 길로 마침내 자기들이 접어들었다는 거의 마술 같은 확실성을 베이컨으로부터 도출했다. 노력은 물론 필요한 것이지만, 멍에와 짐은 가벼워졌다. 인류를 위한 베이컨의 소망에 진정한 겸손이 없지는 않았지만, 동시에 최고의 자신감에 충만한 펠라기우스주의도 있었다. 역사 안에서 인간의 노력에 의해 인류가 구원을 받으리라는 믿음이 있었다.

여기에는 주목할 점이 하나 더 있다. 베이컨은 인류에게서 스스로의 "복지"를 성취할 역량을 발견하고 영감을 받았다. 인간의 역량과 "복지"의 성취가 서로 상응한다는 관찰로부터 "복지"의 추구야말로 인간에게 유일무이한 탁월한 활동이라는 그의 믿음이 나왔다고 봐도 될 것이다. 하지만 그는 동시에 이미 정부의 손아귀에 들어있던 힘으로부터도 영감을 받았다. 그는 정부의 직무가 완성의 주후견자이며, 세속 내의 구원이라는 기획에서 "제1운동자"라고[89] 하는 자신의 확신을 숨기지 않았다. "복지"는 자체로 힘이다. 세계의 자원에 대한 장악이다. 덧붙여, 복지의 추구가 또한 힘을 요구한다. 그러한 방향으로 인간의 활동을 편성하는 장악력, 그리고 인간의 노력이 최대한 효율적으로 그 방향을 지속하게끔 유지하는 장악력을 요구한다. 이러한 기획을 지시하기 위해서는 어떻게 읽더라도 이미 커다란 힘이 필요할 것이다. 하물며 "완성"이라는 것이 (베이컨이 이해했듯이) 세계의 자원에 대한 장악을 향한 영속적이지만 완결될 수는 없는 추구라고 이해되면, 종래의 유토피아에서보다도 훨씬 큰 힘이 필요하게 된다 — 완성을 하나의 안정된 상태로 이해한 종래의 유토피아라면, 그러한 상태를 부과하기 위해서 단지 일정량의 (이 양이 얼마인지를 단숨에 견적하기는 쉽지 않겠지만) 고정된 힘만이 필요할 것이기 때문이다. 그러므로 정부는 그처럼 커다란 힘 덕택에 구원의 기획을 지시할 임무를 띠게 되고, 이 임무에 비춰 더욱 큰 힘, 사실은 무제한적인 권력이 정부에 부여되어야 한다.

---

89) 제1운동자primum mobile: 모든 운동의 시초에 스스로는 움직이지 않지만 다른 것을 움직이는 존재를 상정하면서 아리스토텔레스가 사용한 개념. 그리스어로는 ou kinoumenon kinei인데 오크쇼트는 라틴어 표현을 썼다. (역주)

이 입장에 수반되는 몇 가지 정황적인 난점들을 베이컨은 간과하지 않았다. 그러면서도 자신 있게 말한다. 그의 저술에서 정부의 권위는 마치 사회의 외부에서 사회를 규율하는 것처럼 그려진다. 정부가 권위를 가지는 원천은 신성한 권리라든가 인민의 동의처럼 나름의 형식에 의거하는 것이 아니라, "복지" 를 마련해 줄 의도와 권력이 정부에게 있다는 데서 비롯된다. 다스림이라는 것은 신민의 모든 활동들에 대한 꼼꼼한 통제, 신민의 활동들을 모두 "복지" 의 추구로 변환시키기 위해 고안된 통제이다. 다스림이란 "세계의 여건을 안정시키는" 예술이다. 산업과 직종을 감독하고, 농업을 개량하며, 게으름과 낭비를 뿌리 뽑고, 물가와 소비를 규제하며, 부를 분배하고, 학식을 함양하며, 종교를 (세속적 구원이라는 기획에 종교가 간섭하지 못하도록) 안정시키고, 그리고 물론 질서를 유지하고 외적을 방어하는 것이 정부가 할 일이다. 사실, 엘리자베스 1세의 정부에서[90] 이 모든 요소들이 이미 나타나든가 시사되고 있었다. 베이컨은 태생적으로 신중한 사람이었다. 과학에서 너무 조급하게 단정적인 이론들을 내놓으면 안 된다고 봤던 것처럼, 정치에서도 (즉, "복지" 의 추구에서도) 거창한 기획에 새로이 착수하기 전에 조심스러운 실험을 옹호했다. 그렇지만 "자연을 다스리도록 인간에게 신이 하사한 권리" 를 되찾는 방향으로 정부가 인류를 지도해야 한다는 데에는 전혀 의문을 가지지 않았다. 그가 저술에서 오만을 부린 적은 거의 없다. 그리고 지금까지 알려진 그의 저술보다 더욱 회의적인 정치의 양식을 설파하는 유고가 언젠가 발견되지 말라는 법도 없다. 그러나 적어도 자기가 가리키는 방향은 옳고, 그것 말고는 합리적인 대안도 달리 없다

---

90) 엘리자베스 1세Elizabeth I(1533~1603, 재위 1558~1603): 베이컨(1561~1626)은 엘리자베스 1세의 총신 중 하나였고, 여러 방면에서 여왕에게 감명을 줬다. (역주)

는 점에 관해서는 확실한 태도를 견지했다. 그는 아울러 신념정치에 속하는 여러 가지 부수적인 특징들을 상세하게 표명했다. 자신을 되돌아보느라 망설이는 일이 없어야 하고, 정치에서 형식적 절차에 매달리거나 법에서 자구에 얽매이다가는 기획이 방해받으리라 염려해야 하며, 정부의 일에 아마추어가 간섭하는 일을 혐오하고, 처벌보다 예방을 선호하며, 소급 입법을 마다하지 않고, 미래에 대한 관심을 최우선시하는 특징 등이다.

요컨대 (현재 단계에서 내가 끌어내려는 유일한 추론이 이것이다) 이미 16세기가 끝나기 전에 정부들은 신념정치를 추구하기에 필요한 권력을 이미 손에 넣었고, 실제로 그 길로 접어들었으며, 이런 양식의 정치가 어떤 원리에서 작동하는지가 이해되기 시작했다는 명백한 증거가 프랜시스 베이컨의 저술에서 나타난다. 이 양식 그리고 이 양식에 대한 이해가 공히 당시에 출현한 것은 틀림없다. 그럴 수 있는 힘이 있는 곳이면 꼼꼼한 다스림이 시행될 수 있는 이유도 많고 변호할 수 있는 이유도 많다. 내가 신념정치라고 부르는 것은 꼼꼼한 다스림이 "완성"의 추구로서 이해되는 곳에서만 자리 잡을 수 있다. 바로 프랜시스 베이컨의 저술에서 정치가 그렇게 이해되고 있는 것이다.

II

신념정치는 완벽성에 봉사하는 방향으로 신민의 모든 활동을 정부가 꼼꼼하게 지시하는 기획으로서, 이때 "완벽성"이란 인간적 특질의 하나가 아니라 인간을 둘러싼 세속적 여건의 일종으로 이해된다. 여기에도 내부에는 일정한 정도의 다양성이 있는 것이 분명하다. 추구해야 할 지향성으로 상정되는 "완벽성" 이라는 문구는 한 가지 이상의 의미로 사용되는 것이 보통이다. "완벽성" 의 의미를 해석하는 갈래의 수만큼 신념정치도 여러 갈래의 판본으로 나타날 수 있다.

정부가 행사하는 통제의 성격과 범위는 물론 행사할 수 있는 권력에 따라 달라질 것이다. 그렇다고 하더라도, (특별한 견제 장치들이 개입하지 않는 한) 권력을 행사할 수 있는 한 언제나 최대한으로 꼼꼼하고 광범위한 통제가 기대된다. 이런 사고방식에서는 한계의 극단에 이르지 못한 정부는 심리적으로나 도덕적으로 끔찍한 악이 된다. 권력의 효율성을 따진다는 것은 완벽성의 효율성을 따지는 것과 마찬가지로 되어, 어리석은 짓과 다르지 않을 것이다. 뿐만 아니라 추구되는 완벽성의 내용을 결정하는 조건 가운데 하나로 가용한 권력 자체가 포함되어야 한다고 기대된다. 사실은 "완벽성" 이라는 것이 다른 모든 고려사항들을 배제한 채, 가용한 권력의 종류와 범위에 의해서 규정되고 마는 것이다. 그리고 이와 같은 상태에서 사람들은 단순히 자기기만의 과정을 통해, 다른 길이 없기 때문에 그렇게밖에 할 수 없는 (이런 식의 일탈이라면 변명이 가능하다) 것이 아니라 그렇게 할 수 있기 때문에 그렇게 해야 한다는 식의 사고방식에 빠진다.[91] 그렇지만 어떤 종류의 완벽성을 추구해야 할지는 실제로 단순

---

91) 이는 (냉소적 관찰력을 타고나지 못했던) 로크가 다음과 같이 말한 내용을 다르게 표현한 셈이다. "오류에 반대하고 진리를 수호하며 분열을 질타하는 이들 중에 가장 격렬한 사람들이 세속적 권력을 자기편으로 확보하지 못한 경우에 신을 향한 이 얄팍한 열망을 꽁꽁 싸매서 부여안고 자신을 태워버릴 듯이 열기를 끌어올린다는 사실에 주목하고 개탄할 가치가 있다. 그러나 궁정의 호의로 남보다 높은 자리를 차지하기만 하면 그들은 스스로 강자라고 느끼면서 곧장 평화와 자비 따위를 제쳐 버린다. 그렇지 않을 때 평화와 자

히 권력에 관한 고려보다는 더욱 넓은 맥락에서 결정되는 것이 보통이다. 습관, 오랫동안 기울여온 관심의 방향, 특별히 매혹적인 어떤 약속 등이 (더 작거나 더 일시적인 자극들은 거론하지 않더라도) 작용하여 어떤 종류의 "완벽성" 을 추구해야 할지가 결정된다.

근대에 신념정치는 두 가지 화법을 주로 활용한다. 하나는 종교적 판본이고, 다른 하나는 다소 일반적인 명칭으로서 경제적 판본이라 부를 수 있다. 종교적 판본의 화법에서, 정부의 권력은 올바르다는 의미에서 "완벽하다" 고 상정되는 행동 유형, 이래도 되고 저래도 되는 사안 같은 것은 전혀 있을 수 없을 정도로 절대적이고 배타적인 행동 유형을 신민들에게 강요하기 위해 사용된다. 그리고 권력을 그렇게 사용하는 것이 온당하다고 이해된다. 내가 경제적 판본이라고 부른 화법은 내면에 일정한 다양성을 품고 있지만, 일반적으로 말하자면 앞서 언급한 베이컨이 선구자의 역할을 수행한 갈래에 해당한다.

종교적 판본에 관해서 첫 번째로 주목할 대목은 이런 기획은 오직 근대의 역사라는 맥락 안에서만 이해 가능하다는 점이다. 이것이 중세 특유의 발상에서 비롯되어 근대 세계에도 살아남은 것이라고 짐작하는 사람들이 종종 있다. 종전까지 교회가 행사하던 권력을 (몇 가지 다른 자원들과 함께) 16세기에 시민적 권위가 양도받았다는 이유 때문이다. 그러나 이것은 내가 생각하기로 오해다. 종전에 성직

비는 종교적으로 준수되어야 하는 것이 된다. 박해를 자행하고 주인 노릇을 할 만한 권력이 없을 때 그들은 공정한 조건에서 살기를 원하고 관인을 설교한다. 세속적 권력을 등에 업고 있지 못하다면 그들은 우상숭배와 미신과 이단의 오염을 가장 끈질기게 흔들리지 않고 참아 낸다. 반대의 경우, 우상숭배와 미신과 이단은 종교의 이름 아래 극단적으로 혐오스러운 것이 된다." *A Letter Concerning Toleration*, ed. by J. W. Gough, Oxford: Basil Blackwell, 1956, p. 134.

및 교회법정에 속하던 권력을 시민적 권위가 양도받은 것은 사실이지만, 올바르다고 간주되는 단일한 행동 유형을 신민에게 강요하는 것이 (교회에서든 시민 공동체에서든) 정부가 할 일이라는 발상만큼 중세적 사고방식과 틀림없이 동떨어진 것은 없다. (중세 시대에 어느 곳을 보더라도 실제로 행사된 권력은 그런 정도의 권력에 까마득히 미치지 못했다는 점은 언급하지 않는다고 달라지는 일이 아니다.) 유럽에서 그런 식의 행동 유형이 나타난 것은 성경에 적혀 있다고 여겨지는 모범적인 행위를 떠받드느라 전래되던 다양한 행태의 양식들과 다양한 소명들과 다양한 활동들이 무시되거나 뒷전으로 밀려난 다음의 일일 뿐이다. 온갖 종류의 상황 각각에 처했을 때 어떻게 행동해야 할지에 관한 가르침이 물론 중세에는 있었다. 그렇지만 정부에 의해서 강요되어야 할 올바른 행위의 포괄적인 단일 모범 같은 것은 없었다. 교회라고 할지라도 공인된 하나의 모범에서 어긋나는 일탈 행위를 처벌해야 하는 이유는, 수치스러운 실책이라서가 아니라 질서를 위협하는 불일치이기 때문이라고 생각했던 것이다.[92] 요컨대 신념정치의 종교적 판본은 개신교에 의해서 수정된 세상에서만 이해 가능하다.

신념정치가 종교적 판본의 모습으로 17세기의 유럽에서 출현한 사례는 많다. 그 중에서도 영국 청교도 정치의 역사에서 나타나는 사례가 가장 현저하다. 근대 정치사를 구성하는 모든 장면, 유의미하게 전개된 모든 구체적인 정치운동, 명분, 정파들이 신념정치와 의심정치라고 하는 두 가지 양식을 조금씩은 내부에 담고 있다는 것이 내 주장이다. 한 가지 양식에만 배타적으로 고착된 사람의 어떤 예를 어

---

92) Acton, "The Protestant Theory of Persecution", *The History of Freedom*, ed. and Intro. by J. N. Figgis and Laurence Vere, London: Macmillan, 1907, pp. 150~187.

쩌면 찾을 수 있을지도 모르지만, 그런 경우조차도 희귀할 것이다. 이런 예외를 빼고 나면, 신념이 본처라면 정부情婦는 의심이라든지, 의심을 사랑하는 동시에 신념과는 친구인 것이 상례다. 왜냐하면, 앞에서도 논급했듯이 정치의 이 두 양식은 각기의 극단을 향해 가는 경향인 반면에, 서로에 대해 진정으로 배타적이며 상대를 포용하지 않은 것은 오직 양편의 극단들이기 때문이다. 따라서 영국 청교도 정치처럼 포괄적인 운동이 두 양식 중에 하나에만 배타적으로 충성을 바쳤으리라든지, 두 양식 중 어느 쪽에 바쳐진 충성이든지 한 가지 단일한 화법으로만 표현되었으리라고는 기대할 수 없는 것이다. 그럼에도 불구하고 신념정치의 종교적 판본으로서 내가 아는 가장 분명한 사례는 청교도 정치의 역사에서 나타난다 — 장로파의 정치에서 그리고 천년왕국을 믿은 여러 종파의 정치에서 이 판본이 나타난다는 것은 틀림이 없다.

영국 청교도 정치는 처음에 반대의 정치로 출현했다. 당대의 정부, 특히 교회의 기성 체제가 반대의 과녁이었다. 반대를 자아내는 관점으로는 두 가지가 있을 수 있었다. 일반적인 질서가 획일적인 체제를 강요하기 때문에 반대하는 관점과 획일적인 체제가 올바르기만 하면 바람직하지만 당시의 그 체제는 틀렸기 때문에 반대하는 관점이 있었다. 전자의 반대는 회의주의에서 나오는 반대로서, 청교도 중에서는 브라운파,[93] 회중주의파,[94] 독립파[95] 등이 이에 해당한다. 후자

---

93) 브라운파Brownists: 영국 교회를 거부한 비국교도 가운데 브라운Robert Browne(1633년 사망)을 따른 사람들을 가리킨다. 1620년에 메이플라워호를 타고 아메리카로 건너간 사람들 중 다수가 브라운파였다. (역주)

94) 회중주의會衆主義, Congregationalism: 개별 교회 이상의 모든 교회 조직을 부인하는 기독교도를 가리킨다. 교회 내부의 정치는 오직 개교회의 회중들이 최종 결정권을 가진다는 신조로서, 세속 사회에 적용하면 급진적 직접민주주의에 해당한다. 브라운파도 회

는 신념에서 나오는 반대이고, 장로교가 대표적이다. 장로교도들은 자기네 나름의 교회가 중심이 되는 질서, 즉 자기들이 믿기에 "진정한" 신앙의 편에 서는 질서를 강요하기를 원했을 뿐만 아니라, 정부의 힘으로 모든 신민을 예외 없이 망라해서 자기들이 올바른 행위라고 여긴 단일한 행동 유형을 강요하고자 했다. 다시 말해 그들은 자신들의 믿음과 다른 모든 종교적 믿음에 반대했는데, 그 까닭은 종교적 믿음이 다양하면 무질서를 초래하기 쉽다는 경험적 이유에서가 아니라 자신들의 믿음 말고 다른 모든 믿음들을 "실책"과 동일시했기 때문이었다.[96] 헌정과 관련된 질문, 정부 권위의 정당화에 관한 질문 따위는 물론 부차적인 문제로, 올바름의 추구에 매진하는 전능한 정부를 확립한다는 목적에 봉사하는 단순한 수단으로 간주되었다.

제5왕국파[97] 사람들 그리고 여타 천년왕국을 신봉한 종파들은 신념정치의 종교적 판본을 극단적인 형태로 보여준다. 이 사람들에게는 다스린다는 활동이 곧 "구원"에 해당하는 사물의 상태를 불러오기

중주의의 일파였다. (역주)

[95] 독립파Independents: 청교도Puritans라는 명칭은 영국의 국교 체제를 거부하는 개신교도들 가운데 특별히 "깨끗한 척하는 자들"을 외부에서 폄하하는 뜻으로 가리키는 외칭外稱, exonym으로 생겼다. 신조는 다르지만 외면적으로 국교도로 남은 사람들을 비분리파non-separatists, 국교를 명시적으로 거부한 사람들을 분리파라고 불렀고, 분리파 가운데서 특별히 종파를 이루지 않으면서 신앙의 문제를 개인 또는 소수의 내면에 맡겨야 한다고 본 사람들을 뭉뚱그려 독립파라고 부른다. (역주)

[96] 이것이 홉스의 주장이자 관점이었다.

[97] 제5왕국파The Fifth Monarchists: 구약의 「다니엘서」에서 언급되는 네 왕국이 실제 인류의 역사라고 읽으면서(네 왕국이 실제로 무엇을 가리키는지는 해석에 따라 다르다), 그 후에 찾아 올 다섯째 왕국이 곧 신의 나라라고 믿는 모든 종파들을 가리킨다. 특히 1657년에 크롬웰 정부를 전복하려다 실패하고, 찰스 2세가 즉위한 후에도 1661년에 다시 쿠데타를 시도했다가 처형된 베너Thomas Venner의 추종자들을 제5왕국파로 불렀다. (역주)

위해 은총이 자연에게 스스로를 부과하는 활동과 정확히 같은 것이었다. 여기서 그려지는 상태는 현세적 사물의 조건이다. 그리고 그리스도의 재림이 임박했다는 믿음과 연결될 때만을 제외하면, 베이컨식의 기획을 비롯해서 근대 세계에서 출현한 모든 판본의 신념정치가 담고 있는 펠라기우스주의적 특징에서 벗어나지 않는다. 이 사람들의 목표는 정부의 힘을 통해서 하나의 "신성한 공동체"를 확립하는 것이었는데, 그 공동체에서 유일하게 의미를 가지는 구분은 (다스리는 임무를 맡을) 성자들과 (다스림을 받을 임무를 맡을) 중생重生을 겪지 못한 죄인들 사이의 구분뿐이었다. 더구나 이 기획은 당시의 여건들과 동떨어진 머나먼 유토피아가 아니었다. 이 기획은, 내 생각에 모든 판본의 신념정치가 그렇듯이, 권력을 꿈꾸는 전망에서 싹이 텄다. 이 사람들의 눈에는 의인들의 통치를 시행하는 데 필요한 권력을 신이 섭리에 의해서 의회파 군대의 손아귀에 쥐어준 것처럼 보였던 것이다. 따라서 누구나 예상할 수 있듯이, 그들은 신념정치를 품에 안은 사람들이 논리적으로 가지게 되는 모든 성향을 보여줬다 - 다스리는 행위에서 형식성은 권력의 소유 및 올바름을 향한 열망에 의해서만 규율되는 행동주의에 자리를 내줬다; 완벽성의 모범을 강요하는 데 어떤 자기성찰도 방해가 되면 안 되었다; 처벌보다 예방이 선호되었고, 올바름의 추구로 향하는 길에 어떠한 권력도 너무 커서 문제가 되는 일은 없었다.

의심정치의 양식을 지지하는 정파와 사람들 중에도 다양성이 있듯이, 신념의 방향으로 바라보는 청교도 중에도 이들과 다른 종파들이 물론 있었다. 크롬웰과 아이어튼처럼[98] 두 가지 양식의 흔적을 공히

98) 아이어튼Henry Ireton(1611~1651): 영국 내전기의 의회파 지휘관. 올리버 크롬웰의 사위였다. (역주)

보인 사람들도 많았다. 그러나 흥미로운 점은 가장 뚜렷하게 종교적 판본이라고 보이는 경우에조차 경제적 판본이 스며들어 섞여 있다는 사실이다. 바로 이 대목에서 우리의 시선은 신념정치의 종교적 판본으로부터 경제적 판본으로 넘어간다. 경제적 판본은 그 후 근대 세계에서 빠른 속도로 다른 판본들을 대체하게 된다. 청교도 정치에서 "완벽성"에 관한 두 가지 해석 사이에서 결성된 동맹을 자세하게 추적하자면 할 수도 있을 것이다. 별로 두드러지지 않는 평범한 사람들은 접어두고 위대한 수준의 청교도 저술가들만 보더라도, 그들은 어쩔 도리가 없는 베이컨주의자였다. 신념정치의 모든 판본들이 공유하는 공통 근거가 얼마나 넓은지를 망각한 사람들에게만 이것이 역설로 들릴 것이다. "완벽성"이라고 일컬어지는 현세적 사물들의 조건을 강요하는 활동으로 정치를 이해한다는 공통점에 견주면, 각 판본이 어떤 화법을 사용하느냐는 차원은 언제나 덜 중요하다.

내가 지금 신념정치의 경제적 판본이라고 부르고 있는 판본에서도 정부의 권력은 신민들의 모든 활동을 지시하고 통합하기 위해 사용된다. 이것은 인간이 처한 여건과 관련하여 일정한 목표를 설정하고, 그 목표를 추구하는 데 신민의 모든 활동들이 수렴하게끔 만들려는 것이다. 다만 이 판본에서는 목표로 삼은 인간 여건의 상태를 "복지" 또는 "번영" 따위 표현으로 지칭하면서 인류가 추구하기에 온당한 종류의 "완벽성"이 그로써 대변된다고 본다. 하지만 이다음부터는 세부적인 갈래를 분간해야 한다. 17세기 유럽에서 모든 정부는 신민의 모든 활동에 대해 일정한 틀을 실천적으로, 규제가 얼마나 꼼꼼하게 이뤄졌는지는 경우에 따라 다르지만, 강요했다. 유럽의 모든 공동체는 규제받는 공동체였고, 규제의 주체는 중앙 정부와 그 직원들이었다. 중세 시대의 광경과는 전혀 비슷하지도 않은 이 규제는 권력의 산물인데, 17세기에는 권력이 미칠 수 있는 한 최대한 멀리까지 연장되는 것이 상례였다. "경제적 영역" 이라고 통칭될 수 있는 분야에서 이 규제를 가리켜 역사가들은 중상주의라고 부른다. 이는 물론 당시 대다수의 정부들이 종교의 영역에서 강요했거나 시도했던 획일성과 평행선을 이룬다. 그렇지만 중상주의는 정부가 인간적 여건의 특정한 상태를 "완벽성" 의 이름 아래 또는 "완벽성" 에 기여한다는 이유에서 강요해야 한다는 사고방식의 일환이라는 견지에서만 신념정치의 한 판본이라고 해석될 수 있다. 이러한 견지가 17세기에 항상 유지된 것은 분명히 아니다. 중상주의, 또는 중상주의의 여러 가지 판본들이 어떤 "완벽한" 삶의 방식이라든가 또는 그 정도까지가 아니라 단지 향상된 정도의 삶의 방식을 달성하려는 목적에서 활동을 통합하기 위한 실천으로 이해되지 않고, (예컨대) 민족의 방위를 고려해서 결정된 어떤 정책에서 단지 불가피한 요소라는 식으로 이해된 경우도 많았다. 심지어 "복지" 를 위한 대차대조표에서 비용에 해당하는 것으로 인식되기도 했던 것이다. 중상주의의 여러 판본들이 이런 식으로 (어떤 제한적 기획에 관계된 것이며 따라서 그 자체에 한계가 있을 수밖에 없다는 식으로) 이해된 경우라면, 물론 이것은 신념정치보다는 의심정치에 속한다. 이런 식의 실천들은 "지상에 천국을 세운다" 는 의도의 일환이 될 수 없다.[99] 그러나 다른 한편으로, 이미 17세기 초에도 "완벽성" 이라는 이유에서 욕구되는 사물들의 여건을 확립하기 위해 신민의 모든 활동을 조직할 권력과 의무가 정부에 있다고 생각하면서 중상주의의 정책들이 그러한 정부의 적절한 실천이라는 인식이 나타났다는 데에도 의문의 여지는 없다. 물론

99) 보댕Jean Bodin(1530~1596)이나 먼Thomas Mun(1571~1641)의 이해가 이런 방향이었다.

이는 프랜시스 베이컨의 저술에서 나타나는 방식의 인식이다. 신념정치의 이러한 판본에서 강요되어야 할 활동의 유형이라고 제창되는 것을 따라서 “생산주의적” 이라고 부를 수 있을 것이다. 정부는 “생산주의적” 사회를 조직하고 지시하는 일이라는 인식이다.

신념정치의 “생산주의적” 판본은 16세기에 최초로 출현했다. 이것은 당대 여러 정황들의 와중에서 양육되면서 당대를 풍미한 모든 야심들, 모든 도덕적 가치들에 담긴 특징들을 보여줬다. 그 특징 중에 간과할 수 없는 것 하나는 한가로움을 수상하게 여기고 게으름을 끔찍하게 여긴 근면찬양이다. 생산주의적 판본은 출현한 지 얼마 안 됐을 때부터 자기네 시나리오에 따를 때 인간의 여건이 어떤 상태에 도달하게 될지, 그리고 그러기 위해서 어떤 권력이 필요할지에 관한 예상뿐만 아니라, 그 기획을 추구한 결과 어떤 혜택들을 맛볼 수 있을지에 관한 예상도 함께 내놓았다. 다시 말해, 확립되어야 할 인간의 여건이 어떤 성격을 가지는지를 자세하게 예상한 것이다.[100] 어쨌든 현재 우리의 논의에서 중요한 점은 나중에 향유하게 될 (“완벽성” 의 구체적인 내용에 해당하는) 혜택이 아니라, 세계의 자원을 최대한 활용한다는 이 기획에 인간의 모든 활동이 통합되어야 하며, 이 기획을 총괄적으로 지시하기 위해 필요한 권력을 가진 유일한 당국, 즉 정부가 마땅히 그 활동을 장려하고 통제해야 한다는 믿음이다. 생산주의적 공동체야말로 (좀 더 높은 생활수준을 다른 목적들과 곁들여 추구한다는 정도가 아니라) 인간의 완성을 달성할 수 있는 유일한 공

---

100) 17세기에 등장한 다양한 유토피아의 예로는 베이컨의 『뉴아틀란티스*New Atlantis*』 그리고 버튼Robert Burton(1577~1640)이 『우울증의 해부*The Anatomy of Melancholy*』 (1621)를 쓰고 그 머리말에 정리해 넣은 스케치가 있다. 한편 이러한 유토피아와는 별도로, 실제 사실에 근거한 예상들도 있었다. 챔벌레인E. Chamberlayne(1616~1703[원문에는 Chamberlagne으로 표기])의 *England's Wants* (1667)가 한 예다.

동체라는 바로 이 믿음 또는 신념이 신념정치의 한 판본을 구성하기 때문이다. 이 믿음은 현재 우리의 정치적 어휘에 속하는 단어들이 (협의로 사용될 때 말고) 광의로 사용될 때 가지는 의미 안에서도 표현되고 있다. "안전" 은 "복지" 와 통하기도 하고 "구원" 으로까지도 연장된다. "근로" 는 처음에 하나의 권리였다가 다음에는 의무가 된다. "반역" 은 도덕적 또는 종교적 신조에 대한 배신으로 인식된다. 이처럼 최소한이었던 것들이 최대한으로 둔갑하여, "결핍으로부터의 자유" 라든지 행복의 향유 따위까지 하나의 "권리" 라고 천명되기에 이른다. 종교적 이견에 대한 억압이 정부의 일이라고 베자[101]가 생각하면서 질서에 대한 위협이라서가 아니라 **실책**이기 때문이라고 봤던 것처럼, 생산주의자는 자신의 기획에 대한 모든 반대가 **실책**이라는 이유에서 정부에게 억압할 의무가 있다고 봤다.

이러한 정치의 양식에서 신민에게 강요되어야 할 행동 유형의 윤곽은 시간을 낭비하지 않고 일찍부터 착안되고 제창되었지만, 자세한 내용은 (정부에게 어떤 종류의 행동을 요구할지 그리고 신민이 어떤 종류의 혜택을 누리게 될지) 서서히 개발되었다. 그리고 이 양식의 정치가 장차 전개될 행로에서 가장 중요한 국면은 18세기에 필로조프philosophes라고 불린 옹호세력의 저술을 통해 이 기획이 다듬어졌다는 사실이다.

18세기 유럽 각국의 주도적인 지식인들을 망라하는 이 일군의 저술가들은 신념정치의 이 판본을 담고 있는 이론들의 창시자라고 때때로 일컬어진다. 그러나 실상 이들이 수행한 역할은 선배들이 대략적으로 제시한 실천과 기획을 자기네 시대의 지적 풍토에 적합한 방

---

101) 베자Theodore Beza(1519~1605): 프랑스의 프로테스탄트 신학자로서 폭군방벌론을 주장했다. 칼뱅의 후계자로서 칼뱅 사후에 제네바의 신정체제를 이끌었다. (역주)

식으로 정형화했다는 것이다. 그들의 저술을 통해 종전에 모호하게 남아있던 대목들이 명료해졌고, 잠정적이던 것들이 분명해졌으며, 싹이 트는 정도였던 것들이 형체를 갖추었다. 그들의 저술에서 기초가 되었던 자료는 선배들의 (베이컨과 로크가 두드러진다) 저작들만이 아니라, 17세기를 지나는 동안에 가다듬어진 정부의 실천들도 포함되었다. 이미 그 사이에 사찰과 통제의 기술들이 발전해서 정부에게 유례없는 권력을 부여했던 것이다. 프랑스의 경우, 나중에 일어날 혁명, 즉 종전까지 예속이라고 간주되던 것들을 "자유" 라는 이름으로 부르게 되는 혁명의 전주곡들이 이미 17세기부터 울려 퍼지고 있었는데, 이런 유산이 빠짐없이 18세기의 필로조프들에게 전승되었다. 베이컨이 당대의 암흑을 안타까워하는 동안에 계몽운동가들 사이에서는 이런 생각들이 빛나고 있었던 것이다. 다른 나라의 경우도 마찬가지였다. 종래의 미신을 깨뜨리는 와중에 그들은 새로운 미신을 조성하고 있었다. 다른 어느 것보다도 그들은 세계의 자원을 활용하는 것이 인류가 마땅히 해야 할 활동이라는 인식, 그리고 이 활동은 정부에 의해 지시를 받고 통합되어야 한다는 인식을 후계자들에게 물려 줬다. 오직 "생산주의적" 생활방식만이 타당하다는 엄숙한 자신감을 물려 준 것이다. 정부의 구성과 정부 권위의 정당화에 관한 사상의 역사에서 그들이 일정한 위상을 차지한다는 것은 물론이다. 그렇지만 이 위상은 신념정치의 양식을 개발하는 데 기여한 바에 비하면 별로 중요하지 않다. 왜냐하면 이런 양식의 다스림은 정부의 권위가 어떻게 정당화되느냐는 문제에 관한 어떤 개별적인 관념 또는 어떤 특정한 헌정의 원리와도 본질적으로 연관되지 않기 때문이다. 헌법 중에는 신념정치의 매력에 특별히 사로잡히기 쉬운 것도 있을 수 있고, 태생적으로 그런 것에 등을 돌리는 것도 있을 수 있다. 하지만 일반적으로 말해서 이와 같은 외견적인 친연성과 배척성은 중요하지 않다.

이후 19세기와 20세기에 신념정치가 겪은 운수는 파란만장한 사건들로 얽히고설켜 있다. 이것들이야말로 그 전에 벌어진 어떤 일보다 이와 같은 정치의 양식이 어떤 성격인지를 찬란하게 드러내준다. 막대한 권력의 자원들이 새로이 열리고 착취되었다. 그리고 이 양식의 정치에서 나온 특징적인 혜택들로 말미암아 세계의 자원을 활용하는 일만이 인류에게 유일하게 타당한 활동인지를 둘러싸고 그때까지 남아있던 일말의 불확실성마저 많은 사람의 마음속에서 일소되었다. 4백 년간 지속된 향락과 자기기만이 마침내 생산주의적 기획을 도덕의 지위로 격상시킨 것이다. 우리 시대의 대규모 전쟁들은 신념정치를 위한 값비싼 실험을 수행할 수 있는 미증유의 기회를 제공했다. 어쩌면 비용만 조달할 수 있다면, 이제 우리는 천상의 도시를 상대로 최후의 공격마저 감행할지 모른다. 그렇지만 다른 한편으로는 권력의 중요성이라는 것이 언제나 과업에 상대적이라는 점, 그리고 통합의 권력이 증가하는 사이에 통합되어야 할 인간의 활동들도 더욱 다양해진다는 점을 우리는 유감스럽게도 관찰해야 한다. 투수의 솜씨가 더욱 나아진다면, 마찬가지로 타자의 기교도 나아지는 것이다. 이런 관점에서 바라보면 전후좌우를 상쇄하고 남는 전체 상황은 17세기 초의 상황, 또는 인간의 활동들을 통합할 수 있는 초점으로 환원하는 기술이 최근에 급속도로 발전하지 않았다고 가정했을 때의 상태에 비해 어쩌면 그다지 다르지 않을지 모른다.

그렇지만 이 모든 새로운 모험들을 겪어본 다음에도 이 양식의 정치는 18세기의 위대한 주역들이 남기고 간 지점에 그대로 남아있다. 책략은 방대하게 향상되었고, 신념의 수호자들은 시대에 뒤떨어진 부분적 일탈들을 순화할 수 있게 되었다. 그래도 총괄전략의 차원에서 지성적으로 의미를 가지는 새로운 원칙은, 검토가 필요한 제안을 내놓은 사람들은 몇 있지만, 하나도 나오지 않았다. “사회공학”, “풍요를 위한 설계” 따위 새로운 문구들이 첨가되었을 뿐 그들의 화법은 여전히 베이컨 식이 틀림없다. 그리고 450년 동안 명상을 거친 후에도 그들의 결론은 여전히 한결같다 - “인간에게는 자신의 운명을 거의 완전하게 통제할 수 있는 가능성이 있고, 만약 실패한다면 그것은 인간 자신의 무지와 어리석음 때문일 것이라는 점이 …… 복지와 관련해서 인간의 본성을 고찰한 결과 밝혀졌다.”[102] 오래 전에 베이컨 본인이 했던 말에 첨가된 내용이 전혀 없다.

III

지금까지 나는 근대 정치의 역사가 흘러온 자취를 회고하여 아주 짤막하게 요약했다. 이 역사는 우리에게 많은 결론을 가리켜주는데, 그 중에서 셋이 두드러지게 중요하다고 생각한다.

첫째, 신념정치는 지난 150년 사이에[103] 정부의 무관심과 직무유기의 풍조에 대한 반작용으로 발명된 것이 아니다. 신념정치를 주창한 사람들은 각자 당대 또는 당대 직전의 난제에 대한 (현명하거나 부질없는) 반응으로 그것을 주창한 것이 아니다. 신념정치는 정치의

102) E. L. Thorndike, *Human Nature and the Social Order* (1940), p. 957.

103) 이 책을 오크쇼트가 집필한 때는 1950년대 초로 추정된다. 편집자 서문을 보라. (역주)

한 양식이고, 하나 이상의 여러 화법을 통해 추구되며, 근대 세계와 시대가 겹치며 중세적 삶을 수정한 한 형태이자 근대 세계를 구성하는 사고방식이다. 그 역사를 축약했다가는 그 성격을 잘못 짚을 수밖에 없고, 그 의미를 실제보다 덜 중요한 것처럼 보이게 만든다. 1931년의 맥밀런 보고서는 "인민의 민생관리" 에 대한 정부의 관심 증대를 "최근 이 나라에서 나타난 정부에 관한 관점의 변화" 라고 봤는데,[104] 사실 이와 같은 정치의 양식과 정부에 대한 이해는 지난 5백년 동안 우리와 함께 지냈다. 이것을 몇 사람의 기인 또는 점쟁이들이 내놓은 어리석음 아니면 지혜라든가, 프랑스 혁명 또는 산업혁명의 소산이라든가, "민주주의" 라는 항목의 충실한 동반자라고 여기는 것은 철저한 오해다.

둘째, 신념정치를 근대 세계의 어떤 구체적인 정치운동이나 정당 또는 대의명분과 동일시하면 안 된다. 모든 진영, 모든 정당, 모든 운동, 모든 대의명분의 주창자들 안에 이 양식의 정치를 대변하는 사람들이 항상 있다. 다른 모든 것을 배척하면서 오직 신념정치만을 끌어안는 듯이 보이는 운동이 몇 가지 있기는 하다. 주지하다시피, 사회주의나 공산주의가 확실히 그런 경우일 것이다. 그러나 실상 근대 세계에서 의미를 가지는 구체적인 정치운동 중에 이 점과 관련해서 내면적으로 복잡하지 않은 것은 하나도 없다. 신념정치는 특정한 유럽 나라 또는 특정한 정당만이 배타적으로 가지는 속성이 아니고, 그랬

104) 맥밀런 위원회는 1929년에 구성되었다. 케인스(보고서의 주저자다), 베빈[Ernest Bevin(1881~1951), 영국 노동조합 지도자, 노동당 정치인]을 비롯한 저명한 경제학자들로 구성되었고, 맥밀런[Hugh Pattison Macmillan(1873~1952), 보수적인 법관이었지만 램지 맥도날드의 노동당 정부에서 스코틀랜드 법무장관을 맡았다]이 위원장이었다. 금융과 재정 분야의 정책들이 국내와 국제를 망라해서 교역과 생산고용을 증진하는지 위축시키는지를 밝혀내는 일이 임무였다.

던 적도 없다. 이 양식의 정치는 근대의 모든 정치적 기획과 정치적 이해가 5백 년 동안 왔다갔다 해왔던 두 개의 기둥 가운데 하나일 뿐이다.

셋째, 신념정치는 근대 세계의 역사에서 등장한 정치의 양식과 이해로서 유일하지도 않고 유일하게 의미 있는 것도 아니다. 저술가 중에는 가장 영향력이 큰 사람들이라도 이 양식의 정치가 영광스럽다거나 엄청나다는 이유로 감동을 받아 온통 여기에만 관심을 기울인 사람들이 있기는 하다. 이런 사람들이 생각하기에는 근대 정치의 자취, 특히 지난 150년 동안의 근대 정치는 단지 신념정치가 겪어 온 운수의 역사에 불과하다. 어떤 사람은 이런 실수를 절망감 때문에 저지른다. 신념의 구름이 우리 위를 워낙 오래 덮고 있어서, 하늘 전체를 가득 메우고 지구 전체가 어두워졌으니 다른 도리가 없다고 보는 사람이다. 어떤 사람은 낙관 때문에 이런 실수를 저지른다. 자기들이 믿는 선이 점점 승리를 거두면서 호감에 쾌락이 첨가되고 자신감에 희열이 더해지는 과정으로 근대 정치를 바라보는 사람이다. 또 다른 부류의 경우에는 이것이 전혀 실수가 아니라 위장일 뿐이다. 근대 정치의 역사에서 신념정치가 겪어 온 운수 말고 나머지를 모두 묵살한다는 것은 현대 세계에서 이 양식의 정치 말고는 다른 모든 것들을 묵살하기 위한 예비 작업이다. "세계가 움직이는 방향을 우리는 알고 있다. 그 방향에 허리를 굽히고 따르거나 멸망하는 길밖에 없다"[105] – 이런 식의 위조된 곤경을 이런 저술가들은 우리에게 뒤집어씌운다. 이처럼 감염의 기원은 경우에 따라 다양하지만, 예방책은 하나뿐이다. 근대 정치의 역사를 더욱 철저하고 더욱 솔직하게 연구하는 것이 곧

105) 카E. H. Carr의 말이다. *Conditions of Peace*, New York: Macmillan, 1942, p. 131.

예방책이다. 이런 연구를 통해서 우리네 정치에서 신념정치 말고 어떤 다른 계통이 있는지가 드러날 것이고, 유일한 방향만을 상정하는 잘못되고 솔직하지 못한 이론이 처리될 것이기 때문이다. 사건들이 진행하는 경로를 잘못 읽을 가장 확실한 방법은 과거에서 어떤 특질을 취하고 나서 마치 모든 사건들이 그것을 목표로 삼아 수렴했다는 식으로 읽는 것임을 역사가라면, 그 중 가장 무식한 역사가라도 안다. 이런 식의 역사 독해를 한 번만 실험해보면, 정해진 결과를 달성하기 위한 이야기를 자아내기 위해 실제로 일어난 일들 중에 얼마나 많은 분량이 난잡하게 기각되는지가 결정적으로 증명될 것이다. 현대 세계에서 (예컨대 신념정치가 현재 누리는 인기 같은) 어떤 특질을 하나 고르고 나서는, 마치 사건의 진행 경로가 이 목표를 향해 수렴해 온 것처럼 읽을 때에도 마찬가지로 오도적인 축약이 발생한다. 요컨대 "세계가 움직이는 방향" 을 우리는 모른다. 그런 방향을 알려줄 만한 증거가 부족해서가 아니라, 그런 방향이라고 하는 발상 자체가 정당한 귀추와 정당하지 않은 귀추의 구분에 의존하는데, 이런 구분이라는 것이 역사 연구와는 동떨어진 것이기 때문이다. 역사에서 단일하고 균질적인 발전의 노선은 오로지 복화술사가 재주를 뽐내기 위해 동원하는 하나의 인형극으로 역사를 둔갑시켰을 때에만 발견될 수 있다.

제4장 의심정치의 운수

I

신념정치는 지금까지 서술해 왔듯이 근대라는 시대의 산물이다. 여기에 여러 판본이 있지만, 정치가 무엇인지와 관련해서 근대로 하여금 다른 시대들과 구분되도록 만드는 여건을 그 모든 판본이 전제로 삼는다. 예를 들어, 그 중에 종교적 판본은 근대 세계에서는 거의 시대착오라고 여겨지기가 십상이지만, 실상은 만약 중세 시대에서였다면 결코 나타날 수 없었던 종류의 발상이다. 어떻게 보면 고대 그리스 도시 국가의 정치 양식과 친화적인 구석이 있는 성싶기도 하지만, 일반성의 차원을 뚫고 구체적 세목으로 들어가면 설득력을 금세 상실하게 되는 친화성이다. 구성원들의 관계와 활동이 설령 근대 정부의 막대한 권력이라도 결코 필적할 수 없었을 수준으로 꼼꼼하게 통제되었던 원시 사회에서 근대의 신념정치에 어쩌면 상응하는 무언가를 찾아볼 수 있다는 점은 앞에서 살펴봤듯이 진실이다. 그렇지만 이조차도 어렴풋한 상응

이상일 수는 없다. 엄밀하게 말해서 원시 사회에는 정치라고 할 만한 것이 없었고, 구성원 가운데 자기네 관습을 시행할 책무를 지닌 자들이 일반이익을 전문적이지 않은 방식으로 지키고 관리하는 기능이 오늘날 우리가 "정부" 라고 알고 있는 기능의 자리에 있었을 뿐이다.

이와 마찬가지로 의심정치도 정확하게 짚어서 말하자면 근대 세계의 조건들이라는 맥락 안에 위치한다. 이것이 신념정치와 상반되는 관계 안에서만 존재하기 때문이 아니라, 의심정치는 신념정치를 가능하게 만드는 조건과 똑같은 조건을 전제하기 때문이다. 그렇기는 하지만 잠시 시선을 넓혀서 일반적인 차원만을 살펴보면, 의심정치는 근대 세계 아닌 다른 곳에서도 상응하는 요소들을 찾을 수 있을 것처럼 보일 수 있다. 일반적으로 말해서 권력 없는 사람들의 정치, 정부가 신민의 활동을 지시할 기회를 단지 조금밖에 누리지 못하는 상황적 여건에 적합한 다스림의 양식과 습관 등이 그러한 요소들이다. 이런 여건에서는 의심정치와 상응하는 것처럼 보이는 특징들이 정치를 이해하는 데 공인된 양식일 공산이 크다. 권력을 약간 확장하거나 정부 활동을 제한적으로 연장하는 정도는 상상이 가능하고 바람직한 것으로서 추구될 수도 있다. 그렇지만 정부가 실제로 향유하고 있는 권력을 (또는 그것을 약간 확장한 정도를) 가지고는 할 수 있으리라고 상상도 할 수 없는 일을 하지 않는 정부를 두고 직무유기라든지 잘못되었다고 생각할 사람은 아무도 없다. 그러므로 근대 세계에서 의심정치의 일환으로 나타나는 요소에 상응하는 요소를 예를 들어 중세 잉글랜드의 정부에서 찾아내는 것이 견강부회는 아니다. 실로, 아래에서 살피겠지만, 근대 세계에서 나타나는 그러한 정치 양식의 책략과 정치를 그렇게 이해할 때의 원리는 중세 시대의 실천과 성찰에 크게 빚을 지고 있기도 하다.

부언하자면, 정복자의 정부는 무엇보다 먼저 회의주의적 양식으로 무게가 쏠리는 것이 당연할 것이다. 정복자가 무슨 일을 하든지 싫어하는 신민들은 (생각이라는 것이 있기만 하다면) 정부가 일을 별로 하지 말아야 한다고 생각할 것이다. 그래서 정복자는 여건이 가장 순조로울 때에도 일을 단지 조금밖에 할 수 없을 것이다. 오늘날의 정복자는 정복당한 신민들에게 종합적인 활동의 유형을 옛날 사람들은 알지 못했던 방식으로 강요할 수 있다는 대조가 가능하다. 오늘날의 정복에서 공통으로 기획되는 일들은 로마인들에 의해서도 투르크인들에 의해서도 시도되지 않았다. 그리고 오늘날에는 정복당한 신민 역시 그런 기획을 기대하고, 심지어 자신의 운명으로 환영하게끔 되었다. 그렇지만 현대의 정복자라고 할지라도 자신의 야심을 종종 수정해야만 한다. 그리고 초기 단계에서는 "화해의 손짓" 이라고 하는 회의주의적 기획이 다른 어떤 것보다 우선시되며, 다스림에 임하는 그의 양식을 결정하게 될 것이다. 나아가 패전이라든지 또는 전염병의 창궐이나 기근 같은 자연 재해 때문에 질서가 위협 받고 흔들리는 공동체에서도 정부에 관한 회의주의적 양식과 이해가 적절한 것으로 인정될 것이다. 요컨대 정부가 휘두를 수 있는 권력이 공동체의 피상적인 질서를 유지하는 데만도 벅찬 여건에서라면 정치에 관해 공인되는 양식과 이해는 의심정치일 것이다.

그렇지만 정치의 양식은 특정한 판본을 통해서만 존재할 수 있고, 판본은 다양할 수밖에 없다. 방금 논급한 일반적 관찰이 의심정치를 탐구하는 데 적절한 출발점일 수는 있지만, 의심정치의 구체적인 성격은 오직 근대라는 시대의 여건들 안에서 고찰할 때에만 파악될 수 있다. 물론 근대의 여건이 보여주는 가장 두드러지는 특질은 피상적 질서를 유지하는 데 필요한 수준을 능가하는 권력을 정부들이 보유하고 있는 것으로 보인다는 점이다. 근대 세계에서 정치적 회의주의는 권력의 부재가 아니라 권력의 현존이라는 맥락 안에 위치한다.

II

그런데 이런 관찰을 통해 열리게 된 영역으로 탐구해 들어가기 전에 먼저 의심정치의 양상 하나를 처리하고 가야 한다. 왜냐하면, 그 양상은 이 양식의 운수를 구성하는 일부이기는 하지만 상대적으로 중요하지 않은 일부이기 때문이다. 의심정치는 단지 신념정치에 대항하는 반작용일 뿐이라는 양상이다.

근대 정치의 역사를 단순히 신념정치가 싹이 터서 결국 만개하게 된 과정으로 바라보는 데 어떤 실책이 개재하는지는 이미 일별한 바와 같다. 그렇게 잘못 그려진 성공담에서는 물론 의심 따위는 암흑세력에 속하는 것으로 나타나며 "반동" 과 동일시된다. 그렇지만 이런 식의 역사 자체를 당파적인 역사로 제쳐 놓고 생각하면, 그럼에도 불구하고 근대 세계에서 신념이 주요한 승리를 거두었을 때마다 반대 방향의 운동을 촉발했다는 것이 진실로 남게 된다. 실로, 근대 유럽 정치의 역사는 이들 두 개의 극단 사이를 불규칙적으로 왕래했다고 하는 내 명제는 정부의 실천과 정부에 관한 이해가 두 가지 이론적인 극단 중 하나에 가까워질 때마다 반대 방향에서 끌어당기는 힘이 나타났다는 관찰로 이어질 수 있다. 이렇게 보면, 두 양식 각각은 하나가 유행에서 밀려나고 다른 하나가 주도권을 다시 잡기 시작할 때마다 차례를 바꿔가면서 "반동적" 이 되리라는 예언도 할 수 있다. 의심을 단순히 신념의 반대로 여기는 것이 그럴듯해지는 이유는 근대 초기의 역사적 상황 안에도 들어있다. 당시 역사의 물결이 신념정치의 방향을 취했을 때, 바로 그 중요한 계기에 의심정치가 하나의 훼방꾼으로 등장하게 되었던 것이다. 역사의 사연들이 그 후로 펼쳐지면서 이와 같은 상황은 물론, 일반적으로 띄엄띄엄 반복되었다.

이처럼 의심정치는 신념정치의 반대로 등장한다는 양상을 가진다. 의심정치는 그런 양상이 펼쳐지는 계제에서 형체를 갖추고, 당대의 즉각적 상황으로부터 색조를 얻어서 취한다. 이런 종류의 계제에 해당하는 초기의 사례로는 영국 내전을 들 수 있다. 17세기 영국의 정치적 소란이 단순히 신념과 의심 사이의 투쟁이기만 한 것은 결코 아니지만, 신념정치의 종교적-경제적 판본을 품에 안은 정치세력이 거기서 태동했다는 점은 이미 봤다. 그들은 정치를 공동체에게 종합적인 하나의 행동 유형, 다시 말해 "구원" 과 동일시되는 사물의 여건을 강요하는 활동이라고 이해했다. 이런 견해를 가진 사람 중에는 결국 승리를 거두게 되는 의회파 군대가 "올바름" 과 "성자에 의한 통치" 를 확립하기 위해 섭리가 마련해 둔 수단이라고 간주한 사람들도 있었다. 신념의 방향으로 진입하도록 그리고 그 방향을 극단에 이르기까지 따르도록 영국 정치에 가해진 이와 같은 압박이 만약 기인 몇 사람의 작품이기만 했었다면, 굳이 반대가 없었더라도 저절로 가라앉으리라는 기대 또한 가능했을 것이다. 그러나 그 배후에는 유력한 권력이 있었을 뿐만 아니라, 후일 명료한 형태로 발전될 일군의 관념들과 주장들도 있었다. 종교적인 내용과 세속적인 내용이 그 안에 함께 들어있었고, 따라서 당연히 반론도 촉발했다. 그리고 크롬웰 본인처럼, 다른 사정 아래에서는 의심정치보다는 신념정치 편에 가깝다고 스스로 여겼을 만한 정치인들마저 이 기획에 반대했다는 사실이야말로 그것이 얼마나 극단적이었는지를 웅변한다.

이 대목에서는 크롬웰, 아이어튼, 「인민의 동의」를 지지한 수평파[106] 등도 회의주의의 입장을 취했는데, 이 입장은 신념정치의 행로로부터 파생했다고 볼 수 있다. 그 행로가 열리는 데 그들이 스스로 기여하고 나서 다시 그 행로에서 갈라지게 되는 사연은 오늘날 일부 사회주의자들이 스스로 선전했던 이념으로부터 갈라진 사연과 흡사하다. 퍼트니 논쟁에서[107] 크롬웰과 아이어튼의 주장, 그리고 수평파의 초기 제안과 독립파의 주장들은 자기들이 반대하고자 했던 신념정치의 특정 판본으로부터 형체와 색조를 취한 산물이었다. "선한 일" 이라든가 인간적 삶을 위한 "완벽한" 조건을 확립한다고 하는 추상적인 용어로써 정부의 활동이 표상되지 않고, "인민이 어느 정도를 받으면 넘어가줄 수 있는지" 가 관건인 것으로 표상된다 — 크롬웰에게는 "의회로부터 위대한 것을 획득한다는 사치스러운 생각" 이 별로 없었다. 거칠고 기초적인 수준이지만 "시의時宜" 의 철학이 전거로 동원된다. 버프코트[108]와 와일드먼[109]의 반율법주의는 설령 불편한 약속이라도 구속

---

106) 영국 내전기인 1647년부터 1649년에 걸쳐 릴번John Lilburne(1614~1657) 등 여러 저자들이 「인민의 동의The Agreement of the People」라는 제목으로 여러 편의 문서를 발표했다. 내용은 대체로 종교의 자유, 정기적이고 빈번한 의회의 소집, 법 앞의 평등 등, 당시로서는 급진적인 민주주의를 주장했다. 당시 의회파 안에서 이처럼 급진적인 민주주의를 주장한 대표적인 세력이 수평파the Levellers라 일컬어졌다. (역주)

107) 퍼트니 논쟁Putney Debates: 신모범군New Model Army(크롬웰 휘하의 군대) 내부에서 벌어진 논쟁으로서, 퍼트니(현재 행정구역으로는 런던 남서부에 위치)의 세인트 메리 성당에서 1647년 10월 28일에 시작되어 장소를 옮겨가며 11월 11일에 결론 없이 끝났다. 향후 잉글랜드의 헌정 원리를 둘러싼 논쟁으로, 하급 장교와 병사들은 주로 급진 민주주의를 크롬웰과 아이어튼 등 고급 지휘관들은 온건 개혁을 주장했다. (역주)

108) 버프코트Buffcoat: 크롬웰의 군대에서 활동했던 로버트 에버라드Robert Everard를 가리킨다. 종교적 열성파로서 1647년 퍼트니 논쟁에 참여했다.

109) 와일드먼Sir John Wildman(1621~1693): 수평파의 일원으로, 크롬웰이 찰스 1세와 타협하려들자 반발을 주동했다. 자신은 "어떤 사람의 의지에는 봉사할 수가 없으며, 나라

력을 가진다는 신조 또는 형식주의의 신조 등에 담겨 있는 회의주의로부터 반대를 받았다. 다스린다는 것은 수단이 준비되는 대로 "세상의 여건을 정돈한다" 든가 정의되지 않은 인민의 복리salus populi를 증진하는 일로 비쳐지지 않고, 기성의 권리를 "기본법" 의 제약을 받으면서 보호하는 활동으로 비쳐진다. 심지어는 그 "기본법" 이라는 것이 우연과 관습의 요소를 품고 있다는 점까지 인지된다. 정치토론은 성스러운 영감이 선포되는 자리도 아니고 "진리" 에 도달하는 수단도 아니며, 다양한 관점들을 이해하여 하나의 모두스 비벤디에 도달하려는 노력으로 표상된다.

신념정치와 의심정치가 교차해 온 역사에서 이것은 우연하고 사소한 사례에 그치지 않는다. 잉글랜드 그리고 유럽 대륙에서도 17세기와 18세기에 이 두 가지 정치의 스타일이 부딪친 예가 있다. 그것은 신념정치의 경제적 판본에 대해 의심정치가 반대한 사례였다. 거기 담긴 중요성을 간과하기도 쉬운데, 동시에 분간해야 할 사항들을 제대로 분간하지 못한다면 일부 의미를 과장하기도 쉽다. 앞에서 살펴봤듯이, 중상주의는 정부가 민족경제를 다소 세밀하게 규율한다는 기획인데, 본질적으로 신념정치에 속하지는 않는다. 중상주의는 기실 회의적인 설명이나 변론과 어울릴 수가 있다. 이 기획이 인류에게 틀림없이 마땅한 활동이라는 믿음 안에서 세계의 자원들을 캐내어 활용한다는 목적에 맞춰 주체의 모든 활동을 지휘하는 종합적인 계획의 일환으로 이해될 때에만, 다시 말해서 베이컨 식으로 이해될 때에만 중상주의는 신념정치에 속한다. 꼼꼼하게 취조하듯이 규제했던 17세기 콜베르 식의 정책, 그리고 같은 세기에 영국에서 왕당파든 의회파든 정부의 권력으로 시도했던 비슷한 기획은 그러므로 서로 다른 견

와 모든 인류의 자유와 행복을 바란다" 고 주장했다.

해를 가졌던 두 진영으로부터 동시에 비판을 받았다.

첫 번째, 그들의 정책이 효율적이지 못하다면서 반대한 사람들이 있었다. "번영" 이야말로 인류의 온당한 추구이자 운명이라는 명분이 내걸렸지만, 그 정책들은 번영을 증진하기는 고사하고 오히려 방해한다고 믿은 사람들이었다. 세계의 자원을 가장 효율적으로 활용하는 데 방해가 된다는 것이다. 이런 반대는 내가 지금까지 회의주의라 불러온 것에 미치지는 못한다. 이 비판에는 풍요를 증진할 정부의 역량에 대한 의심은 있지만, 획득주의적 사회가 인간에게 적절한 보금자리라고 하는 신념정치의 근본적인 추정이 거리낌 없이 수용되고 있다. 활용의 기획을 반대하는 것이 아니라, 그 기획이 잘못 시행되고 있다는 반대다.[110)]

두 번째, 하지만 다른 사람들도 있었다. 정부의 이런 활동이 생산주의적 사회를 증진하는 데 효율적인지 아니면 비효율적인지에는 별로 관

---

110) 이 방향의 비판자 중에도 물론 다양한 갈래의 의견들이 있다. 이런 관점을 표현한 가장 명료한 진술은 개인적 이해관계가 없었던 이들의 글에 나타난다. 이런 저자들은 17세기 초부터 꽤나 많지만, 예컨대 Lipson의 *Economic History of England*, vol. III이 참조할 만하다. 그렇지만 돈을 벌기 위해 열심이었던 기업가나 상인들이 모두 이런 관점을 가지고 있었다는 추정은 오류다. 이 사람들은 자신의 이윤을 위해 "공동번영" 을 유기했다는 비난을 자주 받았다. 그리고 이들을 비난한 사람들은 공동체 차원의 획득주의가 개인적 획득주의보다 조금이나마 도덕적으로 우월하다는 부정직한 견해 — 정파적 목적에서 권력을 추구하는 자들이 언제나 애호하는 견해다 — 위에 서 있었다. 상인들은 주로 이런저런 특정한 규제를 반대했고, 일반적 반론을 개진할 임무는 다른 사람들에게 미뤘다. 우리는 이를 예상할 수 있어야 한다. 우리의 경험 안에서 생각할 때, 정부의 규제에 관해 사업하는 사람들이 저항하되 최소한의 선에서 그치지 않는다면 이상한 일이다. 그들에게 정부 규제란 사업하는 데 수반되는 정상적인 비용에 덧붙여 불의의 사고가 조금 더 늘어난 셈과 같다. 이런 사업가 집단은 장애물을 최소로 줄이는 길을 탐색할 것이고(보통은 찾아낸다), 자기들에게 부과되는 조건들을 오히려 이익으로 전환하는 방법까지도 발견할 것이다. 사업가란 두 걸음 정도 떨어져 있을 뿐이지, 대개는 신념정치에 대한 비판자다.

심이 없고, 사회를 생산주의라는 유형에 끼워 맞추는 데 반대한 사람들이다. 인간의 활동에 어떤 종합적인 유형을 덮어씌우는 데 반대했기 때문이다. 이 사람들은 애당초 어떤 판본이든지 신념정치 자체에 반대했기 때문에 이 판본의 신념정치에도 반대했다. 이들이야말로 진실로 회의주의적인 비판을 가한 사람들이다. 만약 "펠라기우스주의적" 인 상태를 증진하는 데 이런 방법이 겉으로 보기보다 더 효율적인 듯한 조짐이 나타났다면 그들은 더욱 강하게 반대했을 것이다. 그들의 반대에서는 비효율이 거의 장점처럼 간주되고, 성공은 효율성 말고 뭔가 다른 기준에 의해 판정되어야 할 일로 암시되었다. 위대한 이름만을 열거하더라도 흄, 버크, 벤담, 매콜리, 그리고 내 생각에는 애덤 스미스에 이르기까지 유명한 저술가들이 여기에 속한다. 이 판본의 신념정치에 대해 스미스가 반대한 까닭은 단순히 일시적인 의심이 아니라 정치적 회의주의라는 원리를 깊게 이해한 결과였다. 이 저술가들이 이 판본의 신념정치에 주목했을 때, 그들의 반대는 단순히 효율성이 낮기 때문이 아니라, 그 안에 들어있는 여러 가지 착각들을 봤기 때문이었다 — 인간 행태에 대한 너무 낙관적인 독해, 모든 활동을 정부가 쉽게 통제할 수 있는 형태로 축소함으로써 인간성을 빈약하게 만드는 경향, 사유재산이 가지는 정치적 중요성을 뿌리에서부터 잘못 파악한 오해, 법으로 하여금 달성할 수 없는 일을 달성하라고 요구함으로써 초래하고 마는 법에 대한 불신, 불안정의 완화에 정부의 주요 책무가 있다고 주장하면서 도리어 그런 정부가 국내외적으로 조장하는 불안정.

III

그러나 의심정치를 단순히 신념정치의 반대로만 바라본다는 것은 불완전한 이해다. 회의주의가 단지 신념에 대한 반작용으로만 태어나지는 않는다. 근대 세계에서 의심정치는 신념정치를 가능하게 만든 여러 사정에 대응해서 태어났다. 그리고 근대 세계의 여러 사정들과 함께 정부의 직무와 작용에 관한 중세적 이해라는 유산이 신념정치의 유지에 필요한 자원을 제공했다.

인간의 활동을 통제할 수 있는 인간의 권력이 엄청나게 커진 맥락에서 유래한 유쾌한 낙관론이 16세기 유럽을 풍미했고, 어느 정도로는 기독교마저 펠라기우스주의의 판본으로 바꿔놓았다. 이 권력의 대부분에 정부가 참여하게 된 것이 신념정치가 나타난 여건이었다. 이에 비해 정치적 회의주의는 근대사의 여명기에 어떤 구체적 근거가 없이 나타난 듯 비칠 수 있다. 당대의 조류를 거슬러, 당시 사태의 추이가 바람직하지 않다는 따위 그저 하나의 추상적인 관념에서 의심정치가 생성된 듯 보일 수 있다. 당대에 이런 관념을 가졌던 사람들이 그 관념에서 회의적인 정치의 스타일과 의식을 세부적으로 뽑아낸 것처럼 보일 수 있다. 그러나 실상을 말하자면, 근대의 역사가 시작하던 장면이 신념의 야망과 기획으로 충만했던 것은 결코 아니다. 정부의 직무와 작용에서 당시의 사정에 따라 발생하고 있던 여러 변화 중에는 회의주의와 더 잘 어울리는 것들도 있었을 뿐만 아니라 태생적 회의주의의 전통도 있었다. 태생적 회의주의란 신념의 확실성에 대한 반감과는 아무 상관이 없는 회의주의다. 그리고 과거로부터 물려받은 회의적 태도 역시 살아있는 유물로 남아 있었다.

정치권력이 증가함에 따라 (신념정치가 태동할 수가 있었던 동시에)

정부의 직무를 더욱 크고 명확하게 규정하게 되었다. 근대의 초기에 정부는 특별한 지위를 가진 (머지않아 "주권" 의 지위가 운위된다) "공공직무" 라는 위상을 가지기 시작했다. 이것은 하나의 인격체인 군주에게 속한다고 이해되었던 권위의 집적과 차별화되었다. 군주에게 속한 권위들은 결국 강화된 사적 권리에 지나지 않는다고 본 것이다. 정부와 공무원들의 법률적 지위가 변천한 역사, 아울러 (예컨대) 영국에서 "비상대권" [111]이 변천한 역사, 그리고 종래까지 왕실의 소득이었던 것이 민족의 금고로 전환된 과정을 기록한 조세와 공공 재정의 역사에 이러한 매개가 기록되어 있다. 이런 변화를 통해 다스리는 활동은 더욱 더 세밀하게 특정화되었다. 그리하여 다스린다는 것은 신민의 활동에 대해 무한정 보호자의 권한을 행사하는 것이 아니라 일련의 특정된 공공적 의무를 수행하는 것이라는 견해도 튀어나왔다. 요컨대 권력이 커짐으로써 신념의 방향으로 추동력이 생겼지만, 이에 따라 정부의 권능이 세밀하게 특정화됨으로써 회의적인 정치의 스타일과 의식을 지향하는 추동력도 생겼다. 직무를 세밀하게 규정함으로써 활동 영역이 제한된 것이다.

정치에서 회의주의가 성장한 데는 이런 사정으로부터 도움을 받은 덕도 있었지만 인간의 권력에 대한 태생적 망설임도 근대 초기까지 살아남아 거들었다. 인간의 능력을 과신하면 안 된다는 망설임은 어려움을 겪기는 했지만, 어쨌든 베이컨 식 기획이 눈부신 전망을 쏟아냈음에도 불구하고 살아남았다. 엘리자베스 시대 그리고 17세기 초엽

111) 비상대권prerogative: 군주정에서 비상시 정해진 절차를 거치지 않고 독단으로 결정할 수 있도록 군주에게 허용되었던 특권. 단순히 "대권" 이라고도 부른다. 언제가 "비상시" 냐는 질문부터 비상대권에 의해 결정되도록 하면, 전제정으로 가는 편리한 통로가 된다. 대다수의 공화정에서도 이를 물려받아 대통령이나 수상의 대권을 인정하지만, 발동요건에 대한 절차적 통제는 헌정에 따라 다르다. (역주)

의 문학 작품에서 흔히 나타나는 의심과 낙담의 흐름을 우리는 중세적 비관론의 흔적인 것처럼, 베이컨과 그 동료들에 의해 낙관론이 소생하기 전의 흔적인 것처럼, 아니면 신앙이 부족해서 조류에 몸을 내맡기지 못하는 주저의 증상인 것처럼 간주하기가 쉽다. 하지만 그 어느 것도 아니고, 다만 인간이라는 종의 권능과 전망에 관해 다른 각도에서 바라보는 견해일 뿐이다. 신념이 아무리 강할지라도 이 다른 각도의 견해를 말소할 수 있을 정도는 아니었던 것이다. 인간의 나약함과 잔악함 그리고 인간적 업적의 무상함에 주목하는 이 암울한 시선을 던[112]이나 허버트[113] 같은 이들은 깊게 느꼈고, 홉스나 스피노자나 파스칼 같은 이들은 철학적으로 정리했으며, 몽테뉴나 버튼[114] 같은 이들은 온화한 아이러니로 취급했다. 이런 시선이 다스림이라는 활동에 관해 궁리하는 대목에 적용되었을 때, 정치적 회의주의의 원천이 되었다. 의심은 신념의 기획 못지않게 신념의 승리 때문에 고개를 들기도 하지만, 그런 의심과는 상관없는 원천이 정치적 회의주의에는 있었던 것이다. 정치에서 신념과 의심을 가르는 경계는 "원죄"의 신조에 대한 믿음 여부라는 말이 자주 돌아다닌다. 하지만 이것은 너무나 성급한 (그리고 모순을 내포하는) 일반화다. 신념정치를 주창한 청교도들이 (그중에서도 예컨대 밀턴이) 원죄의 신조가 중요한 진실이라고 어느 누구보다 확신했을 뿐만 아니라 베이컨 본인조차 원죄를 의심하지 않았다. 반면에 (정치를 명백히 회의적으로 이해했던) 홉

112) 던John Donne(1572~1631): 잉글랜드 시인, 목사. 사랑이나 신앙 등의 주제를 역설, 아이러니, 기상奇想, conceit, 은유에 실어 표현했는데, 적절한 명칭인지에는 아무런 상관이 없이 관행적으로 "형이상학적 시인" 이라고 일컬어진다. (역주)

113) 허버트George Herbert(1593~1633): 잉글랜드 시인, 목사. 던과 더불어 대표적인 "형이상학적 시인" 중 한 사람이다. (역주)

114) 버튼Robert Burton(1577~1640): *The Anatomy of Melancholy*의 저자. (역주)

스와 스피노자는 공히, 겉으로 드러나지는 않을지 몰라도, 깊은 곳에서는 원죄의 신조를 비판했다. 근대의 초기에 회의주의적 정치인을 분간할 수 있는 표지는 "원죄" 를 믿는 것이 아니라, 훨씬 일상적이고 덜 추상적이며 덜 사변적인 어떤 것이다. 신념으로 충만한 시선이 내다보는 도금된 미래의 미끼에 걸리지 않는 모종의 도덕감, 이른바 "아미치티아 레룸 모르탈리움" [115]이라든지; 현세를 착취해야 할 세계가 아니라 하나의 "연극 무대" 로 인식하는 태도라든지; 인간적 기획이 (특히 대규모로 고안될수록) 어떤 결실을 낳을지에 대한 의심이라든지, 이런 것들이 그 표지다. 인류가 어떤 한 갈래의 운동에 몰두하기 전에 적어도 잠시 멈추고 앞뒤를 헤아려봐야 한다는 점을 시사하는 표지들이다. 이렇게 보면, 16세기와 17세기를 자신감과 신념의 시대인 것처럼 그리는 견해는 아주 축약된 그림에 해당한다. 베이컨과 동시대에 활동했던 거인, 미셸 드 몽테뉴만 봐도 당시에 자기들이 바른 길을 가고 있다고 그토록 확신했던 미래지향적 열성분자들과는 비교되는 회의적인 자세를 확인할 수 있다.

몽테뉴는 인간의 능력에 관해 어떤 착각도 가지지 않았다. 인간의 삶에서는 관습이 주권을 가진다. 관습은 두 번째 본성과 같고, 본성 못지않게 강력하다. 그리고 이런 상태는 한탄할 일이 아니라 필수불가결한 일이다. 인간은 워낙 상극적인 요소들로 구성되어 있어서, 활동에 일관성을 누리려면 또는 동료들과 관계에서 평화를 유지하려면 마땅히 지켜져야 할 규칙이라는 지지대가 필요하다. 그러나 규칙의

---

115) amicitia rerum mortalium "죽을 수밖에 없는 것들의 우정" 이라는 뜻으로, 아우구스티누스의 『고백』 제4권 제6장에 나오는 문구다. 아우구스티누스는 "죽을 수밖에 없는 것들의 우정으로 묶여 있는 영혼은 모두 비참하다" 고 말했지만, 오크쇼트는 죽을 수밖에 없는 것들의 우정이 일상적 도덕감의 기반이라는 뜻으로 인용하고 있다. (역주)

덕목은 "정의롭다"는 데 있지 않고, 정착되었다는 데 있다. 실로, 상식적인 표준으로 검토하더라도 현존하는 관습과 시행되고 있는 법은 "부당"하기가 쉽다. 관습과 법이 좁은 지역에 국한되지 않은 경우도 전혀 없고 일시적인 사정에 따라 달라지지 않은 경우도 전혀 없다. 우리가 관습과 법에 복종하는 까닭은 그것들이 득세하고 있기 때문이다. 관습이나 법의 편에서 이보다 더욱 강력한 주장은 나올 수 없다. 인간의 완성에 봉사하도록 사회를 편성한다는 기획, 종합적 행동유형을 신민에게 부과한다는 기획 따위는 인간적 삶의 조건과 어긋난다. 도대체 내가 아는 게 뭔가Que sais-je? 내가 무엇에 관해 그토록 확실하기에 그것을 달성하기 위해 인류의 모든 정력과 활동을 쏟아 부을 정도라는 말인가? 도덕적 통일 또는 (종교적이든 세속적이든) "진리"를 위해 현존하는 사회가 누리고 있는 소박한 질서를 희생한다는 것은 키메라를 위해 모든 사람들의 필요를 희생하는 셈이다. 이제까지 정부는 평화와 "안전"을 확립하는 데 성공했으니 이제부터는 "번영"을 조직하는 기획을 향해 나아갈 때라고 주장했던 낙관적인 역사가들의 실수를 몽테뉴는 자신의 경험을 근거로 교정해 줄 수 있었다.

이 시기의 의심정치는, 특히 잉글랜드에서 추가적인 자원을 지원받을 수 있었다. 습관과 제도를 통해 직접 교훈을 전하며 특별히 정교한 해석이 없이도 이런 스타일의 정치의식을 바로 가리키는 유산이 있었다. 중세 정부는 상대적으로 작은 권력을 행사했을 뿐만 아니라 다스린다는 관념이 한 갈래로 일치했다는 특징을 가졌다. 중세가 근대 세계에 물려준 위대한 제도들은 모두 다양한 종류의 법정이었고, 다스린다는 활동을 **사법적**인 활동으로 이해하는 정치의식이 또한 그러한 제도에 수반되어 전승되었다. 법정이란, 그 직무와 권능을 어떻게 독해하더라도, 인류의 완성을 조직하는 기획을 주도하기에 적합한 종류의 기관일 수가 없다. 부당하게 겪은 고통을 사법적으로 구조하는 일로 다스림이 이해되는 곳에서 회의적인 정치의 스타일이 성장한다.

이는 잉글랜드 의회의 역사와 성격을 보면 가장 극명하게 드러난다.[116] 13세기와 14세기에 의회는 하나의 법정으로 이해되었을 뿐만 아니라, 구성 자체가 기존의 여러 법정들을 모델로 삼아 이뤄졌으며, 단지 그 법정들보다 우위에 있는 것으로 간주되었다는 것이 분명하다. 군과 면의 자영농이 군과 면의 법정에 원고, 피고, 증인, 배심원 등으로서 의무적으로 소환되는 것과 똑같이, 웨스트민스터에 소집된 대표들도 법정에 소환된 소송관계자처럼 인식되었다. 하급 법정에서 소송관계자들의 과업이 법을 "발견" 하고 관습을 "확인" 하는 데 있었던 것처럼, 웨스트민스터에 모인 대표들의 과업도 왕국 전체를 망라하는 더 넓고 더 권위적인 맥락에서, "왕의 법관들" 로부터 자문을 받아 법을 "발견" 하는 데 있다고 이해되었다. 왕의 법관들은 15세기 초까지만 해도 의회를 구성하는 하나의 "신분" 이라고 간주된 것으로 보인다. 13세기 초의 실천들을 보면, "군 법정과 왕의 조정 사이에 직접적인 연결선이 이미 확립되어 자주 활용되었" 음을 보여준다.[117]

웨스트민스터 의회가 하나의 법정으로, 여타 법정들에게 까다롭거나 의심스러운 판단들을 상위에서 정돈해주고 새로 대두하는 부당행

---

116) C. H. McIlwain, *The High Court of Parliament*, 그리고 G. L. Haskins, *The Growth of English Representative Government*를 보라. 내가 얻은 정보는 대부분 이 두 저서에서 나왔다.

117) G. B. Adams, *The Origin of the English Constitution*, p. 321.

위에 대한 새로운 구제책을 마련하며 모든 사람에게 응분의 정의를 발출해주기[118] 위한 법정으로 이해되었다는 사실은 분명하다. 대표들을 한데 불러 모은 (법률전문가들의 손을 거쳐 작성된) 소집명령서를 봐도 그렇고, 갓 태어난 의회라는 제도에 관해 당대인들이 쓴 저술들을 봐도 그렇고, 의회의 회의가 준수한 절차를 봐도 그렇다. 억울함을 구제받기 위한 청원들을 청취하는 것이 의회의 가장 오래된 과업 중 하나였다. 후일 "입법" 이라고 인식되는 활동은 사법적 직권의 행사가 조금씩 (당장에는 거의 감지될 수 없을 정도로) 확대된 결과로 탄생한 것이 실로 명백하다. 의회의 초창기부터 세금에 관해 투표로 결정하는 관행이 생겼는데, 처음에 세금은 의회라 불리는 왕의 최고 법정이 징수하는 수입일 따름으로 이해되었다. 원칙적으로 왕좌 재판소[119]에서 징수하는 "벌금" 과 다르지 않은 것이었다.[120] 이 당시에는 사법, 입법, 행정 사이에 구분이 아직 이뤄지지 않았다는 주장이 어쩌면 있을 수 있고, 여기에도 일리는 있다. 그러나 현재의 논의에서 중요한 점은 사법적 활동이라는 성격이 당시에 잘 인식되었고, "입법" 과 "행정" 이 사법의 문법 안에서 이해되고 있었다는 사실이다.

중세 의회의 성격에 관한 이 모든 이야기는 주지의 사실이다. 이 얘기가 지금 적실성을 가지는 것은 17세기에 이르도록 의회가 여전히 하나의 법정으로 이해되고 있었기 때문이다. 베이컨과 동시대를 살았던

---

118) Haskins, *The Growth of English Representative Government*, p. 6.

119) 왕좌 재판소King' s Bench: 13세기에 창설된 이후 1873년 법원 개혁 이전까지 영국에서 최고재판소의 기능을 수행했다. 여왕이 통치할 때에는 Queen' s Bench라 불린다. 현재는 최고재판소High Court of Justice의 한 부분으로 존속한다. (역주)

120) Haskins, *The Growth of English Representative Government*, p. 111.

한 사람은 의회에 관해 쓰면서, "잉글랜드에서 가장 높고 가장 진실한 법원" 이라고 불렀다.[121] 그 다음 세기 중엽에는 하원을 일컫는 데 "잉글랜드에서 가장 크고 가장 현명한 수사기관" 이라는 문구가 사용되었다.[122] 더군다나 근대 초기에 의회가 처리하는 사업의 목록이 크게 확장되는 와중에서도 재판이 시행되고 판결이 공표되는 법정으로 작용한 경험만은 변함이 없었고 명시되고 있었다. "이 모든 것을 바꿔서 하나의 법정이라는 과거의 관념을 하나의 입법부라는 새로운 관념에 귀속시키는 데는 오랜 시간이 필요했고 더불어 국가의 성격에도 많은 변화가 필요했다." [123] 아울러 변화가 천천히 일어났다는 사실이 곧 ("입법" 없이는 불가능한) 신념정치의 상대적 취약성과 함께 의심정치의 상대적 강점을 보여주는 지표 중의 하나다.[124] 왜냐하면, 앞서 말했던 바와 같이 다스림이라는 것이 법정의 활동으로 인식되는 곳에서는 정부의 직무가 "권리" 를 유지하고[125] "부당행위" 를 구제하는 데 있

---

[121] Sir Thomas Smith, *De Republica Anglorum* (ed. Alstan), p. 58.

[122] *Fitzharris' s Case* (1681). C. Grant Robertson, *Select Cases and Documents*, p. 420을 보라.

[123] McIlwain, *The High Court of Parliament*, p. 121.

[124] 근대 초기에 (다스림이라는 활동이 도처에서 신념의 문법에 의거해서 이해되는 풍조가 확산되던 시절에) 유럽 대륙에서는 대의 기관들이 소멸된 반면에 잉글랜드 의회는 살아남을 수 있었던 이유가 잉글랜드 의회는 사법적 성격이 공인되었다는 점에 어느 정도는 기인한다는 과감한 의견도 나올 수 있을 것 같다. 프랑스의 삼부회처럼 전혀 사법적이지 않았거나 사법 기능을 우선시하지 않았던 회의체들은 사멸했지만, 파리의 파를르망Parlement(고등법원)처럼 사법적인 회의체들은 살아남았다. 정부가 아무리 강력하더라도 법정이라고 이해되는 회의체를 폐지하기는 그런 성격을 가지지 않는 회의체를 폐지하기보다 언제나 훨씬 어려울 수밖에 없다.

[125] "권리" 와 "의무" 도 물론 "자연적" 이라거나 원초적이라고 인식되지 않았다. 권리와 의무 자체도 그에 선행하는 "얽히고설킨 인간적 관계들" 가운데서 사법적 과정을 통해 확립된 것으로 알려졌다. F. M. Stenton, *The First Century of English Feudalism*, p.

는 것으로 이해될 뿐, 영토 내의 모든 신민에게 종합적인 활동 유형을 부과하는 것으로는 이해되지 않을 터이기 때문이다. 요컨대, 근대의 초입에 해당하는 몇 백 년 동안 잉글랜드에서 가장 중요한 정치제도에 관해 가장 확고하게 자리 잡은 해석은 회의적인 문법에 의거한 해석이었던 것이다.

IV

회의적인 스타일의 다스림 그리고 정부를 회의적으로 이해하는 의식도 이처럼 근대 초기에, 특히 잉글랜드에서 확고한 근거를 가지고 있었다. 뒤이어 이러한 원리를 주창한 대변자들이 여럿 출현했을 뿐만 아니라 근대 세계의 사정들이 변화함에 따라 여러 판본의 형태로 의심정치 자체가 적응했다. 의심정치는 신념정치에 명시적으로 반대하는 형태로 표현될 때가 많았고, 한 시대에 나타난 신념정치의 판본에 대해 같은 시대의 문법으로 응수하는 (설득력은 어느 정도이든) 대답을 담고 있지 않은 경우는 없었다. 그렇지만 이 판본들이 취한 주요 패턴은 신념정치의 진행과 굴곡과 변용에 따라 결정되지 않았다. 자체 안에 이미 복잡하게 발전된 관념들이 무엇을 암시하는지에 관한 깊은 탐색, 근대 세계라고 하는 여건 안에서 신념정치가 무엇을 의미하는지를 더욱 온전히 이해하기 위한 노력, 그리고 16세기부터 오늘날에 이르기까지 벨,[126] 퐁트넬,[127] 섀프츠베리,[128] 흄 등의 사

44; Haskins, *The Growth of English Representative Government*, p. 25.

126) 벨Pierre Bayle(1647~1706): 프랑스의 철학자. (역주)

상가들이 양육한 도덕적 회의주의라고 하는 더 넓은 전통에서 발굴해낸 자원 등을 통해서 의심정치는 발전했다. 때로 깜깜한 복도를 맹목적으로 따라간 적도 없지는 않지만 생동감을 상실한 적은 없었다. 그리고 그 승리는 아마도 (문서상으로는) 신념정치의 승리만큼 표 나지 않을지 몰라도 보통은 더 견고했다. 의심정치의 승리는 성찰 상의 승리일 뿐만 아니라 정치적 발명 상의 승리이기도 했다. 근대의 위대한 혁명 셋 중에 둘은 회의주의 스타일에서 시작했다. 첫 번째 혁명은 근대 세계에서 가장 심오하게 회의적인 헌법인 미국헌법을 잉태했지만, 두 번째인 프랑스 혁명은 금세 신념의 길로 빠져 들어갔다.[129] 러시아 혁명만이 의심정치의 덕을 전혀 보지 않았다. 나아가 정치에 대한 회의적 이해는 19세기 초부터 확산되기 시작한 새로운 정치제도와 행동방식에 대해 나름의 독특한 해석 또는 비판을 제공했다.

근대 세계의 정치는 이 두 가지 스타일의 정부가 빚어낸 불협화음이며, 그러므로 어떤 저자나 당파라도 하나를 철저하게 배제하면서 다른 하나에만 밀착한 경우는 찾기 어려우리라는 것이 내가 지금까지 펼친 주장이다. 그러나 회의주의 쪽으로 무겁게 치우친 저술가를 찾아서 신념 쪽으로 기운 사람들 또는 자신의 혼란한 생각을 통해 몸소 불협화음을

---

127) 퐁트넬Bernard de Bovier de Fontenelle(1657~1757): 프랑스의 문필가. 이사야 벌린은 "계몽주의를 가장 대표하는 인물로서, 매우 주도면밀하고 합리적인 삶을 영위해서 100살까지 살 수 있었다" 고 평했다. *The Roots of Romanticism*, p. 32. (역주)

128) 섀프츠베리Anthony Ashley-Cooper, 3rd Earl of Shaftesbury(1671~1713): 영국 정치인, 철학자. 도덕감각moral sense라는 용어를 최초로 사용했다. 로크의 후견인이었던 초대 섀프츠베리 백작(1621~1683)의 손자로, 어릴 때 로크에게 배웠다. (역주)

129) 「인간과 시민의 권리 선언」(1789)은 회의적인 문서였고, 1689년 잉글랜드 권리장전의 전례를 많이 답습했다. 1793년의 판본은 이미 신념정치에 감염되기 시작한 다음이었다.

현시한 (이런 사람 중에서 가장 중요한 인물은 로크다) 사람들과 분별하기는 별로 어렵지 않다. 유명한 정치적 저술가 중에서 원칙의 수준에서 의심정치를 각자 나름의 판본으로 정리해서 주창한 사람을 열거하자면, 스피노자, 파스칼, 홉스, 흄, 몽테스키외, 버크, 페인, 벤담, 헤겔, 콜리지,[130] 칼훈,[131] 매콜리[132] 등을 들 수 있다. 이 명단은 분류가 잘못된 것처럼 보일 수 있다. 다른 관점에서 보면 한데 모아서 안 될 사람들인 것이 사실이다. 하지만 이들 사이에 어떤 차이점이 있더라도(정부 권위의 정당성 및 정부의 구성 원리 등에 관해서도 많은 차이점들을 찾을 수 있을 것이다), 정치적 펠라기우스주의를 모두 거부했다는 공통점이 있다. 정치적 펠라기우스주의는 공동체에게 종합적인 행동 유형을 부과하는 것이 정부가 할 일이라는 믿음으로서, 근대에 출현한 신념정치의 모든 판본에서 뿌리를 이룬다. 이것을 거부한다는 것은 곧 정부가 압도적인 권력을 보유하는 데 대해 의심을 거두지 않는다는 것이고, 모든 정치적 질서가 우연의 소산이며 대다수의 질서는 불가피하게 자의적恣意的임을 인정한다는 것이다. 잉글랜드는 정부를 이런 식으로 이해하는 본고장이었다는 점에서 유별나다. 이런 스타일의 정치를 지지하면서 독자의 안목을 넓혀주는 정치적 저술의 사례가 영어 문헌에는 꽤 많지만 다른 곳에서는 찾아보기가 쉽지 않다. 원칙의 문제를 다루지만 가볍게 건드리기만 하고, 반면에 모든 행에서 회의주의의 문법이 생동하는 저술들이다. 나는 지금 특히 핼리팩스[133]와 버크의 저술, 그리고 조금 낮은 수준으로는 『페더럴리스

---

130) 콜리지Samuel Taylor Coleridge(1772~1834): 잉글랜드 시인, 비평가, 철학자. 워즈워스와 더불어 영국에서 낭만주의 운동을 선도했다. (역주)

131) 칼훈John Caldwell Calhoun(1782~1850): 미국 정치인(7대 부통령), 정치이론가. 노예제를 찬성하고 민주주의를 전적으로 신봉하지 않았으며 소수파의 권리를 옹호했다. (역주)

132) 매콜리Thomas Babington Macaulay(1800~1859): 잉글랜드 휘그파 정치인, 역사가. 제임스 2세부터 윌리엄 3세까지의 시대를 다룬 『영국사』를 저술했다. (역주)

트 페이퍼』134)의 저자들을 염두에 두고 있다.

의심정치가 승리한 최초의 사례는 정치와 종교의 구분이 인정된 때였다. 물론 초기 기독교에서도 암묵적으로는 이 구분이 있었고, 아우구스티누스는 심오한 통찰을 곁들여 이를 이론화했다. 그러나 사정이 변하면서, 특히 근대 세계로 접어들면서 신념정치가 그 경계를 제거해 버린 까닭에 이론적으로나 실천적으로나 경계를 새로 정립할 필요가 생겼다. 어쨌든, 이미 17세기에도 이 구분이 복구되는 조짐이 나타나기는 했지만 어느 정도로 복구되었는지는 당시 각 지역의 사정에 따라 다를 수밖에 없었다. 회의주의의 큰 줄기가 할 수 있었던 일은 종교적 "진리" 를 결정하는 과업을 정부에게 맡기는 것은 부적절하다는 견해에 힘을 실어주고, 그럼으로써 만약 정부가 어떤 형태의 믿음이나 예배를 확정해서 강제한다고 하면, 그것이 "진리" 이기 때문이 아니라 확정된 종교가 없는 탓에 발생하는 것으로 보이는 무질서 때문이어야만 한다는 견해를 촉진하는 정도에 불과했다. 이 시기에 정치적 회의주의가 마주친 즉각적인 과제는 정치에서 종교적 "열광주의" 를 제거하는 일이었다. 그리고 이 주제를 더욱 발본적으로 공략할 수 있도록 여건이 성숙한 것은 훨씬 나중의 일이었다. 시간이 지나면서는 이것이 최종적으로 해결될 수는 없는 문제임이 점점 분명해졌다. 신념정치의 한 양상은 정치와 종교의 통일을 끊임없이 다시 주장하는 식으로 나타난다. 이 양상에 주목해서 바라보면,

---

133) 핼리팩스George Savile, 1st Marquess of Halifax(1633~1695): 잉글랜드 정치인, 문필가. 휘그파 지도자 섀프츠베리(주 128에 나오는 섀프츠베리의 조부, 로크는 이 집안에서 의사와 가정교사로 일했다)와 정적 관계였지만 명예혁명의 명분에는 동조했다. (역주)

134) 『페더럴리스트 페이퍼*The Federalist Papers*』: 미국 연방헌법 제정기에 존 제이, 알렉산더 해밀턴, 제임스 매디슨이 미국 연방정부의 창설을 주창하기 위해 쓴 신문 논설문들을 모은 책. (역주)

정치적 활동으로 하여금 종교의 전선前線에서 물러나도록 지속적으로 말리는 일이 회의주의가 담당해야 할 포괄적인 과제다. "진리" 또는 "정의"를 표상한다는 믿음 때문에 어떤 총체적인 활동의 유형이 고안되어 부과됨으로써 다른 모든 일들이 지워져버릴 위험이 닥칠 때마다 시민적 질서와 평온의 가치에 언제나 주의를 환기하는 과제가 그것이다. 「휴디브러스」[135] 또는 그보다 2세기 후에 글래드스턴의 『교회에 대한 관계로 살펴본 국가』에 관한 매콜리의 논설에[136] 나타난 문제가 단순하고 직접적이었던 데 비하면, 최근에 정치와 종교가 근접하면서 정치적 회의주의가 봉착하는 문제들은 복잡하고 간접적이다. 그러나 문제 자체는 하나일 따름으로, 같은 문제가 시대에 따라 다른 모습으로 반복되고 있는 것이다.

잉글랜드에서는 18세기의 어떤 대목에서 의심정치의 스타일이, 그 시점에서만은, 위대한 승리를 거뒀을 뿐만 아니라 최초로 근대적인 옷을 입고 자신을 드러냈다고 말할 수 있다.[137] 의심정치의 장비들을 근대화하고 그 원칙들을 당대에 맞춰서 재현한 것은 휘그파 정치인들의 업적이자, 핼리팩스, 흄, 버크 등, 저술가들의 업적이었다. 종전까지 중세의 유산으로만 남아있던 것이 정치적 활동과 이해의 한 양식으로 정형화되어 실천되고 근대적 문법을 통해 표현되었다.

---

135) *Hudibras*: 새뮤얼 버틀러Samuel Butler(1613~1680)가 영국 내전을 보고 쓴 풍자시. 청교도와 장로교도 등, 내전에 가담한 의회파의 열심을 부질없고 어리석은 종교적 분파주의라고 조롱했다. (역주)

136) 글래드스턴은 1839년에 출판한 책, *The State in its Relation with the Church*에서 교회의 이익을 보호하고 증진하는 것이 정부의 임무라고 주장했다. 이에 대해 매콜리는 1839년 『에든버러 평론*Edinburgh Review*』 4월호에 서평을 기고하면서 종교적 진리의 전파는 정부의 임무가 아니라고 비판했다. (역주)

137) H. Butterfield, *The Englishman and his History*, Part II.

이 스타일이 어떤 정당의 배타적 자산이 (잠시 동안은 혹시 그랬을 수 있지만) 아니었다는 흥미로운 사실에 여기서 다시 한 번 주목할 필요가 있다. 그 시기에는 잉글랜드에서 정치활동의 조류가 회의주의의 방향으로 전환되었다. 어쩌면 이 시기의 가장 위대한 성취는 근대의 회의적인 외교 방식이 어떤 원리를 배경으로 삼아 어떻게 실천되는지 그리고 다른 국가들과의 관계를 어떻게 맺을 것인지를 정밀하게 해명한 데 있는지도 모른다. 이런 방식은 과거에 종교적 십자군과 혼동되던 외교정책에는 끼어들 자리가 없었다. 그러나 신념의 업적이 그랬던 것처럼, 회의적인 스타일의 우위 역시 하나의 과도기가 아니라 우리의 정치사에서 하나의 계기였다. 이후로는 신념이 다시 고개를 들면 의심이 물러날 압박을 받게 되었다. 그러나 정치적 회의주의의 원리들은 물러나기 전에 해당 시기에 적합한 방식으로 재구성되었다.

이러한 정치 스타일의 특징은 때때로 회의주의가 누린 승리보다는 실패에 의해 더 잘 드러난다. 실패란 이것이 신념정치로 대체된 시기를 가리키는 것이 아니라 본래의 성격에 어긋나는 행태를 보일 때를 가리킨다. 근대 시기에 의심정치가 실패한 대표적인 사례는 자연권의 정치 그리고 공화주의의 정치와 어울리지 않는 결혼을 했을 때였다.

정부의 직무를 적절한 질서의 유지, 권리와 의무의 보전, 그리고 억울함의 구제 등으로 이해하는 스타일의 정치가 나름의 굳건한 근거를 확립하려고 애쓰는 것은 어쩌면 불가피할지도 모른다. 우리가 현재 권위를 인정하는 질서와 행동방식이 단지 실태와 습관에 불과한 것이 아니라 "정의" 와 "진실" 을 대변하며, 시간과 장소의 변화에 따른 부침을 겪지 않을 확실성을 담고 있다고 다짐하고 싶은 충동은 언제나 강력하다. 그렇지만 그런 충동은 본령상 신념에 속한다.

회의주의에 그런 것이 가끔 섞이는 경우가 역사에 없지는 않지만, 신념에서 연유한 하나의 감염, 다시 말해 신념의 승리가 그럴듯해 보이는 탓에 회의주의가 일시적으로 자신의 본성을 포기한 사례로 간주되어야 한다. 나아가 보호되어야 할 권리와 의무는 "자연적" 이며, 그것이 그토록 자연적이기 때문에 보호되어야 한다는 발상법 안에서 그런 근거를 찾아내고자 했던 시도는 17세기의 사조 안에서 주어진 기획이었다. 이 점에서 유럽을 이끈 저술가는 존 로크였다. 그는 근대의 모든 정치적 저술가 중에서 가장 야심적인 인물로, 정치적 회의주의자였으면서도 부주의하게 정부에 관한 회의적 이해 위에다가 신념의 문법을 덧씌웠다. 그러나 이런 기획이 얼마나 본령과 어울리지 않는지는 금세 드러났다. "권리" 와 "의무" 는 역사적 성취라는 것이 주지의 사실이기 때문이다. 어떤 피해를 입은 사람이 사법적 심문을 통해 일반적으로 익숙하게 정착된 행동 방식 안에서 어떤 "권리" 와 "의무" 를 끌어낸 결과인 것이다. 그랬던 것을 "자연적" 권리와 의무로 둔갑시킨다는 것은 회의적 해석의 핵심에 해당하는 우연적 성격을 부인하고, 회의적 이해에서는 인정될 수 없는 절대성과 영속성을 거기에 부여하는 셈이었다. 정치적 회의주의로 하여금 자연권의 정치와 맺은 부자연스러운 결혼에서 철수하도록 불러들인 소환장은, (충분히 비판적이었던 적이 한 번도 없었던) 벤담의 비판이 아니라, 버크와 헤겔의 천재성 덕분에 작성되었다.

의심정치가 저지른 모든 오류 가운데서도 가장 이상한 것은 근대 공화주의의 역사 안에서 나타났다. 앨저넌 시드니[138]처럼 공화주의를

---

138) 시드니Algernon Sydney(1623~1683): 영국 공화주의자 정치인. 내전기에 의회파였지만, 찰스 1세의 처형에는 반대했다. 찰스 2세의 치세 말기에 반역죄로 처형당했다. (역주)

정서적으로 애호한 사람도 있었다. 그는 공화주의를 새로운 예루살렘으로 여겼을 뿐 더 이상은 탐구해 들어가지 않았다. 반면에 자기들이 좋아하는 종합적인 행동 양식을 정부를 통해 부과할 수 있고, 어떤 외생적 변수 또는 당파적 이익으로 인한 변경을 방지할 수 있는 유일한 길 또는 최선의 수단이 오직 공화제 정부뿐이라고 믿은 사람들도 있었다. 이런 사람들에게 공화주의란 무제한적인 권력을 믿고 맡길 수 있는 정부를 대변했다. 공화주의자들의 손아귀에 들어있는 한, 무제한적인 권력이 "공동선" 을 위해 아무 오류도 없이 사용될 터이기 때문이었다.[139] 이것은 신념의 문법으로 해석된 공화주의다.

그러나 역사적으로 공화주의에 관해 더 중요한 해석은 회의적 해석이다. 회의적(이렇게 생각한 대표적인 저술가는 토머스 페인이었다) 공화주의자는 공화제 정부의 구성이야말로 정부의 활동을 제한하는 데 오류를 낳지 않는 수단이라고 봤다. 비용이 덜 드는 정부, 신념의 사업에서 손을 떼고 평화와 질서를 유지하는 필수업무에 집중하는 정부, 요컨대 회의적인 스타일에 돌이킬 수 없도록 고정된 정부를 세우는 길이라고 본 것이다. 여기서는 권력의 행사가 결코 인간의 완성을 위해 복무할 리는 없는 정부 형태라는 이유에서 공화주의가 수용된다. 그리고 이 믿음이 변형된 결과, 보통선거권이나 인민의 선거에 의한 정부 따위 간단한 장치가 과도한 정부권력을 방지하는 대책이라는 회의적 신념의 뿌리가 형성되었다. 벤담과 제임스 밀의 저술에서 이런 회의적 신념이 나타난다. 그렇지만 의심정치가 겪어 온 운수에서 공화주의와의 결합이라는 것은 마땅히 신념에 속하는 전망과 충동에게 굴복한 셈과 같다.

---

139) Lamartine, *La France Parlementaire*, II, p. 109를 참조하라.

특별한 방식으로 정부를 구성하고 권위를 정당화한다면 그 정부 권력이 (그리고 바람직한 권력이) 일체의 오류 없이 오직 한 갈래의 방식으로 행사되리라는 믿음은 신념정치에나 어울리는 착각이다. 그리고 페인이나 프라이스[140] 같은 사람들이 (그리고 어느 정도는 그들에 앞서서 밀턴 같은 사람이) 이런 믿음을 마음속에 품었다는 사실은 정치적 회의주의의 원리에 대한 그들의 파악이 얼마나 불안정했는지를 보여준다. 정부가 특정한 방식으로 구성되기만 하면 엄청난 권력이 정부의 손아귀에 들어가더라도 탈이 없다는 믿음은 애당초 인간의 행태를 어떻게 읽어야 할지에 관해서 정치적 회의주의의 시각을 가능하게 만들어 준 이치를 망각한 사람만이 마음속에 품을 수 있는 종류이기 때문이다. 이 저술가들이 (권력을 제한하는 장치로서는 현실적이지도 효과적이지도 못했음에도 불구하고) 의회를 매년 소집해야 한다고 고집했다는 점은 그들이 스스로 회의주의를 완전히 망각하지는 않았다는 지표로 봐도 된다. 그러나 의심정치가 이런 불일관성을 떨쳐내기 시작한 것은 단지 최근의 일로, 현대의 경험에서 나온 압박 덕택이다.

V

신념정치가 겪은 운수에 비해서 의심정치의 운수를 추적하기는 어렵다. 근대 정부는 (우발적이든 그렇지 않든) 권력이 확대되는 기회

---

140) 프라이스Richard Price(1723~1791): 웨일즈의 도덕철학자, 비국교파 목사. 발본적 자유주의 및 공화주의의 입장에서 많은 정치적 격문을 남겼다. (역주)

들을 누려왔는데, 그런 권력의 확대는 종종 맹목적으로 신념정치를 수반했다. 신념정치의 운수를 기록한다는 것은 주로 거창한 고안을 실행한다는 명목으로 선전된 기획을 기록하는 것이다. 시간이 흐르면서 전술은 변했지만, 정부를 이해하는 방식에서는 지난 두 세기 동안에 의미 있는 발전이 없었다. 반면에 회의적 스타일의 운수는 어떤 기획들이 수행된 이야기가 아니고 몇 가지 예를 제외하면 정치적 창의성의 이야기도 아니다. 의심정치의 운수는 당대의 사정에 적실성을 가질 수 있도록 정부에 대한 이해를 계속해서 재정립하는 이야기라고 보는 편이 온당하다. 그러한 적실성을 유지하는 데 회의주의가 언제나 성공했던 것은 아니다. 신념의 방향으로 끌어가는 흡인력이 너무 현저해서 수세에 몰린 적도 있었고, 갑자기 권력이 확대되는 바람에 휩쓸려 잘못된 길로 빠진 적도 있었다. 그러나 대체로 말해서 의심정치는 우리 정치활동 가운데 이 편 기둥에서 나오는 자력을 생명력 있고 적실성 있게 유지하는 것을 자신의 과제로 이해해왔다. 신념정치에 비해 더 높은 정도의 자기 기강과 자기 파악을 향유해왔고, 자신의 중요성을 실제보다 더 크게 과장하는 잘못에 빠진 적이 드물다.

지난 백 년만을 보면 의심정치의 가장 큰 업적은 지적인 방면에서 이뤄졌다. 간단한 방편 몇 가지로 대단한 결과를 기대하는 식의 신념을 멀리하는 데 성공한 것이다. 그런 따위 신념이 과거에는 의심정치의 성격을 제약했고 유용성을 폄하했다. 오랫동안 의심정치가 주창한 방편 중의 하나인 권력분립의 신조를 둘러싸고 일어난 일보다 이 점에 관해 더 좋은 사례는 없다. 다스림에 포함되는 특정 활동들이 서로 다른 사람들의 손에 맡겨짐으로써, 정부가 행사하는 전체 권력이 분산되도록 만드는 기계적인 장치로 권력분립을 간주하던 때가 있었다. 하지만 권력을 제한하기 위한 실천적인 원리라는 의미에서 보면 권력분립은 어떤 공동체의 정치구조와도 부합한 적이 없다. 그리고 하나의 기계장치라는 의미에서 보면 권력분립은 잉글랜드인들의 정치 행태 안에서도 분명히 담겨있지 않고, 대체로 잉글랜드에서 영감을 받아 발명되어 건설된 다른 여러 나라의 헌정구조에서도 작동한 적이 없다. 그러므로 지난 150년 동안 권력분립이 중요성을 획득하기보다는 상실한 것이 놀랄 일이 아닌 것이다. 권력분립은 신념의 사업에 대한 방해물로 금세 제척되었다. 신념이 가장 기승을 부린 곳에서는 권력분립 중에서 가장 아낌을 받았던 항목인 사법권의 독립조차도 붕괴의 조짐을 보였다. 그렇지만 이것을 너무 고색창연해서 근대적 사정에는 쓸모가 없어진 하나의 장치로 여겨 폐기하는 대신, 정치적 회의주의는 이 과도하게 형식적인 신조로부터 더욱 심오한 원리를 끌어내고, 정치를 읽는 데 현대의 여건에 뚜렷이 적실한 새로운 방식을 뽑아냈다. 요컨대 권력 행사를 여러 가지 특정 활동의 갈래로 나눔으로써 정부를 제한하는 기계적 장치로 이해되던 상태에서 벗어나, "권력분립"은 정부를 위시해서 모든 거대한 권력집중에 대한 의심을 체현하는 원칙으로 이해되기에 이른 것이다.

현대에 의심정치는 스스로 해야 할 사업을 다음과 같이 이해한다. 첫째, 무슨 일이 벌어지고 있는지를 탐색한다. 둘째, 정부가 자신의 영원한 직무, 즉 사회의 현재 여건과 활동에 비춰서 적실성을 가지는 질서와 균형을 유지하는 직무를 가장 경제적으로 이행할 수 있는 길을 알아낸다. 셋째, 정치활동을 이러한 목표에 맞추도록 불러들이고, 정치적 창의성을 이러한 방향으로 집중시킨다.

신념이 발휘한 흡인력 때문에 대규모로 집결된 권력들이 출현했다. 근대의 정부는 집결된 권력 중에서도 주를 이룬다. 집결된 권력 자체로부터 어떤 "선善" 이 샘솟으리라는 이유로 변론이 펼쳐지는 경우는 별로 없지만, 권력이 일반적으로 증가할 때 그 중 대부분이 정부 손에 들어가야 나머지가 통제될 수 있다는 사이비-회의주의적 근거로 변명이 이뤄진다. 게다가 정치적 관심이 당장의 기획에만 고착되고, 목적이 이렇게 집중된 결과로 어떤 전치[141]현상이 발생하는지는 아예 간과되거나 아니면 오직 불충분하게만 고찰되는 등, 정치활동이 좁은 통로에 억지로 끼워 맞춰진다. 이에 비해 머나먼 미래에 관해서는 불균형적으로 많은 관심이 몰리고, 인간의 활동이 언제나 최대한의 범위까지 연장되는 바람에, 불가피한 위급상황에 대처할 수 있는 여지는 남지 않게 된다.[142]

이런 점에서 회의주의가 상황을 읽는 방식에 따르면, 현대 정치에서 복구되어야 할 항목은 관심의 균형과 권력의 균형이다. 예를 들어, 어떤 활동이든지 전적으로 과거에 의해서만, 또는 현재에 의해서만, 또는 미래에 의해서만 결정되는 상태는 균형을 상실한 것으로 인식된다. 아울러 이와 연관되는 의미로, 현대 정치의 불균형은 미래에 지나치게 몰두한 데서 기인하는데, 미래에 대한 몰두는 신념정치에서 나오는 압력 때문으로, 과거와 현재에 벌인 사업에 대한 우리의 공감을

---

141) 전치轉置, displacement: 정부가 기획한 사업의 여파로 해고, 이직, 인구의 지리적 이동 등, 개인들이 일상생활의 터전을 바꾸거나 상실하게 되는 현상을 가리킨다. (역주)

142) 내연기관 그리고 원자력과 같은 형태로 출현한 권력에 대응해서 우리가 도덕적으로 준비되지 못한 것은 신념정치에 너무 오래 몰두한 탓이라고 말해도 부당하지 않다고 나는 생각한다. 신념정치가 정치를 이해하는 방식에 따르면, 권력에 접근하는 모든 길을 일단은 "선" 이라고 본다. 그리고 권력에 접근하는 어떤 특정한 길이 위험한 것으로 판명된 경우에도, 신념의 습관은 임기응변적인 정치적 장치 한 조각을 가지고 그 위험을 피할 수 있으리라고 상정한다. 회의주의의 저수량이 꾸준해야만 변화가 이미 일어난 다음뿐만 아니라, 변화가 지금 일어나고 있을 때 그리고 관리할 수 없을 정도의 불균형에 도달하기 전에 변화를 매개하고 변화를 통제할 수가 있다. 그러나 신념은 회의주의의 저수지를 적대시한다.

파괴함으로써 인간 활동의 연속성을 파괴할지 모를 위험을 안고 있다. 균형을 회복하기 위해서는 정치를 하나의 관습으로 이해하는 인식이 촉진될 필요가 있다 – 관습 안에서 과거와 현재와 미래가 각각 목소리를 낸다. 그리고 때에 따라 이것이 주도하고 저것이 주도할 수도 있겠지만, 어떤 것도 배타적인 관심을 받지는 않는다.

다시 말하거니와, 인간과 사물을 통제하고 세계를 착취하는 우리의 권력이 새롭게 증가할 때마다 신념정치는 그런 진행을 무비판적으로 환영했다. (이 환영은 거의 순전히 경제적 번영에 관한 고려에 의해 결정되었다.) 이로 말미암아 권력이 대규모로 집중되어 거의 주권적 지위에까지 오르고, 사회에서 정상적으로 발생하는 긴장은 거인들이 벌이는 전쟁과 같은 격으로 탈바꿈했다. 작은 평형추들이 파괴되고 오로지 거대한 추만이 남은 탓에, 그 결과 저울이 한쪽에서 다른 쪽으로 거칠게 요동치는 바람에 권력의 균형은 불가능하게 되었다. 균형의 가능성이 복구되기 위해서는, 회의주의자가 이해하듯이, 현재 인간에게 가용한 권력이 수많은 반半–독립체들 사이에서 다시 분산되어 행사될 필요가 있다. (이 틈에서 주체로서의 개인은 가능한 한 조건이 붙지 않은 사유재산의 권리에 의해 반–독립적인 상태로 보호 받을 필요가 있다.) 반–독립체들 각각은 (정부를 포함해서) 그 어느 것도 사회에 단일하고 종합적인 행동의 유형을 부과하기에 충분한 권력을 누리면 안 된다.

나아가 권력이 수많은 수혜자들 사이에 분산되어 행사되는 사회적 균형 상태가 언제나 아슬아슬하다는 사실을 회의주의자는 알고 있다. 시작에서부터 권력의 분산을 촉진하는 구조 안에서도 시간이 지남에 따라 지나치게 강하거나 심지어 절대적이기까지 한 연합, 동맹, 또는 제도가 잉태되기 마련이다. 이것들은 그렇게 커지기 전에 자기들이 받았던 인정과 충성을 커진 다음에도 계속해서 요구한다. 우리는 이런 변화를 인식할 수 있도록 명료한 시야를 갖춰야 하고, 불균형이 아직 작을 때 치유책을 실천할 수 있도록 활력적이어야 한다. 일정한 구조에다가 영속적인 성격을 잘못 고착시키도록 혼란으로 인도하는 경직적인 신조에서 탈피하는 것만큼 명료한 시야에 기여하는 것은 없다. 회의주의자의 판단에 따를 때, 최선의 제도라는 것은 확고하며 자기 비판적인 성격을 지니고서, 권력을 나눠 가지는 혜택을 입은 여러 편린 중 하나일 뿐으로 스스로를 인식하지만, 동시에 절대주의로 초대하는 불가피한 유혹을 거절하는 제도다. 하지만 사람들이 그렇듯이 제도 역시 내버려두면 자신의 한계를 넘어갈 것으로 예상해야 한다. 따라서 제도들이 자기 자리를 벗어나지 않도록 균형을 유지하는 것이 정부의 직무가 되어야 한다.

사정이 이와 같을 때, 정부에게 다른 모든 권력들과 권력의 결합들을 제어할 수 있도록 비상한 권력이 부여되어야 할 것처럼 생각될지도 모른다. 하지만 회의주의자는 이런 생각을 가지는 성향이 아니다. 회의주의자가 인간의 행태를 읽는 방식에 따르면, 다스리는 활동에 종사하는 사람들이 다른 활동을 추구하는 사람들보다 자제력을 더 발휘할 이유가 없고, 다스리는 자들이 다른 사람들보다 무절제가 덜 하리라고 예상할 이유도 없다. 그러므로 회의주의자의 이해에 따르면, 다스림에 필요한 권력은 다수의 거대한 권력들로 구성된 세계에서 그것들을 총괄하는 권력이 튀어나올 때보다 서로 경쟁하는 권력결합들 각각이 애당초 거대하지 않을 때 더욱 경제적으로 집성될 수 있다. 총괄적인 권력은 정부의 온당한 직무 수행이라고 봐줄 수 없을 정도로 조잡한 이기심이 정부를 좌지우지하고 있다고 선고할 수 있을 만큼 아주 다양한 개인들과 이익들이 결합해서 굉장히 광범위한 권력을 향유하면서 정부에 맞서고 있을 때에만 필요할 터이기 때문이다. 보통의 경우, 정부는 어떤 특정한 경우에 어떤 하나의 다른 권력중심에 집결된 권력보다 더 큰 권력만 확보하면 충분하다.

그렇지만 한 가지 더, 회의주의자는 권력의 사용과 관련해서 괄목할 만큼 경제적인 다스림의 방식이 이른바 "법의 지배" 에 있다고 관찰하고 그 방식을 승인한다. 만일 다스리는 활동이 사회의 습관과 구성에 대해 지속적으로 또는 간헐적으로 간섭하는 일이라면, (단일한 활동 유형을 부과하려고 고안된 시책은 논외로 치고) 그때그때 자의적으로 제정된 조치만을 시행한다고 해도 정부의 행동 각각은 임기응변적인 간섭일 테니 비상한 권력이 필요하게 될 것이다. 더욱이 정부에게는 이와 같은 비상권력이 있더라도 사회에는 와해로 가는 동력을 끊임없이 막아낼 압력을 발휘할 보호구조가 결여되어 있을 것이다. 다만 법의 지배에 의한 정부는 권력의 분산을 촉진하기 위해서 존재하는 동시에 스스로 권력의 분산을 상징하면서도, (다스리는 자와 다스림 받는 자를 똑같이 구속하는 확립된 규칙이라고 하는 미리 정해진 방법으로 강제를 행하는 만큼) 힘의 세기가 약화되는 일이 없다. 이는 권력의 사용이라는 면에서 가장 경제적인 다스림의 방법이다. 여기서는 과거와 현재 사이, 그리고 다스리는 자와 다스림 받는 자 사이에 제휴가 이뤄져서 자의성의 여지를 남기지 않는다. 이는 절제의 전통, 그리고 위험한 권력결합의 발호에 대한 저항의 전통을 장려한다. 마구잡이식 발작이 때로 성공할 수는 있지만, 그보다는 이러한 저항의 전통이 훨씬 효과적이다. 법의 지배를 통한 정부는 효과적으로 통제하면서도 전반적인 활동의 긍정적인 흐름을 깨뜨리지는 않는다. 그리고 정부로부터 기대해도 좋을 제한적이지만 필수적인 서비스의 종류를 실천적으로 규정한다. 그리하여 허황하고 위험한 기대를 가지지 못하도록 우리를 제지하고, 과도한 야심을 가지지 못하도록 정부를 제지한다. 만약 현대의 회의주의자가 과거처럼 형식적인 의미로 "권력분립" 의 신조를 해석하는 일이 다시 벌어지더라도, 그것은 "정부의 권력" 을 분점하는 특정 부분 각각이 어느 정도의 독립성을 유지할 때 발생하는 이익을 지키기 위해서일 뿐만 아니라, 수많은 상이한 이익들, 개인들, 직책들 사이에 권력이 상통하면서 공유되는 형태의 다스리는 방식이 적절하다는 사실을 관찰하기 위해서일 것이다. 말하자면, 내각과 대의적 회의체 사이에, 장관과 상임직 공무원 사이에, 그리고 어쩌면 상이한 이익을 대변하는 여러 개의 회의체들 사이에 제휴관계로 표현되는 정부를 가리키기 위해서일 것이다.

이런 종류의 회의주의적 스타일의 정치가 현대의 정치 활동에서 어떤 강점을 가질지는 미래를 내다볼 능력이 있다고 스스로 생각하는 사람이나 예측할 수 있을 것이다. 어쨌든 현재 우리네 정치가 이런 조류를 타고 있다고는 말할 수 없다. 하지만 지난 150년 동안 정치적 회의주의의 흡인력이 없었거나 약했다면, 실제와는 다른 역사가 전개되었을 것이다. 이 역사가 급격한 변동을 촉진하거나 종합적 활동 유형을 부과하는 역사가 아니라 그때그때의 변화들을 매개하고 작동 가능한 구조를 확보하며 명백한 불균형을 제거하기 위한 일련의 정치적 방편들의 역사였던 만큼; 사변적 관념들과 거창한 야심들이 종속적인 역할을 수행했던 만큼; 변화들이 이른바 각각의 "논리적" 결론에 이르기까지 밀어붙여 지지 않았고 "대칭" 을 향한 충동이 분별 있는 한도 안에 머무른 만큼; 그리고 뜬금없는 변전이 기피되고 마술 같은 변혁이나 환상적인 사업시도가 절제된 만큼; 다른 점들은 몰라도 이런 점들에서는 의심정치가 존재감을 드러냈다. 적어도 잉글랜드에서는 의심정치의 영감이 신념정치에 대한 단순한 반대에 불과했던 적은 없었다. 그것은 정부의 직무에 관한 한 가지 이해방식이었는데, 대체로 잉글랜드 정치의 고대 전통의 일부에서 도출되어, 각 세대를 지나가면서 끈기 있게 그리고 반복적으로 고찰되어 오다가, 근대 세계의 상황에 적용된 이해방식이었다.

제5장 신념과 의심의 네메시스

I

나는 근대 유럽의 정치활동과 정치의식에서 나타나는 독특한 본질은 정치에 내재하는 이질성과 복잡성에서 파생되는 내부 운동의 잠재력이라고 지금까지 주장해왔다. 이 운동은 역사적으로 두 개의 기둥을 각각 극단적 한계로 두고 전개되었는데, 그 두 극단을 나는 각각 신념정치와 의심정치라고 불러왔다. 우리의 정치활동이 두 극단 중 하나에 고착되어 동력을 상실하는 지경에 가까워지면, 또는 둘 중 하나의 방향으로만 흘러가는 기세가 뚜렷해지면, 정부의 직무를 수행하고 이해하는 두 개의 상반되는 스타일이 암시되고 나아가 나타나기도 했다. 우리의 정치활동은 언제나 이 두 방향 중 하나를 따라가지만, 한쪽 방향을 취해 따라가다가도 머지않아 이내 다른 쪽 기둥이 발휘하는 흡인력에 의해 끌려가기 때문에 이와 같은 상태를 어떤 사람은 두 개의 역사적 극단 사이를 오가는 파동이라고 묘사할 수도 있고,

어떤 사람은 두 가지 상반되는 다스림의 스타일이 형성하는 불협화음이라고 묘사할 수도 있다. 마지막으로, 나는 우리네 정치언어의 악명 높은 모호성은 전에는 분명했던 어휘가 요즘 들어 유독 정직하지 못하게 타락한 때문이 아니라, 우리가 정치에 잠재하는 내부 운동의 한 지점에 처했을 때, 다스림이라는 활동을 이해하는 방식은 다양하지만 그것을 표현하기 위해 사용할 수 있는 언어는 똑같은 한 벌밖에 없기 때문이라고 주장해왔다. 요컨대, 이 모호성은 일반적인 모호성에 그치지 않고 특정한 모호성이다. 이 모호성의 특정한 성격은 우리가 그 사이를 왔다 갔다 하는 두 극단의 특정한 성격에서 파생하기 때문에 그것을 이해하기 위해서는 우리 정치가 어떤 기둥들로 구성되어 있는지를 정확하게 고찰해야 한다. 이 극단들의 성격을 철저하게 고찰할수록 근대 정치가 어떤 곤경에서 허우적거리고 있는지를 더욱 분명하게 인지할 수 있을 것이다.

이 두 가지 상반되는 정치의 스타일 중에서 하나를 취하면 동시에 그 전형적인 네메시스가 깨어나게 된다고 말할 수 있다. 하지만 양 스타일 모두에 관해 네메시스는 상대편의 스타일을 파멸시키는 외부자가 아니고 하나가 자기 길을 고수하면 결국 빠지게 될 운명에 불과한 것도 아니다. 한 스타일만이 득세한 상태로 우리 정치가 지평선의 끝에 도달하면 어떤 꼴일지 어렴풋하게 짐작이 되기 때문에 두 스타일 중 어느 것도 상대편에게 최종적으로 항복하지 않는 상태가 계속되는 것은 틀림이 없다. 그러나 내가 고찰하려는 방향은 그런 것이 아니다. 내가 지금 말하려는 네메시스란, 이 두 스타일 각각이 자신의 성격을 드러내는 고백 또는 계시와 같다. 그러므로 이에 관한 탐구는 만약 우리 정치활동이 한쪽 극단의 끝에 도달하여 고정되어 버렸을 때 무슨 일이 벌어질지를 파악하려는 탐구인 동시에, 두 극단 자체에 관해 더욱 명료한 이해에 도달하려는 탐구이기도 하다.

두 스타일 각각의 구체적 현현은 정치활동을 통해 또는 지지자의 저술을 통해 나타나는데, 어떤 경우든 구체적 현현에 의해 각 스타일에는 조건이 붙는다. 우리의 정치세계를 하나가 다른 하나를 배제하면서 꽉 채운 적은 없다. 각 스타일은 언제나 상대편에게서 빌려온 장식들에 의해서 위장되고, 어떤 특정한 시점에서 자신을 보호하기 위해 취했던 자세를 회고함으로써 희석되며, 일시적으로 나타났던 판본에 담겼던 우연한 특징들에 의해 규정된다. 그렇지만 두 스타일 각각은 어디에도 얽매이지 않은 성격을 가지고 있는데, 이 성격은 홀로 존재했더라면 드러났을 테지만, 각 스타일이 상대편과 더불어 현현하는 한 결코 온전히 드러나지 않는다. 이제 나는 이 얽매이지 않은 성격을 해당 스타일의 네메시스라고 본다. 왜냐하면 각 경우에 그것은 자기 파괴적인 성격이기 때문이다. 우리의 정치 어휘가 신념 또는 의심 한쪽에만 배타적으로 해당하는 어휘일 때, 단어들은 모호성을 잃어버린다. 그러나 동시에 그렇게 모호성을 상실한 단어들이 대변하고 시사하는 정치활동의 방향을 계속 추구하게 되면 그 단어들 자체가 파괴되고 만다. 실로 그렇게 될 수밖에 없다. 지금 우리가 논하는 우리 정치의 두 극단은 각각 따로 하나의 구체적인 다스림의 방식이나 하나의 정합적인 정치이해를 마련하고 있으면서 이것 아니면 저것을 대안으로 제시하는 반대의 쌍이 아니라 각각 하나의 단일한 활동의 극단을 뜻한다는 사실이 여기서 반복적으로 확인된다. 아울러 모호성이라는 것도 개탄스러운 언어의 타락이 아니라 우리 정치의 한 성격, 그것이 없었다면 우리 정치가 지금과는 전적으로 달랐을 그런 성격으로 읽어야 함이 확인된다. 요컨대 이 두 스타일 중 어떤 것이라도 스스로 완결되어 독립적이라고 주장한다면, 그 자체로써 자기 파괴적 본성을 노정하는 셈이다. 하나는 다른 하나의 적수이자, 그에 못지않게 동반자다. 하나에게는 자기 파괴에서 자신을 구원해줄 다른 하나가 필요하다. 만약 하나가 다른 하나를 파괴하는 데 성공한다면, 바로 그 행동으로써 자신을 파괴했다는 사실을 깨닫게 될 것이다.

그렇다면 이제 이 두 정치 스타일 각각의 얽매이지 않은 성격을 해명해야 한다. 이 작업은 순수한 논리적 작업이 아니다. 각 스타일이 하나의 체계인 것은 맞고, 그렇게 보면 네메시스란 체계의 부정합에 해당한다. 그렇지만 우리가 관찰하려는 주제는 단순히 논리적 불일관성에 불과한 것도 아니며, 제안된 목표와 수단 사이의 불일치도 아니다. 각 스타일이 상대편과의 동반관계 때문에 받게 되는 완화적 영향에서 해방되었다고 할 때, 어떻게 자신의 목적을 스스로 파괴하는지 그 경로가 살펴보려는 주제다. 이를 알아낸다는 것은 논리의 실습이라기보다는 상상의 실습이다. 근대 유럽의 정치가 두 가지 극단 중 한 방향으로 결정적인 기세를 타고 움직일 때마다 네메시스의 그림자가 나타났다. 이 그림자의 암시로부터 거기 숨어 있는 실체, 또는 적어도 그 암시가 의미하는 숨겨진 특성을 재구성하는 것이 우리의 과제다.

II

두 가지 정치 스타일 각각과 관련해서 우리가 고찰할 상황은 다음과 같다. 사회는 여러 활동들의 복합체다. 근대 유럽의 사회들은 각 사회를 구성하는 활동들이 대단히 다양하다는 점에서 다른 사회와 구별된다. 활동의 주요 방향을 몇 가지로 정리해 볼 수는 있지만, 하나의 방향이라고 분류되는 내부에는 굉장히 다양한 추구들이 포함되고, 어떤 방향도 다른 방향을 퇴출시킬 만큼 지배적이지는 못하다. 근대 유럽 사회만큼 활동들이 다양했던 사회는 전에 없었다. 반면에 정부는 몇 사람의 집합이다. 보통 공인된 직책을 차지하고, 모종의 공인된 방식으로 권위를 부여받으며, 신민들의 활동을 통제할 권한을 가지는 사람들의 집합이다. 이 통제가 행사되는 방식에 따라서 한 가지 스타일의 정부와 다른 스타일의 정부가 구별된다.

신념정치에서는 다스린다는 일이 모든 활동들에 대한 꼼꼼하고 종합적인 통제다. 정부의 직무는 현재 행해지고 있는 모든 활동이 하나의 단일한 유형에 부합하도록 또는 한 방향으로 열을 짓게끔 만드는 인간적 형편과 여건을 부과하고 유지하는 일로 인식된다. 여기에 일치할 수 없는 활동들은 마땅히 제거된다. 어떤 방향이 그런 방향인지는 현행 활동의 방향들을 합리적으로 고찰하다 보면 스스로 나타날 수도 있고, 이미 지배적인 것으로 드러났기 때문에 선택될 수도 있다. 아니면 인류에게 온당한 어떤 것을 예지를 통해 경험한 산물일 수도 있다. 선택된 방향은 점진적으로 부과될 수도 있고, 혁명적인 방식으로 부과될 수도 있다. 그것이 나타나고 부과되는 방식은 어떻든지, 그것은 이미 해당 사회 안에서 암시되고 있던 활동 방향들 가운데 하나일 수밖에 없다. 신념정치에서도 정부가 전적으로 생소한 활동 방향을 부과할 수는 없다. 심지어 "성자들" 이 통치하면서 "의로움" 을 부과하는 일을 직무로 삼았던 17세기 잉글랜드에서도 그들이 제시한 방향은 이미 당대에 인정된 여러 활동 방향 안에 속했다. 나아가 일정한 방향이 선택될 때에는 인류에게 단연 마땅하다고 믿어지고, 따라서 "완벽하다" 는 형용사를 빨아들일 만하다는 이유가 있어야 한다. 그러므로 이 방향이 확정되기 전까지는, 엄격하게 말해서 (그 방향을 부과하고 유지해야 할) 정부의 업무가 시작될 수 없다.

이와 같은 이해에 따를 때 다스린다는 것은 하나의 "총체적" 활동이다. 이는 허용된 모든 활동이 자체로 하나의 다스리는 활동이고 (그리고 그렇게 인식되고) 이에 합법적으로 종사하는 모든 주체는 이에 종사한다는 바로 그 이유에 의해 정부의 대리인이라는 뜻이다. 이 상황은 임명된 정부 대리인들이 모든 곳에 배치되어 모든 활동을 통제한다는 것이 아니다. 실제로는 그런 일도 있을지 모르나, 어쨌든 그것은 중요한 논점이 아니다. 이 상황의 핵심은 합법적으로 능동적이라는 말이 곧 (이와 같은 방식으로 이해된) 정부의 업무를 수행한다는 말과 같다는 데 있다. 목적으로 채택된 인간적 형편과 여건을 확립하고 유지하는 데 참여하거나 (이것은 정부에게 맡겨진 과업에 참여하는 것이다) 아니면 불법인 것으로 모든 활동 방식이 이해되어야 하기 때문이다. 이처럼 이런 공동체에서는 오직 한 가지 업무만이 수행된다. 그리고 그 업무가 추진되는 방식은 (잠자기, 농사짓기, 그림 그리기, 아이 돌보기 등) 다양하지만 그래도 서로 구별되는 독립적 활동들은 아니다. 그것들은 모두 하나의 단일한 유형을 구성하는 서로 다르지 않은 구성소들이다. (예를 들어) "축구" 가 존재하는 것이 아니라, "완성을-증진하는-한도-안의-축구" 가 존재하는 식이다. 다른 곳에서는 활동을 세 종류로 분류할 수가 있는데 — 다스림, 각자 나름의 합법적 사업추구, 불법적 활동 — 여기서는 첫째와 둘째가 융합되어 두 종류뿐으로 줄어든다.

이 상황을 반대쪽 끝으로부터 고찰해도 똑같은 결론이 나온다. 예를 들어, 세계의 자원을 최대한 활용하는 것을 "완벽한" 추구로 보는 신념정치의 판본에서는, 하나의 공동체를 하나의 "공장" 으로 인식해야 적절하다. 신민은 "완성" 이라는 사업에서 한 사람의 "피고용인"

으로 인식되고, 모든 합법적 활동은 "공장업무" 라고 이해된다. 이제 다스리는 활동이라도 불법이 아니려면 여기서 예외가 될 수 없으니, 하나의 단일한 종합적 활동 방식이 있다는 점이 이런 종류의 공동체가 다른 종류와 구별되는 특징이다. 요컨대, "완성" 에 복무하는 정부는 정치 스타일의 일종이 아니라 정치를 폐기하는 하나의 방식임을 스스로 노정하고 마는 것이다. 이것이 실로 예상되는 네메시스다. 신념정치에서 우리 정치 어휘의 각 단어는 ("정부" 라는 단어를 포함하여) 추구되는 "완성" 에 적합한 최대한의 의미를 획득한다. 최대한의 의미를 향유함으로써 각 단어는 모든 형태의 합법적 활동을 지칭하는 동시에 특정한 어떤 활동도 지칭하지 않는다.[143)]

이처럼 완성의 추구로 이해되는 정치는 어떤 매개 요인과 접촉해서 수정되지 않는 한 와해로부터 자신을 보호할 수 없다. 다스림이라는 것이 무한한 통제활동으로 이해될 때, 정부는 통제할 대상이 없는

143) "정부는 …… 특별한 성격을 가지지 않는다." Leon Duguit, *Law and the Modern State* (tr. by Harold Laski), p. 49. 우리 정치가 신념의 지평을 건드리는 곳이라면 언제 어디서든, 그런 곳에서 유행하는 삶의 방식은 이 네메시스를 암시하는 여러 특질을 보여준다. 이와 같은 경우에 나타나는 특이한 요소는 모든 활동들에 대한 꼼꼼한 통제, 우리가 "관료제" 또는 관료국가Beamtenstaat에 결부시키는 그런 통제만이 아니다. 모든 활동을 "정치적" 활동으로 둔갑시키고, 모든 신민을 정부의 대리인으로 둔갑시킴으로써 정치를 파괴한다는 점이 핵심이다. 그리고 이런 동기의 여파에는 끝이 아예 없거나, 아니면 자기 남편이 불법 활동을 했으니 사형에 처해달라고 아내가 요구하는 지경이나 돼야 "끝" 이라고 부를 수 있다. 그렇지만 이것이 시작될 때에는 눈에 훨씬 덜 띄는 모습으로 시작한다. 예를 들어, 이 스타일의 언어로 말하는 사람들이 사로잡힌 혼란한 마음 안에 이것이 현존한다. 예컨대 린제이(Lindsay, *Essentials of Democracy*, p. 7)를 비롯해서, "산업의 민주화" 를 언급하는 사람들은 "정부" 라는 것과 "산업을 관리" 하는 일 사이에 어떤 구분도 보지 못하는 것이 분명하다. 그리고 "완성" 의 추구가 모든 일을 포괄하는 하나의 기예(techne, τεχνη)이며, 따라서 농부든 과학자든 작곡가든 어머니든 이 기예에 능숙하기만 하다면 각자의 몫을 수행할 자격이 있다는 견해는 신념정치의 불행한 (그러나 합법적인) 자식이다.

처지에 빠진다 — 누가 시키든지 아무 일이든 해야 하는 막일꾼에게는 상대하는 모든 사람이 적인 것이다. 신념정치의 얽매이지 않는 성격에는 이와 같은 자기 파괴가 본원적으로 내재한다. 그러나 신념정치가 진행하는 과정에 우연히 첨가된 수많은 결함들 안에도 자기 파괴는 예시되고 어쩌면 강화되기까지 한다. 그 결함 중 일부는 자가당착이라는 결함이다.

구성원들이 종사하는 활동의 수가 그다지 많지 않고 그나마 가장 단순한 종류라서 사람들이 활동하면서 다양한 방향에 이끌릴 일이 없는 공동체에서라면 신념정치도 일정한 적실성을 가질 것이다. 획일적인 사회에서는 실로 획일적인 정치가 예상된다. 그리고 택할 수 있는 방향이 한 갈래밖에 없는 곳에서는 다들 그 방향을 따를 것이다. 단, 그것이 "완성" 으로 가는 방향이라서가 아니라 대안이 없기 때문일 것이다. 그러나 근대 유럽의 공동체들은 활동들 자체가 여러 가지이고 각 활동에도 다양한 방향이 있다는 특징을 가진다. 단일한 추구의 방향만이 선택되고 나머지 모두는 정죄되는 신념정치는 이와 같은 역사적 상황과 어긋나는 모습이다. 이런 스타일의 다스림은 그렇게 다스려져야 할 공동체의 구조와 어울리지 않는다. 정부는 신민들에게서 하나의 배타적인 활동 방향을 요구하는데, 정작 신민들은 그런 요구의 적실성을 인식할 준비가 되지 않은 것이다. 그리하여 근대 유럽의 여건 위에서 이 스타일의 다스림은 이중과제에 종사하게 되었다. 사회를 정복하는 과제와 나아가 그 사회를 단일한 활동 방향에까지 순종하는 상태로 유지하는 과제다. 이런 과제들을 이행하려면 엄청난 권력이 필요할 것이고, 정부는 점점 더 큰 권력을 계속해서 찾아나가도록 이끌릴 것이다. 하지만 정부가 더 큰 권력을 획득할수록, 실로 정부가 다양한 활동들을 정복해서 하나의 활동으로 귀착하는 데 성공을 거두는 것처럼 보일수록, 정부의 권위는 생소한 이방의 권위로 비치게 되다가, 마침내는 (권력의 성격으로 보나 적대감이라는 점으로 보나) 하나의 "자연력" 비슷한 것으로 되고 말 것이다. 자연을 정복하고 자원을 착취하기 위해서 활동 방향을 지시 받는 인민, 유례없이 철저하게 지시 받는 인민은 자기들이 지금까지 그런 자연력에 맞서라고, 아니면 적어도 자연력보다 계략에서 앞서라고 배워왔음을 깨달을 것이다. 이처럼 근대 유럽의 실제 사정들 안에서, 신념정치는 (적어도 그 판본 중 하나는) 자가당착에 빠지고 만다. 이미 다수의 방향들이 있던 곳에 활동의 방향이 적어도 하나 더 첨가되기 때문에 그렇다. 부과되는 활동 유형에서 빈틈을 찾으려는 탐구, 다시 말해 꼼꼼한 통제를 피할 길을 찾으려는 방향의 활동이 부질없게 첨가되는 것이다. 이런 종류의 자가당착이 단지 사변思辨에 불과한 것도 아니다. 신념정치의 다른 판본들에서도 이에 상응하는 문제들이 있었는데, 근대 유럽 공동체의 다양한 활동들에 대해 이런 스타일의 다스림이 어느 정도라도 강요되기 시작한 곳에서는 자가당착의 조짐들이 이미 나타난 바가 있는 것이다. 이는 하나의 막다른 골목으로서, "완성" 의 추구를 정부가 할 일로 받아들이는 모든 판본 안에 잠자고 있던 공포의 정치가 그곳으로부터 깨어난다.

인간적 형편과 여건에 관해 신념정치에서 배타적인 목표로 상정하는 상태는 정부에 의해 그런 상태를 부과 받아야 한다고 여겨지는 공동체로부터 어떤 식으로든 수집된 결과임을 우리는 앞에서 살펴봤다. "완성" 이라고 일컬어질 활동 유형은 현재 행해지고 있는 활동 유형 가운데 하나로, 역사 안에서 나타나는 방향인 것이다. 베이컨식으로 표현해서 "세계 자원의 활용" 이라고 하든, 17세기 "성자" 들처럼 "올바름" 이라고 부르든, 더욱 최근에 운위되듯 "안전" 의 방향이라고 일컫든, 이것들 각각은 특정한 역사적 맥락에 속하며, 그 맥락이 이것들 각각에게 나름의 특정한 성격과 그럴듯함을 부여한다. 그렇지만 신념정치에서는 목표로 채택된 인간적 형편의 상태가 역사 안에서가 아니라 마치 항구적으로 타당하다는 듯이 추구된다. 이 스타일의 정부에서는 모든 일이 영속을 전제로 건설되어야 한다. "완성" 의 설계도가 발견된 곳에서는 변화를 두려워할 필요도 없지만 동시에 기대할 필요도 없다. 일시적인 것보다는 부동의 것이 선호된다. 마땅한 활동의 방향이 확정된 곳에서는 잠정적 시도라든지 점진적 탐구를 통해 실수를 줄여보려고 노력하는 것이 (어리석음일 수는 있어도) 지혜로운 일이 아니다.[144] 이런 의미에서 신념정치는 죽지 않는 자들의 정치다. 돌이킬 수 없는 지점에 빨리 도달할수록 좋다고 여기면서, 그것을 우려보다는 열광을 품고 받아들인다. 일처리에서 이 스타일의 정부는 항상 최상의 가능성에 거는 방식으로만 임하지 최악을 배제한 나머지 전체에 거는 방식으로는 임하지 않는다.[145] 확실성으로 들떠서(자기가 옳다는 "성자" 의 확신과 베이컨주의자의 자신감은 이 점에서 쌍둥이다), 신념정치인은 "완성" 이라는 황홀한 성과를 위해 모든

---

144) 1944년의 교육법에는 신념정치가 짙게 배어 있다. 순전히 신념정치에게나 알맞은 일부 조문들이 학교 건물들을 통해서 우리네 삶의 위에 나사로 단단히 부착되었다. [1944년의 영국 교육법은 처칠의 보수당 정부가 통과시켰지만, 교육에 관해 정부의 개입을 강화하는 내용으로서 많은 역사가들이 "진보적 개혁의 승리" 라고 부를 정도였다. (역주)]

145) 경마에서 이길 것 같은 말 한 마리에만 건다면 맞췄을 때 배당은 높지만 맞출 확률은 낮아진다. 반면에 최악으로 보이는 말만을 제외하고 나머지 전부에게 건다면 맞출 확률은 높아지지만 맞춰도 배당은 높지 않다. 오크쇼트는 전자의 맥시맥스maximax 전략은 특별한 경우에만 정당화될 수 있는 도박꾼의 전략으로 보면서, 일반적으로는 후자의 맥시민maximin 전략을 신중의 미덕으로 보고 있다. 오크쇼트는 1936년에 경마에서 돈을 따기 위한 지침서를 공저로 출판한 적이 있다. (역주)

것을 걸 태세를 갖추도록 권장된다. 그러나 그가 추구하는 인간적 형편의 상태는 실제로는 결코 그처럼 항구적인 의미를 가질 수 없다. 그것은 오류일지도 모르는 지성에 의해 투사된 그림들로 구성될 따름으로, 기껏해야 한두 세대를 풍미하는 열정에 의해 미화될 수 있을 뿐이다. 현대 정치에서만 봐도 "완성" 에 관해서는 적어도 두 개의 판본이 서로 경쟁하고 있다. 그러므로 신념정치가 쌓으려는 불후의 금자탑은 불후의 폐허에 지나지 않는다. 강한 자재가 사용되었다는 점에서, 그리고 설계가 상궤를 벗어났다는 점에서 괄목할 만한 "어리석음" 의 기념탑인 것이다. 추구하는 목표가 시간의 종착점인 것처럼 가식하면서, 그리고 모든 일을 위급하다고 과장하면서, 신념은 시간에 대한 질투심을 선포하지만, 사실은 자기 파괴가 선포될 뿐이다.

정치에서 시간의 종착점을 가식하는 태도에 대한 네메시스가 하나 있다면, 미래에만 몰두하는 신념정치의 뒤를 쫓아다니는 네메시스도 하나 있다. "완성" 이라 불리는 (그리고 아마 누구나 그렇다고 동의할) 인간적 형편의 상태를 추구하기 위해 모든 활동을 꼼꼼하게 지시하는 정부는 엄청난 책임으로 어깨가 무겁다. 신민들은 무관심하거나 참고 견딘다는 식의 태도, 또는 심지어 승인하는 태도 정도에서도 멈추면 안 된다. 정부에 헌신하고 감사하고 사랑하는 태도여야 마땅하다. 이런 정치의 스타일에 담겨 있는 (일찍이 이를 관찰한 사람은 핼리팩스와 흄이다) "완성" 을 향한 열심은 신민이 자신의 정부에 대해 가지는 열광과 짝을 이룬다. 정권의 적으로 규정되는 자들은 금지되어야 할 이견을 가졌기 때문이 아니라 개종되어야 할 불신자들이기 때문이다. 단순한 복종은 불충분하다. 뜨거운 북받침이 수반되어야 한다.[146] 실로, 만약 신민이 정부에 관해 열광적이지 않다면 그에게는 헌신할 정당한 대상이 없는 셈이다 — "완성" 에 헌신적인 사람이라면 곧 정부에 헌신적이지 **않을 수가 없다**. 신념의 지평선 쪽으로 우리 정치가 결정적으로 방향을 잡았을 때마다 정치는 언제나 묵종이 아니라 사랑과 헌신을 요구했다. 그러나 약속의 내용이 "구원" 인 이와 같은 상황에서는 정부가 무슨 업적을 내든지 그 결과는 너무 크거나 아니면 너무 작을 수밖에 없다. 그리고 너무 커도 너무 작아도 감사는 증오로 둔갑하고, 이런 정치 스타일의 자기 파멸적 성격이 공개된다.

"완성" 이라고 인정되는 인간적 형편의 상태를 확립하기로 작정했다고 (아직 이런 일은 없었지만) 가정해보자. 어울리지 않는 일들이 많이 뒤따를 텐데, 다음과 같은 사태도 그 중에서 말석은 아니다. 신민에게 가치 있는 모든 것이 하나의 후원자 덕택이다(그리고 신민도 그 점을 인식한다). 하지만 그 모든 신세를 갚을 길이 자기로서는 없다는 사실을 알고 나면, 기쁨은 비참으로 전락하고 감사는 반감으로 탈바꿈할 것이다. 왜냐하면, 타키투스가 관찰했듯이 "받은 혜택은 우리가 갚을 수 있다고 생각할 때까지만 기쁨이다; 그 가능성이 까마득하게 멀어지게 되면, 혜택은 감사 대신 증오로 상환된다." [147]

다른 (일어날 확률이 더 높은) 예를 하나 살펴보자. 이 스타일의 정부가 "완성" 을 약속은 했지만, 약속을 지키기 어렵다는 사실을 깨닫게 된다. 또는 목표에서 멀리 뒤처지고 있음이 분명해진다. 정부가 채워줄 수 없는 (또는 적어도 당장은 채워줄 수 없는) 욕망들을 이미

---

146) 그리스의 노새 주인은 잘 가고 있는 노새에게 왜 채찍질을 하느냐는 물음에, "가기는 하지만 자기가 **원해서** 가지는 않기 때문" 이라고 답한다. 파스칼은 『팡세』 에서 전제정이 바로 이런 것이라고 정의했다. *Pensées*(Brunschvicg), p. 332.

147) *Annals*. iv. 18. 아울러 Montaigne, *Essais*, ii. 12와 Pascal, *Pensées*, 72와 Rochefoucauld, *Maximes*, 226을 참조하라.

부추겨서 자극해 놓았다. 이런 사정에서 신민의 시선은 미래만을 바라볼 테지만, 정부는 과업을 이뤄내기 위해 새로운 에너지를 동원할 것이다. 이 두 경우 모두에서 정부가 요구하는 사랑과 헌신을 정부 스스로 잃어버리게 된다.

첫 번째 경우에, 정부는 신민에게 이렇게 말할 것이다 — "완성이라는 것이 쟁취하기는 어렵지만 얼마나 큰 상인지 알아야 한다. 우리는 지금 그리로 가고 있다. 그러나 여러 시기를 거쳐 엉망진창으로 쌓여온 폐습이 갑자기 혁파되어 낙원이 되리라는 기대는 이성적이지 못하다.[148] 그대는 아마 약속된 땅에 들어갈 만큼 오래 살지 못하겠지만, 그대의 자식 그리고 그 자식의 자식들은 거기서 살게 될 것임을 또한 알아야 한다. 그대에게 없었던 것을 그들은 누릴 것이다. 그리고 그대에게는 개척자에게 부여되는 불멸의 영광이 돌아갈 것이다." 이와 같이 듣기 좋은 말에 신민은 마땅히 감사로 화답할 것이다. 그리로 가고 있다는 자신감이 흔들리지 않는 한, 신민은 "완성"에 미치지 못한 상태더라도 어떻게든 지낼 수가 있을 것이다. 멀기만 한 유토피아에서 나오는 희미한 위안으로도 일정한 기간 동안이라면 만족할 수 있다.

그러나 두 번째 경우, 이 스타일의 정부는 이렇게 말할 것이다 — "완성"의 추구는 고된 작업이다. 그대는 나중에 올 사람들이 향유할 기쁨을 누릴 기대를 하지 말아야 하며, 작업에 불가분리로 수반되는 고통과 박탈을 겪을 각오도 해야 한다. 우리에게는 그대를 약속된 땅으로 이끌고 갈 책임이 있는데, 충만한 권력이 없다면 그 의무를 이행할 수 없다. 우리는 '의시醫師의 권한'이 아니라 '구세주의 권한'을 맡겨달라고 요구한

148) "하늘나라는 지상에 확립될 수 있다." Lenin, *The Threatened Catastrophe*.

다. 그러나 현재 이 시간에 겪는 고생 때문에, 또는 우리가 가끔 그대에게 유별난 요구를 했다는 이유로 자신감을 버리지는 말라. 인류를 '완성시킨다' 고 하는 의무, 이 의무만을 우리가 인식하고 있다는 점을 의심하지 말라. 이 작업을 완수하는 길에 어떤 방해물도 허용하지 않을 것이다."

이 스타일의 정치가 비밀 장소에 숨겨뒀던 모든 것들이 — 헌신을 자아내기 위한 타산의 결과가 아닌 고유한 성격이 — 저런 선언과 더불어 표면에 드러날 것이다. 일상사들을 처리할 때 개인을 보호하기 위한 모든 형식적 규정들이 "완성" 의 추구에 대한 방해라고 여겨질 것이다. 만사를 지배하도록 구상된 단일한 원칙 아래서 행해지는 모든 활동에 담겨 있는 반율법주의적 성격이 출현할 것이다. 계약, 성실, 책임 등이 뒷전으로 밀려날 것이다. 최단 지름길을 직선으로 따라 "완성" 으로 가는 와중에 실제로 어떤 참극이 벌어지더라도 외면되거나 경시될 것이다. "노사 간 평화" 를 (그래야 일을 할 수 있을 테니까) 간구하는 기도가 울려 퍼지는 이면에 가난한 사람들, 억압받는 사람들, 습격에 질린 사람들, 고문 받는 사람들은 잊힐 것이다. "완성" 을 위해서라면 어떤 대가를 치르더라도 너무 비싸지는 않다고 여겨질 것이다. 실로, 일종의 과도기 윤리[149]가 선포될 것이다. 과도기에는 모든 가치들이 재평가되어, 인류의 "완성" 은 살아있는 사람들이 격하되는 결과의 반작용으로 태어난다고 비쳐질 것이다. 현재는 밤과 낮 사이의 막간으로 표상되어 불확실한 여명기가 될 것이다.[150]

149) 과도기 윤리interimsethik: 제자들에 대한 예수의 가르침은 과도기 윤리라고, 재림의 날이 와서 지상의 세계가 지나가기 전에 거쳐 갈 것으로 예상되는 짧은 기간 동안 따라야 할 원칙으로 제시되었다고 해석하는 입장에서 사용한 용어. (역주)

150) 이 여명기에 의사들은, 실험을 위해 인간 소모품들을 공급받을 수만 있다면, 의학에

공감은 반역이 되고 사랑은 이단이 될 것이다. 이러한 상황, 시체 아니면 반신반인만이 있는 곳,[151] 살육을 숨기기는 어렵고 부패를 감추기는 불가능한 곳, 선원들보다 배가 훨씬 중시되는 곳에서는 감사와 헌신이 보류되지 않으면 이상하다. 이렇게 "완성" 을 추구하는 정부는, 홀로 서 있을 때, 성공하거나 실패하거나 작동 중일 때는 언제나 자기 파멸적인 스타일의 정부다. 이 스타일의 정부는 자신이 감당할 수 없는 것을 요구하며 스스로의 본성이 금지하는 것을 필요로 한다.

이렇게 볼 때, 신념의 네메시스란 정부가 "완성" 의 추구라는 차꼬에 묶여 있을 때 어쩔 수 없이 붕괴할 수밖에 없다는 이치일 뿐이다. 공동체에 한 가지 단일한 활동 유형을 부과한다는 사업은 자기 파멸적인 사업인 것이다. 이 점은 신념정치에서 애용되는 "안전" 의 논리에서도 예시된다.

정치 어휘로서 "안전" 이라는 단어에 속하는 일련의 여러 의미들 안에는 하나의 분기점이 있다. 그 분기점의 한편에서는 운수의 부침에 대비한 보호까지 정부가 맡아야 할 활동의 하나로 인식된다. 실제로 사람들이 겪어야 하는 참경을 목격한 데서 영감이 작용하여 구조가 보장되어야 "안전" 이 제공되는 것으로 이해된다. 이랬을 때 그 보장의 한계는 비참의 크기에 따라 결정되는 것이 아니라, 비참을 제거하는 와중에 초래될 수밖에 없는 파생적 변화를 어떻게 봐야 할지

서 급격한 진전을 이룰 수 있으리라 꿈꿀 것이다. 그리고 로버트 오웬 같은 박애주의자들은 가난한 사람들이 자신을 보호할 줄 모르기 때문에, 그들 중에 사회적 실험을 위한 훌륭한 재료가 있다고 볼 것이다.

151) "il n' y avait que des cadavres ou de demi-dieux." 뮈세Alfred Musset, (1810~1857)의 자전적 소설 『세기아世紀兒의 고백*La Confession d'un enfant du siècle*』(1836), chapitre 2에 나오는 문구. 오크쇼트는 프랑스어 문장을 인용하면서 avait를 a로 des를 de로 (잘못 기억한 듯) 썼다. (역주)

에 따라서 결정되어야 한다. 모든 "보호" 는 구조대상의 활동 일부를 정부가 맡아서 챙겨준다는 의미를 포함한다. 그러나 여기서 "보호" 는 공동체에 종합적인 활동 유형을 부과하지 않고 제공될 수 있는 한계에서 그쳐야 한다. 한 사람이 불운으로부터 보호를 받는데 그 와중에 그가 자신을 보호할 수 있는 권위를 박탈당한다면, 한계를 지난 것이다.

반면에 분기점의 다른 한편에서는 일정한 수준의 "복지" 를 보장하는 의미로 "안전" 이 이해되고, 정부는 그 보장을 제공하는 활동으로 이해된다. 일반적으로 신념정치는 이 지점, "안전" 의 최소 의미가 최대 의미로 둔갑하는 지점에서 시작한다고 말할 수 있다. 그러나 공동체에 부과되어야 할 활동의 종합적 지침으로 "안전" 이 인식되는 것은 신념정치의 한 판본일 뿐이므로, "안전" 의 네메시스도 그 판본과 관련해서 논의되어야 한다. 이 판본에서는 운수의 부침에 대비한 "보호" 정도가 아니라 그런 부침을 노골적으로 배제하기 위해 조직된 공동체를 추구하기 때문에, 모든 활동에 대해 가장 꼼꼼하고 가장 가차 없는 통제가 요구될 것이다. 그러므로 정부에게 필요한 첫 번째 사항은 어마어마한 권력이다. 그리고 이러한 "안전" 의 상태를 신민이 누릴 수 있는 보장의 정도는 정부의 손아귀에 들어간 권력의 양에 비례하는 것처럼 상정된다. 이런 스타일의 정부에 예기치 않게 (그러나 불가피하게) 수반되는 점들이 자주 지적되어 왔다. "완성" 이 "안전" 과 동일시되는 곳에서 신민은 노예 상태에 처하게 되며, 그가 자신을 위해 특권을 확보할 수 있는 길은 오직 더욱 바짝 엎드려 굴종하는 것뿐이다. 그리고 신민이 노력할 동기가 느슨한 탓에 공동체가 누릴 수 있는 복지의 수준은 점점 저하될 것이다. 그러나 이런 결과들은 신민이 능력 안에서 지불하는 비용일 따름으로, 어떤 사람에게는 감당하기 어려울 수 있겠지만, 그 자체로 이런 정치 스타일의 자가당착에 해당하지는 않는다는 변명도 준비되어 왔다. 이런 변명과는 상관없이, 이것은 자기 파멸적인 정치 스타일이다. 그리고 여러 세대 동안 이런 자기 파멸의 그림자가 유럽 위에 드리워져 있었다. 어마어마한 권력이 정부에게 주어지지 않는 한 운수의 부침에서 완전히 격리되기는 불가능한 것도 사실이지만, 정부가 그처럼 어마어마한 권력을 보유할 때 "안전" 이 즉시 축소되는 것도 사실이기 때문이다. 절대적인 "안전" 의 상태란 곧 절대적으로 불확실한 상태인 것이다.

자기 파멸의 구조는 다음과 같이 생각해 봐도 밝혀진다. 앵글로-노르만의 전통을 가진 잉글랜드에서 불안한 형편에 시달린 한 사람이 어떤 강력한 거물에게 자신을 의탁함으로써 운수의 부침에서 보호를 얻었다고 해보자. 이 사람에게는 거물에 대한 의무들이 뒤따를 텐데, 이것들은 거물의 대차대조표 상에서는 권력이 조금 증가한 셈에 불과할 것이다. 그러나 이런 식의 의탁을 통해 고객의 안전이 조금이라도 증가하려면 두 가지 실천적인 조건이 필수적이다. 거물의 권력이 크지만 무한하지는 말아야 하며, 각 고객의 의탁에 따라 권력이 증가하는 분량은 작지만 무의미하지는 말아야 한다는 조건이다. 왜냐하면, 만약 자신을 의탁한다는 것이 어마어마한 권력에 수반되는 강력한 권력자의 야심에 자신을 속박하는 것이라면, 고객은 인생에서 만나게 되는 많은 자잘한 부침으로부터는 안전해졌다고 볼 수 있지만, 더 큰 투쟁에서는 거물의 동료로 참여해야 하는 등, 더 큰 운수의 부침에는 단지 먹잇감으로 전락할 터이기 때문이다. 더 큰 운수의 부침에 대해 그가 할 수 있었던 일은 과거에도 없었을 뿐 아니라, 만일 그 사람 및 비슷한 부류의 사람들이 애당초 거물의 권력에 힘을 보태주지 않았더라면, 그런 부침 따위는 실로 존재하지조차 않았을 (아니면 훨씬 작은 규모로만 존재했을) 일이다.

이처럼 원칙적으로 "안전" 의 대가는 굴종이다. 온당한 정도의 권력을 가진 보호자에게 적절한 복종을 바침으로써 일정한 수준의 "안전" 이 향유될 수는 있다. 그러나 만사를 포괄하는 "안전" 이라는 것은 어마어마한 권력을 가진 보호자에게 총체적으로 굴종할 때에나 달성될 수 있을 것으로 보인다. 사실은 바로 이것이야말로 이 판본의 신념정치에 내포되어 있는 결론이다. 여기서는 모든 신민이 정부라고 하는 하나의 보호자에게 의탁하며, 그렇게 해서 조성된 엄청난 권력은 이 포괄적 "안전" 중에서 어떤 사항이라도 위협을 받는다 싶으면 작동을 시작한다. 그렇지만 결과는 예상과 다르다. 모든 활동이 정부활동의 일환이라는 위상을 가지는 곳에서는 이런 종류의 "안전" 을 위해 조직된 각 공동체들 사이에서 갈등이 일어날 소지가 단순한 빈도라는 관점에서든 격심한 정도라는 관점에서든 엄청나게 증가한다. 실로, 포괄적 "안전" 을 위해 각각 조직된 공동체들로 구성된 세계는 자체로 분쟁을 위해 조직된 세계, 그리고 (모든 분쟁의 배후에 각 공동체의 총체적 권력이 작동하므로) 중대한 분쟁을 위해 조직된 세계와 같다. 실지로 무수한 다른 공동체의 일처리를 좌지우지할 만큼 큰 영향력을 행사하지 않는 한 어떤 공동체도 포괄적 안전을 향유할 수는 없기 때문에, 다른 공동체가 쉽사리 굴복하지 않는 한 갈등은 피할 길이 없다. 현재 향유되고 있는 수준 이하의 "복지" 를 추구하지 않는 한, 한 곳에서 "안전" 을 지키려다 보면 다른 곳의 안전을 공격할 수밖에 없다. 요컨대 "안전" 을 "완성" 과 동일시하는 판본의 신념정치라는 것은 어떤 다른 스타일의 정치보다도 더 많은 권력을 보유하는 정부를 요구하는 정치 스타일이다. 그리고 어떤 다른 스타일의 정치에서보다도 권력이 그럴듯하게 포장되어 집중되기가 쉬운 정치 스타일이다. 자잘한 영역의 보호나 안전은 이런 권력이 어느 정도 제공할 수 있을지 몰라도, 이렇게 어마어마한 규모로 그리고 유례없이 능동적인 권력이 안전이라는 목적을 달성하기 위해 집중된다면 도리어 안전이 축소되고 불확실성이 커지는 결과를 피할 수 없다.

이러한 결과에 대비하기 위해 고안된 어법 하나가 이 판본의 신념 정치를 신화처럼 신봉하는 사람들 사이에 돌아다니는 것은 사실이다. 만약 "인민" 이 (포괄적 "안전" 을 조제하기 위한 정부의 권력은 그들의 굴종에서 유래한다) 그들의 굴종에 의해 조성된 권력에 대해 통제권을 유지하기만 하면 "안전" 의 네메시스를 피할 수 있다는 믿음이 그것이다. 전쟁이 왕들의 스포츠라고 얘기되던 어법이 있었다. 자신의 정부에게만 복종하는 인민이라면 스스로 수단을 제공했던 사업의 결실을 향유할 수 없는 처지로 속아서 전락할 일이 없다는 말도 비슷한 어법이다. 이런 식으로 "안전" 의 네메시스를 피한다는 탈출로는 착각임이 이미 드러났다. 어떤 공동체도 세계 전체를 포괄적으로 장악하지 않고는 포괄적 "안전" 을 누릴 수 없다. 그리고 어떤 신민도 세계를 그렇게 장악할 만큼 엄청난 권력에 완전히 굴종하지 않고는 포괄적 안전을 누릴 수 없다. 더구나 정부라는 것은 (이 경우 포괄적 "안전" 을 제공한다고 하는) 공공사업을 이행하기 위한 일련의 장치에 불과한 것이 아니라, 존 스튜어트 밀이 "인간 정신에 작용하는 막대한 영향력" 이라고 불렀던 것이기까지 하다. 다스린다는 것이 엄청난 권력을 휘두르는 것과 같은 곳에서는 다스리는 활동을 해보겠다고 온갖 부류의 인간들이 몰려든다. 자신이 종사하는 활동에 내재하는 결함을 극복하는 데 관심을 가지는 온건하고 자제력 있는 사람들만이 아니라 어떠한 한계도 모르는 신경증 환자와 욕구불만 환자들 또는 크고 영리한 일을 할 수 있는 기회에 쉽사리 중독되는 벼락출세자들도 몰려든다. 포괄적 "안전" 을 찾아 나선 대중의 굴종으로 이 권력이 조성된 곳에서는, 자기가 할 수 있는 일 이상을 약속하고서 지도자인 척하는 가식 뒤에서 자기들이 저지른 행위에 대한 책임을 추종자들에게 전가하는 "보호자" 들의 손 안으로 권력이 떨어진다.[152] 사실은 "안전" 을 최소 의미로 이해하는 사고방식에 속하는 절제를 연상시키는 덕택으로 최대 의미의 정치가 그나마 그럴듯하게 비칠 수가 있다. 다른 말로 표현하자면, 이 판본의 신념에 대해서 의심의 인력이 작용할 때에만 자기 파멸이 모면될 수 있다.

신념정치의 네메시스에는 고찰되어야 할 양상이 하나 더 있다. 이는 신념정치의 도덕적 무기력증이라 부를 수 있다. 이 무기력증 자체가 자가당착을 담고 있지는 않지만, 이 때문에 이 스타일의 정치가 스스로 설 수 없게 되는 것은 맞다.

도덕적 활동이란 자기 제약의 원리를 찾아볼 수 있는 활동이다. 때로는 환경의 압력에 단순히 반응할 수밖에 없을 수가 있는데, 이런 반응은 도덕적 활동에 속하기에 자격이 모자란다. 여기서 우리가 고찰해야 할 관계는 단일한 행동 유형을 (아울러 획일적인 성격을) 공동체에 부과하는 사업과 정부에게 가용한 권력 사이의 관계다. 신념정치는 필요한 권력을 스스로 공급하는 (아니면 섭리에 따라서 공급을 받는) 사변적인 관념이므로 자기 제약의 원리를 즐겨 행하는 것으

---

152) "대중에게는 스스로 왕이 될 것인지 아니면 왕의 총애를 쫓아다니는 신하가 될 것인지를 선택할 기회가 있었다. 어린이들처럼 그들은 모두 신하가 되기를 원했다. 그래서 지금은 굉장히 많은 신하들이 말을 바꿔 타면서 세계를 이리저리 몰려다니는 한편, 왕은 아무도 남아 있지 않기 때문에, 서로를 향해 소리치며 의미도 없는 낡아빠진 전갈을 전한다. 이런 한심한 삶을 그들은 기꺼이 끝내고 싶지만, 충성의 서약 때문에 감히 그러지 못한다." 카프카Franz Kafka(1883~1924), *The Zürau Aphorisms*, § 47.

로 이해되어야 하는가, 아니면 "완성"을 추구하는 무제한적인 활동에 종사하도록 정부를 부추기는 과잉권력에 불과한 것으로 이해되어야 하는가가 지금 우리의 질문이다. 왜냐하면 단순히 권력의 충동에 반응하는 것, 권력이 어디로 끌고 가든지 따라다니면서 모든 권력의 확장을 이용해서 이득을 얻는 것은 도덕적 활동일 수가 없기 때문이다. 그런 것은 다만 에너지의 표출일 뿐이다. 만약 이것이 선례에 관한 질문이라면, 대답은 의심할 나위 없이 분명하다. 공동체에 (더욱이 행동 방향들이 전례 없이 다양해졌다는 특징을 가지는 공동체에) 하나의 단일한 행동 유형을 부과하려면 오직 거대한 권력을 부여받은 정부만이 상상이라도 할 수 있을 정도로 꼼꼼하고 가차 없는 통제력이 필요하다. 전쟁에서 승리한다는 즉각적인 목적 따위의[153] 명분을 위해 꼼꼼한 통제를 시행하는 실천이 오랜 기간 동안 띄엄띄엄 서서히 축적되기 전에는 "완성"을 추구하기 위한 꼼꼼한 통제라는 발상 자체가 나타나지 않았다. 하지만 이것은 선례에 관한 질문이 아니다. "완성"이라는 관념이 자기 제약의 원리를 마련할 능력을 가지는지, 그리하여 단순한 에너지의 표출을 하나의 도덕적 활동으로 변혁할 능력이 있는지가 우리의 질문이다. 그리고 "완성"이라는 관념은 다름 아닌 자체의 무제한성 때문에 자기 제약의 능력이 없다는 것이 대답으로 보인다. 단일한 행동 유형을 (가령 전쟁에서 승리한다는 따위 제한된 목적을 위해서가 아니라, 그런 행동 유형이 인간적 형편의 "완벽한" 상태라고 인식되기 때문에) 부과하여 유지한다는 것은 정부에게 가용한 모든 권력을 공동체에 대해 행사하면서 동시에

---

153) *Cambridge Economic History of Europe*, vol. II, ch. vii, p. 9를 참조하라. [편집자: 이 출전은 착오다. 실제 출전은 Lionel Robbins, *The Theory of Economic Policy in English Classical Political Economy* (London: Macmillan, 1952)다.]

더욱 포괄적인 권력을 계속해서 찾아 나서는 것과 자체로 구분되지 않는다. 어떤 특정한 목적을 달성하기 위해 일정량의 권력을 요구하는 것이 아니다. 권력을 보관하고 있으면서, 권력을 확장할 모든 길을 따라가는 것이 목적일 뿐이다.[154)]

그렇다면 신념정치는 권력이라는 차꼬에 결박된 "완성" 의 추구라고 요약할 수 있을 것이다. 여기서 "완성" 이란 신민들의 활동에 대해 꼼꼼하고 가차 없는 통제가 시행될 때 실현되는 인간적 형편의 상태일 뿐이다. 이럴 수밖에 없는 것이 놀라운 일도 아니다. 우리 활동 대부분이 이런 부류에 속한다. 다시 말해, 그 기획이 진행함에 따라 그 기획의 진행을 도울 수단의 일환으로서 일정한 도구들이 점차 향상될 텐데, 우리 활동 대부분은 바로 그런 도구들에 의해 영감을 받은 결과다. 예컨대 부의 생산은 후일 무엇을 얼마나 누릴지에 관한 고려에 의해 제약될 수도 있지만, 하나의 습관이 되어 그런 제약을 뛰어넘어버리고 자체의 추동력을 획득할 수도 있다. 이럴 때 부의 생산은 일정한 최대치를 지향하는데, 그 최대치라는 것은 실제로 행복의 증진보다는 행복의 축소에 해당하게 되는 것이다. 지난 150년 동안 "교육" 의 확장, 그리고 소박하게 출발했던 BBC(영국방송공사)의 활동이 그 후로 확장된 상태는 그와 같은 과정이 현재 벌어지고 있음을 보여주는 두 가지의 사례다. 하지만 여기서 특기할만한 점은 이런 사업들이 대단한 열정과 끈기로써 추구되다 보니, 그리고 적절하게 진행되고 있을 때 그것이 적절하다는 정도를 지나 심지어 필연적이라는 듯한 외양을 띠게 되는 탓에, 마치 도덕적 성격

---

154) "피치자들의 복지에 도움이 되는 모든 일을 하는 것이 정부의 의무다. 이 의무의 유일한 한계는 권력이다 ……," 시니어Nassau Senior(1790~1864: 잉글랜드 경제학자). Robbins, *The Theory of Economic Policy*, p. 45에서 재인용.

을 가지기라도 하는 양 허상이 발생한다는 데 있다. 이런 점들을 보면, 신념정치라는 것은 어떤 기술이 활용되는 경우에 비견할 수 있다. 기술이 일단 내적인 추동력을 획득하게 되면 용도가 무엇이냐는 고려조차도 제동력을 상실하고 마침내 어떤 자기 제약의 원리와도 상관이 없는 지경으로 치닫게 된다.

그러나 이것이 문제의 끝은 아니다. 신념정치는 일반적인 형태로 나타나는 것이 아니라, 다양한 판본의 모습으로 나타난다. 자기 제약의 원리를 공급하는 것처럼 보이는 판본의 모습으로 나타나기도 한다. 이런 판본에 따르면, "완성" 이란 신민의 모든 활동에 대해 꼼꼼하고 가차 없는 통제가 행해질 때 나타나는 상태가 아니라 속세 안에서 인간이 처한 일정한 형편을 가리킬 뿐인데, 그 중에 어떤 형편이 "완성" 인지는 아직 정의되지 않았다. 추구되는 목표는 "올바름" 또는 "세계 자원의 최대 활용" 또는 "안전" 이다. 이럴 때, "완성" 은 권력이라는 차꼬에 결박된 것이 아니라, 특정화된 "완성" 이라는 목표에 권력이 연계된 것이다. 이처럼 특정한 목표를 가지는 "완성" 의 개념들은 서로를 배척하기 때문에, 각 개념 안에 자기 제약의 원리가 담겨 있는 것처럼 비칠 수 있다. 그럼에도 불구하고, 이런 겉모습은 착각이다. 만약 "올바름" , "세계 자원의 최대 활용" , "안전" 따위가 제한된 목표인 것으로, 다시 말해 그 목표를 달성하기 위해 권력이 적절한 (그러므로 제한된) 양 만큼만 공급될 필요가 있는 것으로 이해될 수만 있다면 여기에는 자기 제약의 원리가 확실히 내재할 것이다. 그러나 신념정치에서는 그렇지가 않다. 이 각각의 목표는 서로를 배척할 뿐 서로를 대신할 수 있는 목표가 아니다. 왜냐하면, 가정에 의해서, "완성" 에는 대안적인 형태가 있을 수 없기 때문이다. 그리고 "완성" 의 이념이라고 자처하는 한, 그것들 각각은 (각기 서로 다른)

적당량의 권력을 요구하는 것이 아니다. 그 목표들은 모두 존재하는 만큼 최대한의 권력을 요구하며, 그보다 더 큰 권력이 혹시 가능할지 끝없는 탐색을 또한 요구한다. 이 점에서 그것들은 모두 무제한적이라는 성격을 공유한다. 요컨대, 신념정치의 다양한 판본들 사이에 나타나는 것처럼 보이는 구분은 차이를 담고 있지 않는 구분일 뿐이다. 각 판본은 자체의 특징에 의해 정의되지 않고, 현재 또는 장래에 가용한 권력에 의해 정의된다. 각 판본은 오로지 "할 수 있기 때문에 해야 한다" 는 원리에 의해서만 "도덕화" 되는 활동이다. 일부 독자에게는 역설로 들리겠지만, 그들의 추구가 하나의 도덕적 활동이 되지 못하고 권력의 충동에 대한 단순한 반응일 수밖에 없는 이유가 바로 "완성" 을 추구하는 성격 때문이다.

III

의심정치의 네메시스는 완화 요인들이 모두 제거된 상태라고 해도 비슷한 여건에서 신념정치의 네메시스에 비해 괄목할 만한 볼거리를 만들어 내지는 않는다. 회의주의의 자가당착은 파괴력도 약하고 훨씬 미묘하다. 그리고 이 두 스타일 사이에 (지금까지 탐구해 오는 도중에 몇 차례 시사되었던 것처럼) 이런 차이가 있다는 점은 무의미한 것이 아니다. 이 점은 나중에 자세히 고찰하게 될 하나의 원리를 표상하고 있다. 어쨌든 자가당착은 의심정치에도 없지 않다. 최소한만을 말하더라도, 의심정치는 홀로 남으면 똑바로 서지 못하고 흔들거린다.

회의적 스타일의 정치는 무정부주의가 아니다. 의심정치의 극단은 정부가 없는 상태도 아니고, 가장 사소한 차원에 국한되는 정부도 아니다. 신념은 정부의 최대화, 즉 신민의 활동들을 총괄적으로 지시하는 형태로 자신을 현시한다. 이런 각도에서 바라보면, 회의주의는 최소 정부, 즉 활동의 방향에 대해 가능한 한 최소한의 획일성을 부과하는 데 주력하는 정부를 대변한다고 말해야 할 것 같다. 그러나 회의적 스타일의 특징은 단순히 신념이라는 거울 위에 비치는 그림자에 불과한 것이 아니다. 의심정치에게는 공동체 안에 적실한 공공질서를 유지한다고 하는 적극적인 업무가 있다. 의심정치는 신념의 방식으로 통치하는 쪽으로 가까이 가지 않으면서도 최소 정부보다 높은 곳으로 고개를 내밀어, 질서 유지라는 본연의 영역 내부에서 최고권을 행사할 수 있다. 그러므로 여기서 네메시스는 정부의 부재가 아니고, 약한 정부를 지향하는 성향도 아니다. 회의적 스타일의 정부는 전형적인 활동의 영역이 좁게 구획되어 있기 때문에 신념의 정부가 취약해질 수밖에 없는 바로 그 지점에서 강력할 수 있다. 의심정치에게 필요한 권력은 크지 않기 때문에 (근대 세계에서) 항상 사용할 수 있도록 준비되어 있다. 대규모 반대가 일어난다면 큰 노력을 기울여야 하고, 그러고도 수습이 불충분할 수 있지만, 이 권력이 사용되는 방식은 그런 대규모 반대를 불러일으키지 않는다. 그리고 이 스타일의 정부는 통상 자기 역량의 한계를 실험하려 들지 않기 때문에, 만약 어떤 비상 상황이 발생하더라도 다 쓰지 않고 남겨뒀던 무언가가 항상 손 안에 남아있다. 요컨대 이 스타일의 정부는 강해지기 위해서 압도해야 할 필요가 없기 때문에 강할 수 있다. 이런 정부는 활동이 제약되기 때문에 최고의 권위를 가질 수가 있는 것이다.

신념정치에서는 정부가 특별한 성격을 가지지 않는다. 이 때문에 결국에 가서는 정부의 활동만이 유일하게 정당한 활동이 되어 버린다. 일반적으로 신념정치의 네메시스는 전형적인 무제한성인 "완성"에 대한 집착에서 나온다. 반면에 의심정치에서는 공동체를 구성하는 다양한 형태의 활동 가운데 하나가 정부다. 모든 활동에 보편적인 한 양상, 즉 각 활동이 서로를 제약한다는 양상에 관여한다는 점에서만 정부가 다른 활동들보다 두드러진다. 그리하여 일반적으로 회의주의의 특성에 속하는 엄격한 자기 제약으로부터 회의주의의 네메시스가 나온다. 정부의 업무는 적실한 공공질서, 다시 말해, 공동체를 구성하는 여러 활동들의 방식과 방향에 적절한 질서의 유지다. 그러나 이 임무를 수행할 때 정확하고자 하는 습관, 절대로 과람하지 않으려는 습관이 업무 수행을 바로바로 해낼 수 없게끔 만들게 된다. 바로 이 점에서 신념정치는 근대 유럽의 여러 공동체가 처한 형편에 대해 홀로는 적절하지 못한 면을 드러낸다.

두세 가지 단순한 활동에만 종사하는 공동체가 아니라면 어떤 공동체에 대해서도 적대적인 권력을 신념의 정부는 행사할 수밖에 없다. 그러므로 근대 유럽의 여러 공동체에서 신념의 정부는 침입자로 비치게 된다. 단순성을 강요하고, 가용한 권력에 의해 통제될 수 있는 범위 안으로 모든 활동을 축소시키는 것을 정부의 첫 번째 임무로 삼는다. 그러나 이런 공동체들의 특징은 활동의 방향들이 다양할 뿐만 아니라, 급격하고 영속적인 변화를 겪는다는 데 있다. 따라서 다양성을 인정할 뿐 아니라 변화에도 생동감 있게 대응하는 방식의 정부여야 적절할 것이다. 바로 이 후자가 의심정치가 전형적으로 실패하는 지점이다. 의심정치는 사회의 복잡한 여건에 적합하지만, 상대적으로 정태적인 여건에 뛰어나게 적합하기 때문이다. 신념정치는 선택된 "완성" 의 방향에서 어긋나는 변화를 억압하는 것을 주된 임무로 삼고 있기 때문에 변화에 생동감 있게 대응한다. 신념정치의 특성 안에는 이 임무의 수행을 가로막을 것이 전혀 없다. 반면에 의심정치는 특정 변화를 예방하고 말고 할 권위가 원래 없기 때문에, 어떤 종류의 변화든 상대적으로 무관심하다. 그러므로 의심정치는 본연의 영역 내부에 속하는 변화의 효과들, 다시 말해서 적실한 질서가 유지되기 위해 권리와 의무의 체계에 조정이 필요하도록 새로운 여건이 발생하더라도 감지하지 못할 위험이 높다. 이는 사정에 따라 좌우되는 우연적 실패가 아니다. 이는 의심정치의 덕목 안에 내재하는 결함이다.

활동의 방향과 관련해서 급격하고 지속적인 변화를 겪고 있는 공동체에게는 그러한 변화에 자체로 휘말리지 않는 방식의 정부가 특별히 필요하다. 질서가 유지되고 있다는 상징으로서 형식성의 고수가 여기서 명백히 적절하고, 이것은 회의주의의 속성이다. 그러나 형식성을 너무 빨리 무시했다가 질서를 혼란에 빠뜨리면 안 된다는 거리낌은 형식성을 수정하지 않는다면 질서 자체가 현실적 적실성을 상실하여 결국은 자기 파멸로 이어질 만한 상황에서까지 변화에 대한 일반적인 저항감으로 이어진다. (이런 경우처럼) 변화를 상상하고 대비하는 것은 덕성으로 인정되지 않고, 오직 가장 현저하고 가장 확실한 변화에만 마지못해 대응하여 권리와 의무의 체계를 가장 저렴하고 가장 혁명적이지 않은 방식으로 조정하는 방안을 고안하는 것만이 덕성으로 여겨지는 곳에서는 자기 할 일에 충실하다는 것이 사주경계를 소홀히 한다는 것과 구별하기 어려워진다. 변화의 필요에 촉각을 연다는 것은 그만큼 덜 견고한 셈이며, 권리와 의무의 체계를 개혁할 준비가 더 되었다는 것은 공동체의 활동에 관해 더 많은 명령을 내릴 태세를 뜻한다. 요컨대, 더 큰 차원 기획 따위는 없이, 현재 공동체를 구성하는 활동들과 관련하여 권리와 의무의 체계를 유지하는 데만 국한된다면, 회의적 업무 자체의 이행마저 지지부진할 위험이 높은 것이다. 신념 쪽에서 잡아당기는 장력이 없다면, 하나의 착각 그것도 위험한 착각이라고 지금까지 우리가 살펴왔던 "완벽주의" 가 (그 자체에도 나름의 네메시스는 있지만) 없다면, 회의적 스타일의 정부는 정치적 무사안일주의라고 하는 네메시스로 뒤덮이고 말 것이다.

무슨 일이 벌어지든 그 의미를 과소평가하는 회의주의의 경향은 이와 같은 자가당착의 다른 양상이다. 신념은 모든 경우를 위기로 인식하면서 "공익" 이라는 이름 아래 신념의 정부가 휘두를 수 있는 막대한 권력을 동원함으로써 반율법주의적 통치를 유지한다. 이런 정부에게는 그래도 항상 권력이 불충분하기 때문에 권력은 줄곧 증가하는 과정에 있다. 예를 들어, "토지수용권" [155]이라는 개념은 "주권" 이라는 개념으로 확대되어, 법을 해석하는 데 도움을 주는 보조수단 정도에 그치지 않고 모든 법에 종지부를 찍는 법, 유사시 꼼꼼한 통제를 가능하게 해줄 권위, (줄여 말하자면) 천국으로 가는 지름길이라고 이해되기에 이른다.[156]

---

155) 토지수용권eminent domain: 그로티우스가 1625년 『전쟁과 평화의 법』 에서 사용한 라틴어 문구 dominium eminens가 어원이다. 영토에 대한 최고 영주의 권리라는 뜻으로서, 그로티우스는 긴급한 사정 또는 공익을 위해 필요한 경우 사유재산을 (정당한 보상을 거쳐) 수용할 수 있다는 근거로 사용했다. (역주)

156) 일정한 사정에서는 정부에 맞설 수 있는 신민의 권리를 포함해서 사적인 권리를 정부가 무효화할 수 있는 것이 불가피하다. 스타일 여하를 막론하고 어떤 정부도 다스림의 실효성에 대한 절대적인 제약을 인정할 수는 없다. "토지수용권" 이라는 개념은 이런 신조를 담고 있으며, 정부가 회의주의의 방향으로 나아가는 한, 다시 말해 그 "사정" 이라는 것이 넓게 해석되기보다 좁게 해석되며, 그 수용권이라는 것이 수줍어하는 방식으로 행사되는 한, 여기에는 심각한 문제가 없는 것으로 이해되어왔다. 실로, 긴급한 경우와 정상적인 활동을 구분하기 때문에 이 개념은 자체로 회의주의적이라고까지 말할 수 있을

반면에 회의적 스타일에서는 정부가 위급상황이라는 핑계로 평소와 다르게 행동한다면 이미 반쯤은 자가당착에 발을 담근 셈이 된다. 이 스타일에서는, 엄격하게 말해서 긴급상황이라는 것이 있을 수가 없다. 법이 상황의 처분에 맡겨져야 하는 상황이라면 법치는 이미 끝장난 셈이다. 비상한 사정에 대응해서 권리와 의무의 체계가 수정되어야 한다면, 일시적으로 국지적인 적응은 도입될 수 있겠지만 정부에게 보호할 임무가 있는 전체 짜임새에는 손상이 가해지는 형태의 비용이 어쨌든 지불된 다음이다.

그러므로 회의주의에게는 과소평가하는 성향이 있다. 정부의 고유 영역에서 긴급성의 요청을 거부하고 그 영역 바깥으로는 나가려들지 않는 사이에 의심정치는 신념이 지어낸 가짜 위급과 진짜 위급을 분간하지 못하고 둘 다 격하한다. 이 와중에 의심정치는 미흡함을 하나 더 드러내는데, 이 때문에 자가당착으로 가는 길도 하나 더 열린다. 근대 유럽의 여러 공동체에 특징적인 활력과 의욕은 형식성을 지키는 정부를 요청하고, 이는 회의적인 스타일에 의해 공급될 수 있다. 하지만 그런 활력과 의욕은 동시에 진짜 위급한 상황에 대처할 수 있는 역량도 요청하는데, 이 스타일은 여기서 자기 자신의 덕성 때문에 손발이 묶인다. 회의주의 정치의 역설은 위급한 상황에서 사용할 수 있는 권력을 가장 많이 유보적으로 보유하고 있으면서도, 동시에

것이다. 그러나 최소주의의 자리에 최대주의가 들어선 곳, "공공의 필요" 가 "복지" , "번영" , "구원" 으로 확장된 곳, 어떤 경우에라도 "위급한 상황" 이라는 간판이 붙을 수 있고 "토지수용권" 이 동원될 수 있는 곳, 또는 정부가 몇 가지 활동에 관해서라도 항상 (예를 들면, 특별한 경우에 계약을 이행하지 않는다는 따위의) 특별한 특권을 주장하는 곳에서는, 토지수용권은 다른 모든 권리를 집어삼켜버리게 된다. 이런 식으로 미약하게 시작했던 일로부터 "주권" 이라고 하는 사생아가 태어나 결국 아무도 관리할 수 없는 신조로 자라난 것이다.

그 유보적 권력을 실제로 행사할 의지가 가장 약하다는 것이다. 장차 닥쳐오리라고 어떤 영감에 의해서 상상되는 위기에 이 스타일은 굼뜨게 반응한다. 그러면서도 회의주의 스타일은 순수하게 경험적인 활동으로만 머무르지도 못한다. 익히 겪어보지 못한 열정이나 긴급성, 또는 이데올로기 등이 터져 나올 때 정합성을 달성하기 위해서는 방어적인 대응 이상의 무엇이 필요하다. 사정을 향상시키는 방향의 업적을 자아내기 위한 기획이 고안되지 못할 때 불만족이 자의식적으로 감지될 수밖에 없고, "무위無爲"의 습관은 이런 불만족에 의해 압도된다. 의도적인 자기 제약에서 어떤 식으로라도 벗어날 필요를 부정할 수는 없는 것이다. 열광으로 충만해서 스스로 무제한적인 기획인 양 내세우고도 단지 제한된 결과만을 달성하는 스타일이 설쳐대는 세상에서, 이와 같은 의도적인 자기 제약은 (절제로 일관하는 정부는) 자리를 잘못 찾은 것이 틀림없다. 그것은 잘 봐줘야 기행奇行이고, 비판하자면 나태가 된다. 절제를 **열심히** 실천한다거나 자제에 관해 **열광적**으로 되기는 원래 어려운 일이지만, 절제에만 몰두하는 다스림이라는 것은 아예 불가능하다. 사랑도 감사도 요구하지 않으면서 다만 존경만을 요구한 결과로 이 스타일의 정부는 무관심 또는 경멸의 대상으로 전락할 것이다. 신념은 과잉의 네메시스에 시달리는 사이에 회의주의는 절제 때문에 권위를 박탈당한다.

신민에게 쉽사리 이해받지 못한다는 것은 다스림의 스타일로서는 부적절하다는 유죄판결과 같다. 이해의 결핍이 설사 스타일 탓이 아니라 신민 탓이라고 해도 마찬가지다. 현재와 같은 (신념정치의 적실성이 현저하게 높아 보일 수밖에 없는) 행동주의적 풍토에서 회의주의 스타일은 난삽하기만 하고 알아들을 수는 없는 궤변처럼 비치기 쉽다. 앞에서 살폈듯이 이 스타일의 다스림은 일차적으로 사법적 활동이다. 그런데 사람들이 개인을 위해서든 공동체를 위해서든 성취욕으로 차 있을 때 사법 활동은 방해물로 쉽게 오인된다. 행동주의자가 권위의 발동을 기대하는 바로 그 지점에서 이 정부는 스스로 퇴위한다. 행동주의자가 전진해 주기를 기대하는 바로 그 지점에서 이 정부는 후퇴한다. 이 정부는 기술적인 고려사항들을 고집한다. 이 정부는 협량하고, 혹독하며, 냉정하다. 이 정부에게는 용기도 확신도 없다. 이것은 활동의 다양한 방향들을 인정하지만 그 중 어느 것에도 찬동은 표하지 않는 스타일의 정부다. 스스로 "불완전" 하다고 자처하면서 어떤 도덕적 판단도 감히 내리질 못한다. 선례의 가치를 높게 평가하지만, 선례들의 궤적이 어떤 특정한 종착점을 가리킨다고는 믿지 않는다.[157] "시의" 에 의해 결정을 내리는 척하지만 고도로 세련된 결정 방식은 "완성" 의 추구에 굴복하지 않을 예방책일 뿐이다. 방종으로 비칠 만큼 아무 곳에서나 자기 제약을 고수하는 와중에 한 사람에 대한 보호를 거부하고 나아가 그에게서 자신을 보호할 모든 권위를 박탈해버린다. 만약 행동주의자에게 "진실" 이 관심사라면, 유죄를 입증할 증거를 법정으로 하여금 청취할 수 없도록 배척하는 절차법은 방해가 될 뿐인 기술적 문제로 비칠 것이다. 행동주의자에게 "훌륭한 경작" 이 관심사라면, 소유권 때문에 경작을 못한다는 것은 어불성설이다. 행동주의자에게 "올바름" 이 관심사라면, "나쁜 족속

---

157) "우리의 법과는 여러 면에서 다른 법 아래 살더라도 세상이 특별히 나빠질 것은 없으리라고 내가 믿기 때문에, 우리네 특정 법전이 우리의 존경을 요구할 수 있는 까닭은 단지 그것이 존재한다는 사실뿐이며, 그것은 우리에게 익숙해진 법전일 뿐이지 영원한 원칙을 대변하지는 않는다고 내가 믿는 바로 그 때문에, 나는 선례를 뒤집는 결정에는 느리게 동의할 수밖에 없고, 사법적인 결투는 익숙한 방식에 따라 이뤄지도록 감독하는 것이 우리의 중요한 의무라고 생각한다." 홈즈Oliver Wendell Holmes, Jr.(1841~1935), *Collected Legal Papers*, p. 239.

들" 과 평화를 맺는 것은 불결하다. 요컨대 이 스타일의 정부가 중시하는 지적 분별들은 행동주의적 의견의 풍토에서는 생소하기만 하다. 모든 다른 활동들이 진지한 세상, 근면이 덕이고 활력은 탁월인 세상에서 그런 지적 분별들을 중시하는 정부는 경박하다는 자리매김을 받는다.

의심정치에 대한 이런 식의 평가는 의문의 여지없이 무지와 오해의 소산이다. 그렇지만 이를 통해서 이 스타일의 미흡함이 일부 드러난다. 그리고 더욱 중요하게는 이를 통해서 우리는 (원하기만 하면) 회의주의의 마지막 네메시스를 파악할 수 있다. 정치를 놀이로 축소하는 성향이 그것이다.

"놀이" [158]라는 단어를 나는 이런 뜻으로 — 특정한 경우에 소정의 시간과 따로 할애된 장소에서 정확한 규칙에 따라 행해지는 활동으로서, 목표로 설정된 어떤 최종적 결과에 의해서가 아니라 그 활동이 시작되기 전에 향유되고 양육된 어떤 성향에 의해서 의미가 좌우되는 활동이라는 뜻으로 사용한다. 일반적으로 이런 방식의 활동은 "진지한" 활동 또는 "일상생활" 에 속하는 활동과 대조된다. 하지만 "진지" 가 없다면 "놀이" 도 있을 수 없고, "놀이" 가 없다면 "진지" 도 있을 수 없다. 그러므로 "놀이" 는 "진지한" 활동에 단순히 반대되는 것도 아니고 직접 반대되는 것도 아니다. "놀이" 와 "일상생활" 사이의 관계는 아이러니를 담은 동반자의 관계다. 놀이의 내부에서도 "일상생활" 에서 나타나는 긴장과 폭력과 "진지함" 이 나타난다. 그러나 이런 것들이 놀이에서 나타날 때에는 원래의 의미를 흉내 내는 데 불과한 것이지만, 그런 흉내가 가능하다는 점은 "일상생

158) 호이징거Johan Huizinga(1872~1945), 『호모 루덴스*Homo Ludens*』를 보라.

활" 자체에 대해서도 추구되는 목적의 중요성을 축소함으로써 그 "진지함" 에서 김을 빼는 효과를 초래한다.

물론 우리가 하는 대부분의 활동에는 사업에서든 종교에서든 "놀이 같은" 요소가 있다. 그리고 결과보다 방식을 더욱 중시할 때마다 우리는 이런 의미에서 "놀이" 를 하고 있는 셈이 된다. 그러나 국내의 제반사를 처리할 때, 정의를 시행할 때, 외교에서 그리고 전쟁에서 수행하는 활동들처럼 다양한 수준의 정치적 활동에서만큼 이 요소가 명백하게 현시되는 경우는 없다. 물론 이런 활동들에서 "놀이" 의 요소가 얼마나 넓고 중요한 자리를 차지하고 있는지는 이 활동들의 세부사항들을 우리가 어떻게 해석하느냐에 따라 달라질 것이다. 하지만 어떻게 해석하더라도 이 요소는 정의의 시행과 의회제 정부가 일을 처리하는 방식에서 공히 두드러진다. 사법부와 입법부의 활동은 공히 따로 정해진 시간과 공간이 있어서 외부 세계와 경계가 그어진다. 이런 활동에 종사하는 사람들이 이 시간과 공간에서 수행하는 역할은 그들이 다른 곳에서 보이는 행태와 구별된다. 이 시간과 공간에서 그들은 의례에 의거해서 움직이고, 그들이 말하는 방식은 특별한 특권에 의해 보호를 받는 동시에 정확한 규칙에 의해 결정된다. 친구들이 적수가 되고, 논쟁은 있지만 증오는 없으며, 갈등은 있지만 폭력은 없다. 승리는 공인된 규칙과 관습에 비해 부차적이다. 절차를 기발하게 착취해서 점수를 따는 행위는 정당한 것으로 인정되지만, 의례를 준수하지 못했다가는 (단지 부주의 때문이었더라도) 경쟁에 참여할 자격을 잃어버린다. 그리고 다른 어떤 방식도 아니고 오직 말을 통해서만 승리를 얻을 수 있는 관습이 이 모든 사항들을 감싸 안는다.

여기에 들어있는 많은 것들이 신념정치에게는 생소하다. 신념정치의 스타일은 무엇보다도 "진지" 하다. 정치 활동은 "일상생활" 과 결부되며, 결과가 달성되는 방식보다는 최종적 결과가 더욱 중요하게 취급된다. 토론은 대화라기보다 말다툼이고, 활동 방향이 결정된 다음에는 "반대" 라는 것이 있을 수 없다. 우리가 이미 살펴본 바와 같이 신념의 관점에서 볼 때 유감스럽게 비칠 수밖에 없는 근대 유럽 정치의 여러 특질들은 "놀이의 성격" 을 구성하는 요소들이다. 그리고 우리 정치가 결정적으로 신념의 방향을 지향할 때 억압당해야만 하는 대상은 언제나 그런 요소들이다. 반면에 회의주의는 다른 무엇보다도 "놀이" 를 구성하는 요소들에 의해서 뚜렷하게 대변된다. 실로, 그 요소들은 회의주의 스타일과 동일시될 수도 있다. 정치활동은 "일상생활" 과 구분되는 하나의 제한된 활동으로 인식된다. 제반사를 처리할 때 형식성을 고수하고, 최종적 결과보다는 그것이 달성되는 방식을 중시하며, 토론을 대화로 그리고 다스리는 활동의 영구적인 동반자로 이해하고, (다수결과 같은) 장치들을 편리한 관습 이상으로는 여기지 않으며, 승리에 제한된 의미만을 부여하는 등, 이런 모든 특징들은 의심정치에 전형적인 동시에 "놀이" 로 이해되는 정치에도 전형적이다. 나아가 회의주의자의 시야에는 이런 스타일의 정부와 신민들의 활동 사이의 관계가 여러 면에서 "놀이" 와 "일상생활" 의 관계와 흡사하게 비칠 것이다. 다스린다는 것은 활동을 일정한 방향으로 설정하고 거기에 활력과 목표를 주입하는 "진지한" 사업이 아니다. 그것은 현재 이뤄지고 있는 활동들이 자신에게만 열심히 집중하는 탓에 발생하는 난제들을 해결할 적절한 수단을 언제든 사용할 수 있게 마련해 주는 일이다. 그럼으로써 한 활동이 다른 활동에 미치는 충격의 폭력성을 줄이는 일이 다스림인 것이다. 권력이 주어지지 않는 한 이런 일을 할 수 없다는 것은 분명하다. 그러나 필요한 권력은 작아도 충분하고, 형식성과 절제를 준수하며 행사되어야 한다. 그리고 이런 점이야말로 과잉과 자기중심성에 빠져 통제를 필요하게 만드는 행동에 대한 풍자적 비판이라고 회의주의자는 지적할 것이다.

그렇다고 할 때, 우리 정치의 양쪽 끝에 있는 두 기둥은 각각 "진지"와 "놀이"로 바꿔 부를 수 있다. 신념과 의심이 서로 적이면서 친구이듯이, "진지"와 "놀이"는 서로 상극이면서 동시에 동반자다. 회의주의는 "놀이"의 극단을 대변하며, "놀이"의 특징에 속하는 요소가 ("진지"의 장력에 의해 수정되지 않은 형태로 홀로 존재할 때) 그 네메시스일 것이다.

"놀이"에 수반되는 정확성 안에는 모종의 즉흥적인 왕성함이 들어있다. 무슨 일을 할 때 흥이 나면 도를 넘어가는 성향이다. 그러나 이것은 붕괴의 전조가 아니라, 윤곽선을 아무리 정확하게 그어도 일정한 도량의 품이 허용될 수밖에 없음을 나타낼 뿐이다. 이것은 "놀이" 내부의 **놀이**다. 하지만 이에 더해서 이기려는 정열에 불이 붙으면 부적은 떨어져 나가고 놀이는 끝난다. 그것도 하나의 붕괴이기는 하지만 자가당착에 의한 붕괴는 아니다. 놀이의 자가당착은 참여자 가운데 한 명이 이기는 데 전혀 관심이 없어서 게임 자체가 권태에 사로잡히는 것이다. 상대방이 이기고 싶어 하기 때문에 점수를 내줄 뿐이라면 놀이에 아무런 목적이 없는 것과 같다. 무관심은 저절로 전염되고, "놀이"는 산산이 부서져서 게임이 붕괴된다. 엄밀히 말해서 "놀이"에서는 승패가 중요하지 않다. 그러나 이기는 게 중요하다는 착각이 없이는 "놀이"가 불가능한 것이다. 죽을 수밖에 없는 존재에게 진지할 일은 **아무것도 없다**는 믿음, 바로 이것이 "놀이"의 네메시스다. 하지만 신념의 특성이 모든 금제에서 해방되었을 때 초래될 자기 파멸에서 신념을 구해주는 것이 회의주의의 아이러니이듯이, 다스리는 활동을 단지 "놀이" 로 축소시키는[159] 정치 스타일을 자기 파멸에서 구원해 주는 것은 신념에서 오는 인력이다. (신념의 극단에 기대게 만드는 인력 말고) 승리에 쟁취할 만한 가치가 있다는 착각이 바로 그 인력이다.

IV

이 두 가지 정치 스타일이 각각 홀로 서 있을 때 자기 파괴적이라는 말, 그리고 그런 자기 파괴에서 각각을 구원해 줄 수 있는 계기는 다른 스타일에 의해서 공급될 수 있다는 말은 근대 유럽의 정치에서 신념과 의심이 서로 반대되기만 하는 것이 아니라 동반자이기도 하다는 말을 아마 좀 더 생생하게 표현한 데 지나지 않을 것이다. 이 두 스타일 각각의 네메시스에 관한 우리의 탐구는 그것들이 엄밀하게 말해서 다스리는 방식 및 정부의 임무를 이해하는 방식에 관한 두 개의 대안이 아니라 우리네 정치의 내적 운동을 지탱하는 두 개의 기둥이라는 견해를 뒷받침해줄 뿐이다.

하지만 이 탐구의 와중에 신념과 의심의 한 가지 성격이 조명될 수 있었다. 종전까지는 충분히 주목받지 못했던 성격으로, 이 두 스타일이 서로 정확히 대칭은 아니라는 사실이다. 두 스타일은 서로 반대되지만, 반대되는 각도는 서로 어긋나 있다. 두 스타일은 서로 동

---

159) 섀프츠베리Anthony Ashley Cooper, 3rd Earl of Shaftesbury(1671~1713), *Charactersiticks* (2nd edition), vol. I, p. 74를 참조하라.

반자지만 서로 똑같은 기초를 공유하지는 않는다. 둘 사이의 불일치가 확연하게 드러나는 것은 오로지 신념이든 의심이든 홀로 설 수 없는 무능력을 우리가 고찰할 때뿐이다.

자가당착은 신념정치에 내재하는 필연적 속성이다. 이런 스타일의 정부를 추구하다보면, 결국에 가서는 공동체 특히 근대 유럽에 존재하는 종류의 공동체가 파괴되기 마련이라는 뜻은 아니다. 그럴 수도 있기는 하겠지만, 내가 말하려는 논점은 그것이 아니다. 내 뜻은 이 스타일의 정부가 본원적으로 자기모순이라는 점에 있다. 반면에 의심정치는 외부사정에 따라 자가당착에 빠지는 강한 경향이 있다 — 홀로 서 있을 때 흔들거린다. 그러므로 의심의 장력은 신념을 예정된 자기 파멸에서 구원해주는 반면에, 신념의 장력은 의심을 단지 개연성이 높은 자기 파멸에서 구원해준다.

만약 의심정치가 단순히 무정부 상태를 표상한다면 이 스타일의 정부도 본원적으로 자기모순적일 것이고, 실제로 신념이 의심에게 전적으로 의지해야 하듯이 의심도 신념에게 전적으로 의지해야 할 것이다. 무정부와 신념은 각기 홀로 서 있을 때 서로 다른 방식으로지만 공히 "다스림" 을 폐지한다. 그러나 회의주의는 무정부가 아니다. 회의주의는 무정부를 지향하는 성향도 아니다. 무정부에서 탈피한 덕택으로 회의주의는 다스리는 하나의 방식으로서 본원적인 자기 파괴에서도 탈피할 수가 있다. 회의주의의 덕성 안에 내재하는 결함은 심각하다. 그 덕성들이 만발한다면 정치 스타일로서는 절뚝거리는 모습밖에 보여주지 못할 것이지만, 그것들이 만발할 필요는 없다. 회의주의 스타일이 근대 유럽의 여러 공동체를 위해 부적합한 (이것은 이 스타일의 가장 큰 실패다) 이유는 대체로 그 스타일이 스스로 자초하지 않은 여건, 즉 "위급" 과 "전쟁" 이라는 여건에 견주어 미흡한 탓이다. 근대 유럽의 여러 공동체에서 "전쟁" 이라는 것이 비정상이라기 보다는 하나의 정상적인 여건으로 간주되는 것은 사실이다. 그러나 이것은 (중대한 전쟁에 관한 한) 그 공동체들 자체의 성격에서 나온 결과가 아니라, 그들의 정치활동이 자주 그리고 오랫동안 신념의 공세적인 지침에 따라 주도된 결과다. 근대의 중대한 전쟁은 종교 때문이 아니면 세계의 자원을 최대한으로 활용한다는 의미로 이해된 "완성" 을 추구하다 발생했든지 또는 "안전" 으로 이해된 "완성" 을 보호하려다가 발생한 결과였다. 이런 여건을 인정할 준비가 되지 않았거나 이런 여건에 어울리지 않는 방식의 정부는 이런 여건이 나타날 때 실패할 확률이 높다고 말할 수는 있겠지만, 그런 정부가 이런 여건이 나타나도록 부추긴 바는 전혀 없다.

나아가 신념의 스타일이 홀로 서 있을 때 거기에 속하는 과잉과 자기 제약의 결핍은, 가용한 권력이 허용하는 만큼 최대치까지 항상 치닫는다는 의미에서 전형적인 동시에 항상 완결적이다. 그러나 회의주의는 무정부가 아니기 때문에 여기에 전형적인 (그리고 회의주의로 하여금 하나의 "도덕적" 활동이자 취약한 활동이 되도록 만드는) 혹독한 자기 제약은 하나의 극단이 아니다 — 회의주의는 자신의 존재를 지워버릴 때까지 자기를 제약하지는 않는다. 신념의 스타일은 홀로 있을 때 정도의 여지를 남기지 않는다. 약간 많거나 약간 적다는 식의 차이 자체가 여기에는 없고, 언제나 역량의 한계를 실험하겠다는 태세다. 자신의 과잉으로부터 자신을 보호해줬을 종류의 자아비판 능력도 여기에는 없다. 이미 살펴봤듯이 신념정치는 영원을 위해 건축된 불사신들의 정치다. 그러나 회의주의 스타일은 홀로 서 있는 경우에도 약간의 자아비판 능력이 있다. 회의주의에게는 스스로 인정하는 한계가 있기 때문에 거기에 비춰서 자신의 업적을 비교할 수가 있으며 내부의 운동과 자기교정을 위한 여지와 유보도 흔쾌히 인정된다. 의심정치는 죽을 수밖에 없는 존재들의 정치다. 이는 그 시야의 범위가 즉시적인 현재에 국한된다는 뜻이 아니고, 시야가 짧지만도 길지만도 않다는 뜻이다. 이 스타일의 정부에서는 모든 일이 잠정적이고 장차 전개될 사정이 요구하는 바에 따라 확대될 수도 있고 축소될 수도 있다. 그러나 모든 일에는 각기 덧없는 정도가 있고 나중에 사라질 것들은 바로 그 때문에 단지 찰나적인 것만은 아니다. 신념의 스타일에서 다스림은 신과 같은 활동인 반면에 회의주의 스타일에서는 인간의 활동인 것이지 하루살이의 활동이 아니다. 요컨대 우리 정치활동의 이들 두 기둥을 양극과 음극으로 간주하고 싶다면 그렇게 해도 되지만, 신념정치가 "전부", 즉 공동체를 구성하는 활동들에 대한 완전한 통제를 의미하는 반면에 의심정치가 의미하는 바는 "전무"가 아니라 "조금"이라는 사실을 반드시 인식해야 한다.

마지막으로, 신념과 의심의 성격 사이에 나타나는 이와 같은 불균등은 하나의 실천적 일반원리의 형태로 정형화할 수 있다 — 과잉과 부족은 각각 중간에서 같은 거리가 아니다. 이소크라테스,[160] 그리고 그보다 먼저 공자가 관찰했듯이 "중용은 지나침보다는 오히려 부족함에 있다."[161] 실로, 부족은 결코 절대적일 수가 없기 때문에 자체가 하나의 중간이다. 낭비하는 자는 모든 것을 처분하다 못해 자기가 가진 것 이상을 소비하기까지 하지만, 설사 구두쇠라고 해도 무언가는 소비해야 한다. 첫 번째 탄환이 과녁에 미치지 못할 때, 사격수는 어디에 떨어졌는지를 보고 다음번에는 거기에 맞춰 조정할 수가 있

---

160) Isocrates(기원전 436~338), *Ad Nicoclem*, p. 33.

161) Confucius(기원전 551~479), *Analects*, iv. 23. [『論語』, 卷4 「里仁」, 章23 "以約失之者鮮矣." (역주)]

다. 그러나 첫 번째 탄환을 눈으로 추적할 수 없도록 멀리 날려버린 사격수는 사격을 한 번도 하지 않았던 때에 비해 과녁에 조금도 가까이 가지 못한 셈이다. 이 원리에도 어떤 한계는 있을지 모르지만, 우리의 정치에 관해 지금까지 도달한 이해로부터 어떤 결론을 도출할 수 있느냐는 질문과 관련해서는 유용한 원리라고 봐도 된다고 나는 생각한다.

제6장 결론

I

인간의 활동은 관심분야가 무엇이든 일정한 범위 안에서 움직인다. 이 범위를 규정하는 한계는 역사적이다. 다시 말해, 그 한계 자체가 인간 활동의 소산이다. 일반적으로 말해서, 역사적 한계와 구별되는 의미의 "자연적" 한계 같은 것은 없다. 예를 들어, 우리가 "인간의 자연"[162]에 귀속시키는 속성도, 우리가 인간의 활동에 의해서 결정되는 조건들에서 나온다고 즉각적으로 인정하는 속성들에 비해, 덜 역사적이지 않다. 심지어 한 사람이 신체적 힘을 가지고 무엇을 하는지마저도 역사 속에서 인간이 개발한 장비와 발명품에 의해서 결정되고, 그런 장비가 없는 공동체는 존재한 적이 없다. 역사적인 만큼 이

162) human nature는 흔히 "인간의 본성"으로 번역하지만, "자연적" 한계라는 것이 역사 안에 있다는 논의의 맥락을 부각하기 위해 "인간의 자연"으로 번역한다. (역주)

한계는 절대적이지 않다. 하지만 어떤 경우에도 절대적이지 않다는 이유로 이것이 한계 아닌 것이 될 수는 없다. 이 범위는 넓을 수도 좁을 수도 있지만, 이것이 없을 수는 없다. 상상의 날개, 단어로 이미지를 형상화하는 시인의 힘, 과학자의 가설, 철학자의 현실 참여 또는 거리두기, 그리고 현업에 종사하는 사람들의 사업과 기획들은 모두 각자가 거주하는 세계의 상태에서 주어진 것 또는 암시된 것을 착취하는 일이다. 어떤 관점에서 바라보면 문명이 야만과 구분되는 갈림길은 활동이 작동할 수 있는 범위가 더 넓으면서 동시에 한계는 더욱 확고하다는 데 있다.

우리네 정치활동, 공적 질서에 대한 이해와 관심 역시 마찬가지다. 정치인에게는 언제나 그의 시야를 구성하는 일정한 장場이 있고 일정한 범위의 기회가 있다. 그가 사유하고 욕구하고 시도할 수 있는 것들은 그러한 상황의 역사적 한계에 종속된다. 그의 활동을 이해하기 위해서는 그가 어떤 장 안에서 움직이는지, 그에게 어떤 선택들이 가능한지, 그리고 그가 시도할 수 있는 기획들이 어떤 것인지를 먼저 고찰할 필요가 있다. 실로 이런 점들을 이해하기 전에는 그의 활동에 대해 어떤 (가령, 잘했다든지 못했다든지) 판단을 내리더라도 호소력이나 중요성을 결여할 위험이 높다. 이런 장의 한계도 다른 모든 한계와 마찬가지로 모든 시간을 관통해서 고정되어 있는 것은 아니다. 한계는 역사적이며 따라서 언제나 운동중이다. 수축되는 중이거나 확장되는 중인 것이다. 그렇지만 어떤 시점에서든 한계들은 상대적으로 고정되어 있고, 수축과 확장 자체도 결코 우발적으로만 이뤄지거나 무한히 이뤄지는 것이 아니라 항상 주어진 상황에서 암시되는 바를 착취하는 방향으로 이뤄진다. 가장 자유로운 정치인이란 자기가 처한 역사적 상황에 어떤 기회와 어떤 한계가 있는지 심오하게 파악함으로써, 한편으로는 거기에 암시된 바의 일부 그리고 다른 편으로는 모든 가능성의 전체 범위를 언제든지 활용할 수 있도록 태세를 갖춘 동시에, 자신을 둘러싼 여건 안에 근거가 깊게 박히지 못한 사업에는 휘둘리지 않는 사람이다.

근대 유럽의 여건에서 정치활동이라는 것은 역사적 가능성들로 이뤄진 일정한 장 안에서 행해지는 움직임이다. 지난 5백 년 동안 이 가능성들은 어떤 방향에서는 확장되었고 다른 방향에서는 축소되었다. 지금 우리가 생각할 수 있는 활동의 범위는 5백 년 전과 비교할 때 어떤 점에서는 좁아졌고 다른 점에서는 넓어졌다. 하지만 이러한 확장과 축소는 상대적으로 중요하지 않다. 내부 운동의 범위는 근본적으로 변하지 않는다. 근대의 역사는 정치적 가능성들이 유난히 넓고 급하게 확장되는 데서부터 출발했다고 말할 수도 있을 것이다. 그리고 이런 시각에서 바라보면, 근대 역사의 경로는 그렇게 개방된 운동의 범위를 점점 더 철저하게 착취하는 방향으로 흘러왔다고도 말할 수 있을 것이다. 그렇다고 볼 때, 근대 유럽의 정치를 이해한다는 것은 무엇보다도 여기에 특징적인 운동의 범위를 인식하는 것과 같다. 다른 말로 표현하자면, 근대 유럽의 정치적 "성격" 은 내부 운동의 일정한 범위에 의해서 다른 곳의 정치와 구별되는데, 근대 유럽의 정치활동이란 이렇게 구별되는 성격에 속하는 여러 성향들을 착취하는 활동이다.

근대 유럽의 정치적 성격은 자생적 충동에 의해 두 갈래로 무리를 짓게 되었는데, 나는 이러한 두 갈래의 성향들을 각각 신념정치와 의심정치라고 명명해왔다. 어떤 견지에서 보면 이것들은 정치를 이해하는 방식과 정치를 행하는 방식에 관해 서로 직접적으로가 아니라 어긋나는 각도로 상반되는 두 개의 "이념형" 이다. 근대 유럽의 정치가 이 두 방향 중 하나의 성향을 취한 적은 많았지만, 각 방향이 지향하는 지평선에까지 도달해서 정지한 적은 없었다. 어쨌든, 이런 견지에서 보면 신념정치와 의심정치는 각기 서로 배타적인 정치 스타일이고, 근대라는 시대에 다스림은 이 두 스타일의 불협화음을 추구해 온 것이 된다.

그러나 이것들은 단순히 상반되는 두 개의 정치 스타일이 아니다. 이것들은 단순히 우리네 정치의 성격이 뻗어나갈 수 있는 두 갈래의 극단, 우리 정치의 성격이 때로 도달할 수는 있지만 넘어갈 수는 없는 부동의 장벽인 것도 아니다. 이것들은 우리네 정치활동의 두 기둥이 내부에 보유하고 있는 잠재적 에너지, 운동의 전체 범위에 대해 영향을 미치는 인력의 원천이라고 말해야 맞다. 우리 정치활동은 언제나, 두 갈래 방향 중 하나를 타고 꽤나 멀리 나아간 다음에도, 한 쪽에서 오는 인력의 결과가 아니라 양 쪽에서 오는 인력의 결과였다. 그러므로 신념정치와 의심정치는 엄밀하게 말해서 대안적 정치 스타일이 아니다. 이 둘이 우리 정치운동의 한계와 추동력을 동시에 제공한다. 우리의 정치를 특징짓는 운동의 범위는 이 두 극단이 정하는 조건에 의해 좌우되는데, 이것들이 단순한 경계선에 불과했다면 그럴 수가 없었을 것이다. 나아가 이와 같은 양극성은 우리의 정치활동에 독특한 이중성을 부여했고, 우리 정치 어휘에 독특한 모호성을 부여했다. 내부에 운동의 기회가 없다면 모호성도 없었을 것이고, 내부 운동이 다른 극단들에 의해 좌우되었다면 모호성도 지금과는 달랐을 것이다.

이것이 근대 유럽에서 정치운동의 본질이다. 이 두 한계가 이 본질을 안에 쥐고 있으면서 거기에 영감을 불어 넣는다. 우리가 처한 곤경은 이런 모습이다. 이제 우리의 정치적 상황을 이렇게 파악할 때 어떤 결론을 도출할 수 있는지를 고찰할 일이 남았다. 정치의 성격이 이와 같을 때, 이와 관련해서 올바른 행동의 방식이 있지 않은지를 특히 고찰해야 한다.

II

이중성과 모호성이 현실에서 어떤 쓸모가 있을지는 몰라도, 그렇게 복잡한 정치의 방식이 단순하게 줄어든다면 틀림없이 모두에게 나을 것이라는 결론이 의심할 나위 없이 우리의 첫 번째 충동일 것이다. 풍성함과 다양성에서 손실이 있더라도 신경을 분산시킬 필요가 없다는 이점으로 벌충하고 남을 것이다. 복잡하지만 모호하지는 않을 수 있기를 바란다는 것은 데워주기만 하지 태우지는 않는 불을 기대하는 것만큼 어리석다. 오늘날 정치는 무엇보다 어렵기 때문에 중요하며, 무엇보다 복잡하기 때문에 어렵다는 식으로 과장된 중요성을 누리고 있다. 만일 우리 정치의 성격에 단순성을 채워 넣게 되면, 이런 과장된 중요성을 사라지게 만드는 이점도 있을 것이다. 이런 식의 구상은 오래 전부터 과감한 (그리고 참을성이 없는) 기질의 소유자들에게 매력을 뽐었다. 그들은 일찍이 근대 유럽 정치의 혼란을 확실히 교정할 유일한 길이 거기에 있다고 봤다. 이 견해를 17세기에 대변했던 한 인물은, "보라, 이 무질서를!" 이라고 외쳤다.[163] 그리고 혼란의 광경이 눈앞에 펼쳐지는 만큼, 그는 혼란을 대체할 조화의 상태를 마음속

---

163) John Amos Comenius(1592~1670, 체크 모라비아의 교육가, 저술가), *The Labyrinth of the World and Paradise of the Heart.*

의 영상으로 그렸다. 더욱이 단순한 스타일의 정치를 찬양하는 최근의 인사들은 다른 분야에서 이와 비슷한 시도들이 거둔 성공을 지목한다. 잉글랜드의 법에 전형적인 (전승되어 온 법과 제도의 유래가 이질적인 탓에 그리고 거치적거리기만 하는 장애물로 인지되는 것들을 가끔씩 내다 버릴 용기가 없는 탓에 발생한 결과인) 복잡성은 지난 150년 동안에 눈에 띄게 줄어들었다. 그러나 잉글랜드의 법을 간소화하는 작업은 주로 절차법의 영역에서 성공을 거두었다. 반면에 우리의 정치적 절차에서는 복잡성을 줄일 여지나 기회가 있겠지만, 우리네 정치의 핵심적 복잡성은 그런 정도로는 거의 영향을 받지 않는다. 사법 개혁가들의 사업은 철자법을 간소화하는 작업에 비견할 수 있는 반면에, 정치를 단순화하는 기획은 과업의 크기라는 면에서 볼 때 하나의 언어를 단순화하는 작업에 비견된다. 예를 들어, "기초영어" 에 속하는 수준으로 어휘와 통사統辭를 제한한다든지, 아니면 라틴어의 모든 흔적을 제거하는 따위의 방식으로 우리만의 "잉글랜드어" 를 (새로운 지평 위에) 창조하는 작업 비슷한 것이다. 실제로 중농주의자[164]들은 "훌륭한 정치인 그리고 참으로 훌륭한 시민이 되는 데는 산수를 잘하는 어린이가 발휘하는 만큼의 역량과 인내만 있다면 충분하리라" [165]고 추측했는데, 그때 그들이 염두에 두고 있던 것이

---

164) 중농주의자들physiocrats: 케네François Quesnay(1694~1774), 튀르고Anne-Robert-Jacques Turgot(1727~1781), 네무르Pierre Samuel du Pont de Nemours(1739~1817) 등, 18세기 프랑스의 경제학자들을 가리킨다. 그리스어 physis(자연)과 kratein(다스리다)를 합해서 physiocratie(자연에 의한 정부)라는 단어를 만들었다. 농업생산을 곧 자연이라고 보면서 직업과 거래와 무역에서 정부의 간섭을 줄여야 한다고 주장했는데, 자유거래의 원리는 파리에서 그들과 교유했던 스미스Adam Smith(1723~1790)에 의해 본격적으로 발굴되었다. 중국 연구에 열심이었던 케네가 중국의 사고방식과 사회체제에서 영감을 얻었다는 사실이 최근에 인정되는 추세다. (역주)

165) Georges Weulersse(1874~1950), *Le Mouvement physiocratique en France de*

바로 그런 종류의 단순한 정치였다.

그런데 우리의 정치에서 복잡성을 철폐함으로써 모호성을 제거한다는 기획은 어떤 단순한 유형을 부과해야 할지부터 정하지 않고는 착수할 수가 없다. 시간의 흐름 속에서 달라붙게 되었지만 이제는 무의미하거나 걸리적거리는 흡착물들을 제거한다든지, 눈에 띄게 이상한 예외적인 절차들을 삭제하는 것만으로 절차의 간소화는 달성할 수 있다. 그러나 단순한 스타일의 정치는 이보다 훨씬 발본적인 종류의 개혁을 요구한다. 우리의 기획가가 완전히 새로운 정치 스타일을 들고 나오지 않는 한, 어휘와 통사까지 자체의 것으로 구비한 하나의 새로운 언어에 비견할 만한 방안을 내놓지 않는 한, 우리의 선택은 현재 우리의 신경을 분산시키는 두 스타일 중에서 하나를 고르는 수밖에 없다. 그리고 둘 가운데 하나를 버리고 나머지 하나를 택할 수만 있다면 정치적 어휘에서 모호성이 제거되리라는 점도 분명하다. 사실은 유럽의 정치에서 복잡성을 제거하기 위해 나온 모든 구체적인 제안들은 이런 성격을 가졌다. 예를 들어, 마르크스주의는 이런 종류의 천진난만한 기획이다. 마르크스주의는 신념정치의 한 판본, 베이컨주의적 판본에 적합한 방식만 빼고 나머지 활동 방식은 모두 내다 버리라고 명령한다. 공산주의는 정치적 활동만이 아니라 분야를 막론하고 모든 활동들을 단순화한다는 기획이다. 그리고 유럽 정치를 단순화하기 위한 여러 시도들 가운데, 복잡한 사회에 단순한 스타일의 정치가 적절하지 않다는 사실을 널리 알리는 계기가 된 것은 아마도 그것이 유일하다. 마르크스주의는 모든 단순한 스타일의 정치에 대한 하나의 이상적인 모델이다. 그리고 그 계보는 17세기와 18세기에 복잡성에서 탈피하고자 했던 초창기의 기획으로까지 거슬러 올라

1756 à 1770 (Paris, F. Alcan, 1910), ii, p. 123.

갈 수 있다.

그렇지만 근대 유럽 정치를 독해하면, 단순한 스타일의 정치는 근대 유럽의 여러 공동체에 적절하지 않을 뿐만 아니라, 본원적으로 자가당착이라고 확신해야 할 결정적인 이유를 목격하게 된다. 복잡성으로 말미암아 발생하는 결과에서 도망치려는 시도이기는 하지만 실제로는 아무 곳으로도 인도해 나가지를 못하는 것이다. 우리네 정치활동의 복잡성을 구성하는 현행 두 가지 스타일 중에서 하나를 골라야 하는 것이라면 홉슨의 선택으로 몰리는 셈이다.[166] 어느 것을 택하든지 우리가 원하는 단순성을 공급해 줄 수는 없다. 왜냐하면, 앞에서 살펴봤듯이 신념정치와 의심정치는 대안적 정치 스타일이 아니라 근대 유럽 정치가 거의 5백 년 동안 왔다갔다 움직인 궤적의 양 끝에 위치한 두 기둥들이 안에 담고 있는 에너지이기 때문이다. 추상적으로 바라보면 각각이 단순성이라는 덕목을 갖춘 것처럼 보일지 모른다. 그러나 둘 중 어떤 것도 홀로는 정치활동의 구체적 스타일이 되지 못한다. 상대방과의 동반관계가 해체될 때 각 스타일의 성격이 어떻게 될지는 이미 앞에서 관찰한 바와 같다. 신념은 정치를 폐지함으로써 정치를 단순화할 것이다. 그리고 신념의 인력으로 견제되지 못할 때 회의주의의 폐단은 금세 신념의 인력을 압도할 정도로 팽창할 것이다. 그러므로 정치에 단순성을 부과해서 우리가 곤경에서 탈출할 수는 없다는 결론이 나온다. 현재 우리의 상황이 암시하는 바는 정치활동의 복잡한 방식 말고는 아무것도 없다. 따라서 우리가 상속받은

---

166) 홉슨의 선택Hobson' s choice: 홉슨Thomas Hobson(1544~1631)은 마구간을 운영하면서 삯을 받고 말을 빌려줬는데, 자기가 정한 순서대로 말을 내주면서 싫으면 관두라고 했던 데서 연유한 문구로 전해진다. 선택의 허울을 쓰지만 실상은 선택이 아닌 상황을 뜻한다. (역주)

복잡성 안에서 익숙하게 지낼 수 있는 수단을 찾는 것이 과제다. 복잡성을 들고 나가서 단순성과 물물교환할 시장을 찾아보겠다는 잘못된 희망에 빠져 허우적대지 않고는 복잡성에서 탈피할 길이 현재의 우리에게는 없다.

III

우리 정치의 성격이 이처럼 불가피하게 복잡할 수밖에 없는 것이라면, 우리로서는 거기서 좋은 점을 찾아 착취할 길을 배워야 한다. 그리고 그 성격이 치달을 수 있는 양쪽 극단에서 몇 걸음 물러나 그 사이에 위치하는 중간 지역을 탐사할 때 장점을 가장 많이 향유하고 폐단을 가장 확실히 피할 수 있으리라는 데 의문이 있을 수 없다. 실로, 복잡한 스타일의 정치가 가장 선명하게 드러내는 특징은 우리로 하여금 자기 파멸적인 극단에서 벗어날 수 있도록 살아가기에 적합한 중간 지역을 제공해준다는 점이다. 그러므로 이 스타일과 익숙해진다는 것은 이른바 행위의 중용이라 일컬어지는 것을 준수하는 것과 같다.[167] **무슨 일을 하든지 결코 지나치면 안 된다**는 원리다.[168] 뿐만 아니라 이것은 어떤 외생적인 원리도 아니다. 모든 곳에서 극단 사이

167) 나는 이 표현을 유학자 자사[子思(기원전 483경~402경, 공자의 손자), 『中庸』의 저자로 전해진다. 오크쇼트는 Tzu Szu라고 표기했다 (역주)]에게서 취했다. 자사가 중용을 과잉과만 대조하는 것이 아니라, "지식"의 절대주의와도 대조하는 것은 내가 여기서 말하려는 목적에 아주 잘 어울린다.

168) 강조체로 표기한 문구는 프랑스어 il ne faut jamais rien outrer의 번역에 해당한다. 오크쇼트는 il faut jamais outré라고 썼다. (역주)

의 중간이 덕이라는 따위 어떤 임의적인 믿음에 의해 외부에서 부과되는 원리가 아니라는 말이다. 그런 임의적인 믿음도 어쩌면 맞을지 모른다. 그러나 내가 주목하는 중용은 복잡한 스타일의 정치 자체로부터 노정되는 원리다. 만약 우리 정치가 복잡하지 않았다면, 그리하여 어떤 오류도 없이 오직 하나의 방향만을 지향하는 것이었다면 이런 원리는 어불성설이었을 것이다. 나아가 근대 유럽의 정치를 우리가 있는 그대로 인식하는 한, 그리고 그 성격의 절반을 부인하지 않는 한, 실제로도 정치가 이와 같은 중간 지역을 점령하려는 방향으로 흘러가는 경향을 볼 수 있을 것이다. 우리가 그 중간 지역에서 벗어나는 것은 정치의 두 기둥 가운데 한쪽에서 인력을 행사하는 데 실패할 때뿐이다. 이렇게 볼 때 중용의 원리는 복잡한 방식의 정치 안에 본원적으로 내재한다. 그리고 여기서 상관이 있는 두 극단이 어떤 것인지에 관해 지금 우리가 명료한 생각을 가지고 있다는 점에서, 지금 내가 말하는 중용은 흔해빠진 상투어로 전락하지 않고 구원된다. 더구나 여기서 중용이 하나의 고정된 지점이 아니라는 사실도 지적할 가치가 있다. 행위의 중용이라는 원리는 우리 정치에서 내부 운동을 박탈하거나 우리 정치에 단순성을 부과하지 않는다. 복잡한 스타일의 정치가 동력을 상실하는 것은 오로지 두 개의 지평선 중 하나의 끝에까지 가서 정지함으로써 복잡하기를 중단할 때뿐이다. 중용은 운동의 중간 지역이지 휴식의 중앙점이 아니다.

잉글랜드의 정치가 겪어온 운수의 와중에 행위의 중용이라는 원리가 처음 나타난 것은 17세기 말과 18세기 초 사이의 한 시기였다. 정치가 한편의 극단에서 다른 편의 극단으로 왔다 갔다 하는 성향을 보일 당시에 그런 원리가 나타났다는 것은 시의적절한 일이었다. 극단으로 치달은 정치가 보여줄 수 있는 매혹적인 마법이라든지 열광적으로 수용된 명분 같은 것은 전혀 없었던 시기였지만, 복잡한 방식의 정치가 구체적으로 어떤 성격을 가지는지는 볼거리를 더 많이 제공한 어느 다른 광경보다도 착오 없이 보여줬다. 당시 세상에 열광이 없었기에 그랬던 것도 아니고, 그 시기가 단지 정체상태에 빠진 정치의 사례인 것도 아니다. 열광은 그 시기에 비난을 받았다기보다는 제자리를 찾아가도록 인도되었다.

경기가 벌어지자 신념이 인상적인 득점을 올렸다. 그런데 신념의 편답게 타자가 포구 방해를 범해서 이닝이 끝나버렸다.[169] (주자들은 그런 줄도 모르고 한 점이라도 더 따려고 계속 달렸다. 신념은, 특히 프랑스에서, "배후에 찬란한 미래"를 가진다고 믿어졌다.) 그러자, 회의주의 편에서 반격을 취할 것처럼 보였다. 하지만 웬걸, 차나 한 잔 마시기 위해 시합이 잠시 중단되었다. 그리고 휴식 시간 동안 이뤄진 대화에서 행위의 중용이라는 정치적 원리가 등장했다. 이 대화에는 여러 목소리가 들렸는데, 그 중에 로크, 바클리,[170] 섀프츠베리, 핼리팩스, 보일,[171] 생-테브르몽,[172] 퐁트넬, 흄 등이 눈에 띄는 인물이었다. 주변에는 (맨더빌[173] 같은) 입담꾼도 있어서 전체 분위기를 비극보다 희극으로 만드는 데 기여했다. 이들은 하나의 정당을 이

---

169) 오크쇼트는 크리켓에 비유해서 말했지만, 편의를 위해 야구의 비유로 바꿔서 의역했다. (역주)

170) 바클리George Berkeley(1685~1753): 아일랜드 출신 잉글랜드의 주교, 철학자. 지각되지 않은 채로는 대상이 존재할 수 없다고 주장했다. (역주)

171) 보일Robert Boyle(1627~1691): 아일랜드 출신 잉글랜드의 자연철학자. 보일의 법칙을 발견했고, 지식의 진보와 신학 등, 다방면에 관심이 많았다. (역주)

172) 생-테브르몽Charles de Saint-Évremond(1613~1703): 프랑스의 군인, 문필가. 1661년에 망명한 이후 잉글랜드에서 여생을 보냈다. (역주)

173) 맨더빌Bernard Mandeville(1670~1733): 네덜란드의 의사, 철학자, 정치경제학자, 『꿀벌의 우화』를 쓴 풍자작가. 20대 이후 생애의 대부분을 잉글랜드에서 살았다. (역주)

루지도 않았고, 같은 민족에 속하지도 않았으며, 근대 정치의 성격을 최초로 감지한 인물들도 아니었다. 그들이 다룬 주제는 대체로 이전에 활동한 사람들의 생각들이었고, 그들의 견해는 자연히 당시의 즉각적 상황에 의해 제약되었다. 대화는 정치에 국한되지 않았고 인간 행위의 모든 분야를 건드렸다. 이것은 불행이었다. 과잉과 "열광" 이 일반적으로 폄하되고 모든 인간관계에서 "절제" 와 "쾌활함" 이 일반적으로 칭송을 받는 바람에 행위의 중용이라는 정치적 원리의 정확한 초점이 흐려져 버렸기 때문이다. 이런 분위기 탓에 정치적 활동, 즉 공동체의 공공질서를 돌보는 일이 특정한 종류의 활동이라고 지각되지 못했고, 근대 정치의 특성 안에 속한다고 적시되었어야 마땅한 중용의 원리는 마치 일차적으로 인간행위의 일반적 원리이기 때문에 정치적 원리도 될 수 있다는 듯이 다뤄졌다. 그렇지만 이 모든 혼동에도 불구하고 정치활동에서 중용이라는 개념은 실종되지 않았다. 잉글랜드 의회가 1660년에 제정한 사면법[174]에서 잉글랜드 민족이 "과거의 쾌활함" 을 되찾아야 한다고 한 호소에서도 이 원리가 시사되었지만 결실은 미미했다. 그러나 핼리팩스의 『균형자의 성격*The Character of a Trimmer*』에서는 (비록 이 내용만을 담고 있는 책은 아니지만) 이 원리가 괄목할 만한 솜씨로 제창되었다. 이 책은 근대 정치라는 여건으로부터 "절제" 의 원리를 도출하려고 한 여러 시도 중 하나였다. 그리고 물론 "균형자" 에 해당하는 사람들은 핼리팩스에 의해 하나의 "성격" 으로 정리되기 전에도 존재했다.

---

174) 사면법: 공식 명칭은 사면, 배상, 망각의 법(Act of Pardon, Indemnity and Oblivion of 1660)이다. 찰스 2세에게 자기 아버지 찰스 1세의 처형을 집행한 사람들을 제외하고 나머지 모든 사람을 용서하라고 요구했고, 1649년(찰스 1세의 처형)부터 1660년(찰스 2세의 즉위) 사이의 공화정 기간은 법적으로 망각되어 묻힌다고 선언했다. (역주)

핼리팩스는 정치적 회의주의자였고, 그의 정치적 행보에 동참한 동지들도 사람마다 정도의 차이는 있었지만 그랬다. 하지만 근대 정치에서 중용의 원리를 처음 발굴한 사람들이 회의주의자라는 점은 별일이 아니다. 왜냐하면, 회의적인 스타일 자체는 하나의 극단이지만, 공동체에 단일한 활동 유형을 부과하는 종류의 극단성은 아니기 때문이다. 그러므로 회의적인 스타일은 (앞에서 살펴봤던 대로) 자신에 대해 참을성을 발휘하는 성격을 가지고 있는데, 이는 절제라고 하는 더욱 일반적인 신조를 암시한다고 볼 수 있는 것이다. 어쨌든 핼리팩스가 『균형자의 성격』에서 내놓은 제안은 회의주의가 아니라 절제의 신조다. 그리고 여기서 그의 유일한 단견은 근대 정치의 본질적 양극성을 불완전하게 감지했다는 점뿐으로, 당대 상황의 독특함에 몰두하다 보니 발생한 결과였다. 그는 "권위" 와(또는 "군주정" 과) "자유" 라는(또는 "공영사회" [175]라는) 극단들 사이의 중용을 모색했는데, 이것들은 의미가 모호하고 가리키는 대상이 국지적이라는 점 때문만으로도 근대 정치를 둘러싼 진정한 지평선은 아니었고, 신념과 회의주의 중에서 이미 한편으로 치우친 것들이었다.

행위의 중용이라는 원리는 우리가 가진 정치적 기회 중에서 중간 지점을 채굴해 들어가는 덕성이자, 우리 정치적 어휘에서 단어들의 의미를 극한으로 몰아붙이지 않는 역량이다. "균형자" 는 배가 평형을 유지하는 데 자신의 몸무게가 도움이 되도록 위치를 바꾸는 사람

---

175) 공영사회共榮社會, commonwealth: 모두 다 함께 번영을 누리는 사회라는 뜻으로, 15세기부터 잉글랜드에서 사회개혁가들에 의해 사용되기 시작했다. 찰스 1세 처형 후, 올리버 크롬웰이 호국경에 오르면서 공식 국호를 Commonwealth of England라고 정한 것은 이런 흐름을 이어받은 것이었다. 결과적으로 찰스 1세를 처형하기는 했지만 commonwealth가 반드시 왕이 없는 체제를 지향했던 것은 아니다. 엘리자베스 2세 여왕을 우두머리로 표방하는 Commonwealth of Nations(영연방)은 현대적 변용이다. (역주)

이다. 이 사람의 행동거지를 조사해보면 몇 가지 일반적 이념들이 작동하는 것으로 드러난다. 그는 오직 정치의 내부 운동에 관심이 있다. 그에게는 (핼리팩스의 표현을 빌려오자면) "배가 평형이기만 하다면 지낼 만하다" 는 생각뿐이다. 이것은 내부 운동 말고 다른 운동이 있겠느냐는 회의주의자의 의심을 그가 반드시 공유하기 때문이 아니라, 설령 그런 다른 운동이 있더라도 제 갈 길 알아서 가도록 내버려 둘 수밖에 없다고 그가 믿었기 때문이다. "진보적" 방향의 운동을 정부의 직접 관심사로 인식한다는 것은 신념정치를 품에 안는 것이다. 극단으로 치닫는 정치를 예방하기 위해 주의를 기울이면서, 균형자는 모든 일에는 때가 있고 무슨 일이든 그 때를 만나면 득세하리라고, 섭리에 따라서가 아니라 경험에 따라서, 믿는다. 배가 평형을 유지하기 위해 그때그때 필요한 방향을 보면 그가 거기에 있을 것이다. 그렇지만 그의 방향 전환은 빈번하지도 뜬금없지도 격렬하지도 않다. 그로 하여금 위치를 바꿔가면서 균형을 잡게끔 만드는 배 자체의 변화가 대체로 빈번하지도 않고 뜬금없지도 않다. 나아가 그는 다른 사람들이 자기와는 다른 방향에 위치할 수밖에 없음을 인식한다. 행위의 중용이란 이쪽이든 저쪽이든 전부를 휩쓰는 큰 파동으로는 결코 달성되지 않는다. 사실, 그런 큰 파동을 배척하기 위해 고안된 것이 바로 중용이다. 때를 맞춘 작은 움직임이 뒤를 쫓는 큰 움직임보다 혼란을 줄일 것이다.

균형자는 근대 정치가 진행하는 흐름으로 말미암아 경우에 따라 거친 일반화도 허용된다고 생각할 수 있다. 예를 들어, 우리 정치에 숨어 있는 한 가지 암시에 젊은이들이 더욱 민감하므로 자연히 신념의 방향을 지향하는 반면에 나이든 사람은 다른 종류의 암시를 인지할 준비가 잘 되어 있고 회의주의의 신중한 망설임과 더 친하리라는 기대를 균형자도 가질 수 있다. 이런 방식으로 그는 공동체 내의 여러 집단과 부문들을 자연적 또는 역사적 성향이라는 관점에서 이해함으로써 어느 누구도 이바지할 역량이 없다고는 보지 않을 것이다.[176] 디오니소스만으로도 아폴론만으로도 안 된다. 그러나 모두들 각자 자신의 계절에 자신의 장소에서 기여한다. 다른 말로 표현하면, 활동 방향의 다양성이 자신 있게 확립되어 있는 공동체보다는 상대적으로 작은 공동체가 신념의 스타일이 제안하는 약속에 의해 압도되기가 더 쉽다고 그는 생각할 것이며, 그의 기대와 가중치는 이런 생각에 따라서 배치될 것이다. 그는 성공에 의혹의 눈길을 보내며, 권력보다는 연약함을 지원할 준비가 더 잘 되어있다. 그는 이견을 가지더라도 조화를 깨지는 않고, 동조하더라도 돌이킬 수 없을 정도로 자신을 몰입시키지는 않는다. 반대편에 설 때 그는 상대방 입장의 가치를 부인하는 것이 아니라 단지 그 적절성만을 부인할 것이고, 그의 지지는 오직 그것이 시의적절하다는 판단만을 전달한다.

이렇게 볼 때, "균형자" 라고 하는 인물, 정치활동의 복잡한 방식에 속하는 이 정치적 인물은 "시간을 절약해주는 사람" 이다. 그는 신념보다 회의주의에 더 가깝고, 변화와 위급을 인식하는 데 회의주의자의 장점을 보유한다. 그는 지식과 판단을 갈구한다. 자신이 움직이는 정치적 공간의 한계를 구획하는 극단성에 관한 지식과 운동이 언제 어떤 방향으로 일어나는지를 제대로 인식하는 판단이다. 이러한 성격

---

176) 자신의 시대에 예수회와 얀센파에 의해 대변된 두 개의 기둥을 바탕에 깔고서 중용의 원리를 터득하게 되었던 파스칼에게는 "두 개의 상반되는 진실들을 고백하는 것" 이 하나의 의무로 비쳐졌다. 그는 비록 당시의 상황이 자신을 둘 중 한 편을 지지하게끔 몰아붙였다고 봤지만, 자기가 스스로 취하고 싶지 않은 극단으로 밀려가는 자신의 모습을 볼 때 정직한 사람이라면 누구나 느낄 수밖에 없는 혐오감을 결국 겪게 되었다. Pascal, *Pensées*, p. 865; 아울러 Montaigne, *Essais*, III. p. xi과 비교하라.

에 더해, 굳이 한 마디를 덧붙이자면, 중도정당이 반드시 그의 태생적 본거지는 아니다. 중도정당들은 자주 절제의 공로를 인정받는다. 그러나 행위의 중용과는 아무런 상관이 없는 가짜 절제일 때가 그렇지 않을 때보다 더 많다. 당장의 정당 체계에서 나타나는 극단적인 세력들 사이에서 균형을 잡기 위해 힘을 쏟다 보니, 그런 극단들은 우리 정치의 본질적 지평선에 상응할 리가 없기 때문에, 중도정당들은 극단적인 세력들보다도 오히려 자기통제에서 뒤처지는 것이 보통이다.

행위의 중용을 추구하는 정치를 한 마디로 표현하면 적절성의 정치다. 소소하고 부수적인 극단들도 있기 마련인 바, 이것들이 때로는 우리의 관심도 끌고 우리의 행동도 규율할 것이다.[177] 그러나 결국에 가면, 적절성은 우리 정치의 주요 극성과의 관계에 따라서 판단되어야 한다. 근대 유럽의 정치에서 중요한 지평선은 신념과 의심이다.

IV

사물의 이치에 관한 지금까지의 고찰에 조금이라도 가치가 있다면, 그것은 정치적 사유를 안내한다는 가치일 것이다. 지금까지의 고찰은 우리 정치에 관해 생각하는 방식을 제공한다. 여기에 어떤 한계가 있는지는 명백하다. 우리가 정치에 관해 생각할 때 나타나는 수많은 질문들 가운데 어떤 것에 대해서도 오류의 가능성이라고 하는 불확실

177) 핼리팩스와 버크와 토크빌은 국지적이고 부수적인 영역에서 중용의 원리를 추구한 현저한 사례들이다.

성에서 면제된 답변 같은 것은 전혀 제공하지 못하고 있다. 그 질문들 중에 일부는 지금까지 우리의 고찰이 진행한 바와는 다른 (더 좁은) 구도 안에서 문장화되어야 대답이 가능한 질문이 된다. 그러나 지금까지 우리의 고찰은 우리의 사유가 작동할 수 있는 하나의 얼개를 제공한다. 이 얼개는 더 중요한 축에 드는 질문들을 순서에 따라 배열할 수 있도록 도와주고, 적실성을 갖춘 결론이 되려면 어떤 형태의 대답이 나와야 하는지를 미리 헤아릴 수 있는 실마리를 열어준다. 나아가 이러한 사유의 방식은 심지어 우리가 정치의 일상적인 움직임을 고찰할 때에도 사소하지만은 않은 도움을 줄 수 있다. 실로 내가 주장하는 바는, 만약 한 정치인에게 인정 많은 성품 이상의 어떤 것이 필요하다면, 가령 판단의 바탕으로 작용할 수 있는 풍부한 상식과 적수들의 움직임을 예측할 수 있는 상상력이 필요하다고 하면, 그에게 필요한 것은 당면한 모든 문제에 대해 오류에서 면제된 해법을 일괄적으로 마련해 줄 하나의 교의도 아니고 정치적 활동이라는 것이 무엇에 관한 일인지에 관한 하나의 일반적인 이념만도 아니다. 그에게 필요한 것은 이 둘 사이에 위치하는 어떤 것이다. 자신의 상황이 어떤 상황인지, 거기에 어떤 한계와 어떤 가능성이 있는지 등에 관한 하나의 견해가 그에게 필요하다. 우리의 탐구는 지금까지 이런 방향을 따라온 것이다. 이런 것이 없다면 우리에게는 정치적 방향감각이 전혀 없게 되고, 정치적 의견들 사이의 교환이라는 것은 현재 보통 그러하듯이 앞으로도 계속해서 아무짝에도 도움이 안 되는 부질없는 짓으로 남을 것이다.

우리의 정치적 곤경이 이와 같은 성격이라고 할 때, 우리의 현재 상황은 어떻게 읽어야 할까? 그리고 그렇게 읽는다면 어떤 결론이 시사되는가? 현재 벌어지고 있는 사정들에 관해 이런 방식으로 사유했을 때, 신념정치가 기세를 타고 있다는 결론이 가장 명백하게 나온다고 나는 생각한다. 권력의 유혹은 거역하기 불가능할 정도로 강하다는 것이 판명되었다. 다스리려는 욕망이 우리를 압도한 지도 오래 되었다. 어디서든 권좌에 앉은 정당과 정부는 모두 신념정치가 가리키는 방향의 극단에 시선을 고정하는 광경이 사실이더라도, 그뿐이었다면 신념정치가 애호 받는 스타일로 확고한 자리를 잡았다는 말은 과장이었을 것이다. 하지만 지금은 이 방향을 지향하고 있다는 겉모습이라도 최소한 갖추지 않는 한, 어떤 정권도 권좌를 계속 유지하리라고 기대할 수 없고 어떤 정당도 자기네 주장을 사람들이 들어주리라고 기대할 수 없다. 모든 정당의 강령이 신념의 언어로 적혀 있다. 모든 정부의 사업이 신념의 말투에 따라 구상된다. 유럽이 세계에 전해준 정치적 선물 가운데 가장 현저한 것을 고르라면, 대의정부도 아니고 "인민의" 정부도 아니며, 사실은 애당초 무슨 정부형태 같은 것이 아니다. 신념의 방식으로 다스리고 다스림을 받고자 하는 야심과 영감이야말로 바로 그것이다. 이것은 최근에 갑자기 일어난 일도 아니다. 흐름이 이런 방향으로 잡힌 지는 적어도 150년이다.

이것을 가지고 이 스타일이 섭리에 의해 승인되었다는 신호로 받아들이는 관찰자들이 일부 있다. 또는 신념정치의 득세를 신의 축복이나 역사의 은총으로까지 결부시키지는 않더라도, 신념정치의 고유한 장점이라든가 현대의 상황에 유난히 적절하다는 증거가 거기 있다고 보는 사람들도 있다. 우리의 상황 중 어떤 부분에 그것이 어느 정도 적절하다는 것은 물론 불가피한 결과다. 그런 스타일의 정부가 득세한 결과로 현재의 상황에 어느 정도 공헌한 면도 있는 만큼, 그 스타일이 그만큼의 적절성은 가지는 것이 당연하다. 그렇지만 신념정치가 베푼 은혜를 조금도 폄하해서는 안 된다는 믿음은 지금까지 내가 추구해 온 정치적 사유의 방식과는 다른 방식에 속한다는 것도 분명하다. 이 스타일의 정부가 어떻게 생성되어 어떤 성격과 어떤 "형태"를 취하는지를 상기해보기만 하면, 그것을 좋아하게끔 사람들을 끌고 간 뱃사공들의 판단이 슬프지만 오판이었음을 충분히 지각할 수 있을 것이다. 기분 좋은 희망에 취해 찾아낸 순수혈통의 족보는 이치에 맞는 증거가 아니다 — 무척 이상하게도, 왕성한 체력과 단순한 속도가 결합된 것만으로 훌륭한 경주마가 나온 적은 없었다. 그런 말도 작은 경주 한두 개는 우승할 수가 있고, 그런 말에게도 유리한 기회가 틀림없이 어디엔가는 있을 것이다. 그 말은 멋지게 출발할 줄 안다. 6백미터 정도까지는 가속도 잘 한다. 내리막길에서도 기막히게 잘 달린다. 그러나 우유배달 마차에나 알맞은 말을 경마에 내보냈다가는 장기적으로 실망할 길밖에 없다.

내가 취하는 관점에서 볼 때 근대 유럽의 정치활동은 두 개의 기둥 사이에서 오가는 운동이다. 신념정치는 이 중 한 기둥에 담겨 있는 에너지일 뿐이다. 그것은 하나의 정치 스타일이며, 홀로 서 있을 때 자기 파멸을 자초하는 스타일이다. 우리의 정치활동이 이 극단 쪽으로 끌려갈수록 자가당착에 더욱 깊숙이 빠질 것이다. 나아가 이 스타일의 성격을 분석하는 것만으로는 아직 이것이 얼마나 무능한지를 수긍하지 못할 수는 있겠지만, 신념정치의 득세로 말미암아 오늘날 우리 정치가 가지게 된 특성으로부터 영향을 받지 않기는 불가능하다. 유럽에서 정치활동을 인도하는 첫 번째 지침이 되어버린 "완성"의 충동, 이제는 다행히 폐허로만 남아 있는 무지했던 과거로부터 그 덕분에 우리가 서둘러 멀어지고 있다는 장엄한 자신감, 중요한 역사는 이 충동이 작용한 사연이며 이를 방해하는 것은 모두가 악이자 영원히 말소되고 있는 중이라는 신념 등을 고찰해보면; 신념으로 충만해서 이 충동에 봉사하는 하인들이 에이스 네 장을 손에 쥐자마자 몽롱해져서 판돈을 최대한 걸고 게임의 나머지 부분은 아무렇게나 해도 결과가 정해졌다는 듯 행동하는 모습을 고찰해보면; 이 민족과 저 민족이 연이어, 도중에 무엇을 수확할 것인지에만 혈안이 되어 종국에 어떤 네메시스가 기다리고 있는지는 간과한 채로 희망에 차서 이 방향을 지향하게 된 사정들을 고찰해보면; 그리고 이 모든 일들이 건설된 기초에 도덕적으로 의미를 가지는 것이라고는 그런 일을 가능하게 만든 권력 말고는 아무것도 없다는 점을 고찰해보면 — 혹시라도 이것이 한 편의 몽유병이 아닌지, 성지로 가는 순례라기보다는 탈선이 아닌지 궁금증이 어쩌면 들 수도 있을 것이다.

그렇지만 이런 궁금증은 지금 우리가 추구하는 정치적 사유의 방식이 제시하는 견해와 정확히 같지는 않다. 역사에서 현재의 우리 정치가 차지하는 위상은 단지 탈선에 불과한 것도 아니고, 정치활동의 (나름대로 투사된) 최종적 지향점인 것도 아니라 우리의 복잡한 정치가 수행할 수 있는 두 극단 중에 한쪽을 향해 도피하고 있는 셈과 같다. 이 극단이 안고 있는 모든 결함들이 현재의 우리 정치 안에서 누구의 눈에도 분명하게 스스로 모습을 드러내고 있다. 이 방향을 지향했던 초기의 시도들은 지금에 비해 훨씬 포괄적이지 못했던 권력에 의해 추진되었고, 지금보다 더욱 생동했던 회의주의에 의해 견제를 받았기 때문에 지금 나타나고 있는 일들을 단지 암시하기만 했었다. 그러므로 지금은 단순한 부인만으로는 불충분하다. 이런 식으로 가면 우리 정치가 최종적으로 신념의 문법에 따라 단순해져버릴 뿐만 아니라 우리 정치의 잠재력 가운데 오직 한 방향만을 배타적으로 추구하게 되리라는 사실을 인식해야 한다. 그리고 그렇게 한 방향만을 추구하지 **않는** 것이 "반동" 도 아니며, 반역의 선고를 스스로 내리는 것도 아니라는 사실을 인식해야 한다.

복잡한 정치의 방식에서는 극단이 압도할지도 모르는 위협이 있을 때마다 지속적으로 뒷걸음질을 침으로써 정치활동이 움직일 수 있는 여지를 일정한 폭으로 보유하는 것이 무엇보다도 적절하다. 이런 생각을 이해력의 전면에 가지고 있는 사람을 나는 “균형자” 라고 불러왔다. 현재의 상황에서 이런 사람의 과업은 분명하다. 첫째, 근대 정치의 복잡성에 관한 이해를 복구하는 일이다. 오늘날의 여건에서는 어쩌면 이것이 그에게 가장 어려운 과업일 것이다. 신념이 득세하여 우리 정치에 위조된 단순성을 부과해버린 바람에 이런 이해는 흐릿해지는 정도를 지나 거의 지워져버렸다. 그의 둘째 과제는 정치적 회의주의의 활력을 되살려 우리 정치에 의심정치의 인력이 다시 한 번 작용하도록 만드는 일이다. 셋째로, 그는 정치에 참여하여 현재를 주도하는 흐름과는 반대되는 방향에 자신의 무게를 더해줘야 한다. 이는 반대방향의 극단으로 흐름을 바꾸기 위해서가 아니라, 우리 정치활동이 중간지역으로 물러나야 양쪽 기둥에서 오는 인력이 동시에 감지되고 정치가 어느 쪽의 극단으로도 휩쓸리지 않게 되기 때문이다. 균형자는 이런 과업을 자신 있게 수행할 수 있다. 왜냐하면 그가 맞서는 조류는 신이나 역사에 의해 성스러워진 것이 아니기 때문이다. 현행 조류의 방향은 불가피하지도 이롭지도 않다. 그러나 이 세 번째 과업은, 각기 정도의 차이는 물론 있지만 모두들 신념정치가 득세한 환경 아래 조건화된, 근대 유럽 정치의 구도 및 정당들 각각의 내부에서도 적용될 여지가 있다는 사실을 여기서 다시 한 번 주목할 필요가 있다. “균형자” 가 정확히 어떤 운동을 일으켜야 할지는 그가 어떤 위치를 점하고 있는지에 따라 달라질 것이다. 그러나 그가 어디에 있든지, 그는 자신이 회의주의의 당파임을 알려야 하고, (어떤 모습을 띠고 나타나든지) 권력의 당파를 자신의 마땅한 적수로 인식해야 한다는 데까지는 현재로서도 말할 수 있다.

만약 지금까지 알려지지 않은 행동습관과 지금까지 우리 정치에 생소했던 관념들을 조성해내지 못하는 한 수행할 수 없는 일이라면, 이 과업들은 단지 의미도 없고 이득도 없는 허깨비놀음밖에 안 된다. 기실, 만약 그렇다면 신념의 스타일에 따르는 정부만이 현재 우리의 정치방식이 암시하는 유일한 정부라는 말밖에 안 된다. 당연히 그렇지는 않다. 우리 정치의 복잡성을 시야에서 아주 멀리 떨어진 곳에 갖다 버릴 수는 있을지 몰라도, 그것을 지워버릴 방법은 없다. 이 점에서 우리 정치활동을 조잡한 오해에서 구출하는 일이 "균형자" 에게 맡겨진 과제가 된다. 실로, 현재의 상황에는 "균형자" 가 불러 모을 수 있는 자원들이, 신념의 득세 때문에 오염된 것들을 제외하고도, 아직 풍성하게 남아 있다. 잉글랜드에서 시작해서 세계로 퍼져나간 의회정부의 판본은 불행히도 (완성을 위해 복무하는 "인민의 정부" 따위의) 신념이 혼외정사로 얻은 자손이다. 그래도 의회정부가 복무하는 와중에 아직 위축되지 않은 회의주의의 자원들이 남아 있다. 그리고 위대한 회의주의의 전통에 속하는 저자들 (물론 그들 모두가 불굴의 회의주의자는 아니었다) — 아우구스티누스, 파스칼, 홉스, 로크, 핼리팩스, 흄, 버크, 페인, 벤담, 콜리지, 부르크하르트, 토크빌, 액턴 — 이런 저자들은 비록 신념의 학자들 때문에 인민의 애호에서 한 철 동안 밀려나 있어야 했지만 다시 부름을 받아 다시 해석될 날만을 기다리고 있다. 어쩌면 현재의 세대는 이들 중 누구의 말도 직접 들어서는 이해하지 못할지 모른다. 그래도 이들의 처지는 두 세기 동안 똑같은 말을 단지 반복만 해야 했던 신념의 사도들보다는 낫다. 그리고 내 의견이지만, 우리 정치에서 회의주의 전통의 원리를 다시

금 이해하고 근대화하고자 할 때, 파스칼과 흄을 연구하는 것보다 좋은 출발점은 없다.

V

사물의 이치에 관한 이런 견해와 정치적 사유의 이와 같은 방식이 우리의 정치적 어휘에 담긴 모호성을 이해하고 관리하는 데 무슨 기여를 하는지 이제 마지막으로 고찰할 차례다.

근대 유럽의 정치를 어떻게 독해하든지 정치적 언어의 모호성은 탐구가 필요할 만큼 충분히 현저하다. 그리고 근대 유럽 정치를 우리가 독해하는 방식에서 모호성이라는 것은 우리 정치가 지금 지나가고 있는 대목에서 가장 전형적인 특징을 보여주는 상징이다 – 정치적 어휘의 모호성이란 우리의 정치적 추구들이 양가적임을 반영한다. 그러므로 모호성은 우리의 시야를 겹쳐 보이게 하거나 충성의 대상을 오인하게 만들기 위한 악마의 발명도 아니고, 패배나 실패의 징조도 아니며, 단어의 올바른 의미들을 부주의하게 또는 불순한 의도에서 오염시킨 결과도 아니다. 정반대로 그것은 우리 정치에 고유한 요소로서 근대 유럽의 정치가 단순하지 않고 복잡하다는 증거 중에서 가장 설득력이 강한 자료 중 하나다. 만약 근대 유럽의 정치가 단일한 운동방향만을 암시했다면, 그것이 실제로 정체상태로 들어갔거나 아니면 한쪽의 지평선 끝에 처박혀 움직이지 않고 그래서 운동의 여지를 열어줄 중간지역 같은 것이 전혀 없었다면, 그랬다면 (바로 그 때문에) 우리의 어휘는 단순명쾌했을 것이다. 나아가, 우리 정치를 이런 식으로 독해하면 근대 유럽의 정치에서 수용된 운동의 방향들이 어떤 역사적 극단들에 의해 제약되고 규율되는지가 드러나는 동시에, 우리 언어의 주된 모호성이 정확히 어떤 성격인지도 드러난다. 우리의 정치 어휘에서 단어들이 지금처럼 개별적으로 일정한 의미의 진폭을 가지게 되었고 그래서 그처럼 개별적인 방식으로 모호하게 된 까닭은 바로 정치활동의 특정한 방향들 사이에서 우리가 우왕좌왕했기 때문인 것이다.

모호성을 철폐하려면 우리 정치가 지금 가지고 있지 않은 단순한 성격을 (한 방향만을 보는 시선을) 우리 정치에 부과하는 길밖에 없다는 결론이 맨 먼저 고개를 내민다. 그러나 생각할 수 있는 모든 단순성의 성격을 감안할 때, 단순한 성격을 부과한다는 것은 불가능할 뿐만 아니라 자가당착과도 구별이 안 된다. 어떤 여건에서는 단순한 방식의 정치가 있을 수도 있고 적절할 수도 있다. 그러나 우리의 여건에서 그것은 정치가 극단의 한 지점에 틀어박혀 고정된다는 뜻이다. 두 극단 중 어느 것도 홀로는 정치활동의 구체적인 방식을 공급할 능력이 없기 때문이다. 요컨대 근대 유럽의 정치적 어휘에서 단순히 모호성을 제거한다는 구상은 환각에 불과하다.

근대 정치에 관한 우리의 독해에 따른다면 이처럼 부정적인 결론 말고 무언가 다른 것이 있을 것 같다. 이 모호성이 실천적으로 어떤 이득이 되는지에 주목할 필요가 있다. 모호성에는 정치적 극단의 폭력성을 수정할 힘 그리고 극단들 사이에 매개의 통로를 마련할 힘이 있다. 물론 이 이득을 착취하는 데에는 위험이 따른다. 그러나 거기에 동시에 내재하는 기회를 경멸할 사람은 오직 "완성" 을 추구하는 것이 마땅하다는 확신 아래, 그리고 어떤 길이 그 길인지를 안다는 확신 아래, 도중에 만나는 모든 일에 관해 소홀한 사람들뿐이다. 신념정치만이 모호성을 무가치하다고 여기는 것이다. 하지만 복잡한 방식의 정치에 익숙해지려면, 그리고 그것을 어떻게 관리할지를 알려면, 모호성 때문에 지적인 혼란이 빚어지는 사태는 예방하면서 모호성의 실천적 이득을 향유할 줄 알아야 한다. 정치활동이 만약 시야를 밝혀 줄 논증이거나 명제의 진릿값을 증명하는 일이라면 거기서 모호성의 이득을 향유하기는 어려울 것이다. 그러나 근대 유럽의 정치는 그런 것이 아니다. 정치는 다양한 이익들 사이의 대화다. 사정의 요철에 따라 서로를 제약하는 인간의 활동들은 대화 안에서 폭력적 충돌로부터 구출된다. 바로 여기서 모든 이중성을 배척하기 위해 고안된 과학의 어휘보다는 내부에 의미의 진폭을 약간이라도 갖는 단어들이 때로는 우리의 필요에 더 잘 봉사할 수 있다.

그렇지만 근대 정치를 이렇게 이해하는 방식이라고 해서 정치적 어휘의 모호성에 무턱대고 갈채를 보내지는 않고, 그것을 마냥 내버려 두지도 않는다. 모호성의 근원과 범위를 지각하는 것 자체로 이미 혼란을 일으킬 수 있는 모호성의 위력을 상당 부분 박탈한 셈과 같다. 더욱이 그러한 지각을 통해 우리는 중요한 차이와 불균형을 인식하며, 중요한 친화성을 관찰할 수 있는 안목을 얻는다.

예를 들어, "민주주의" 라는 단어를 생각해보자. 이는 두 개의 상이한 관념체계를 가리키는 다면적인 단어다. 이 단어는 정부 권위의 정당화 또는 정부의 구성에 관한 일정한 견해를 담고 있다. 이는 "공직자들의 임기" 라는 질문에 대한 하나의 답이며, 정부가 처분할 수 있는 권력을 끌어모을 방식 그리고 정부의 활동을 통제할 방식을 의미한다. 이 점에서 "민주주의" 는 선출된 의회라든지 책임지는 장관 따위, "인민적" 이라는 형식에 속하는 다양한 "제도들" 과 연결된다. 그러나 일상적인 화법에서 "민주주의" 라는 단어는 무언가 다른 것을 뜻하기도 한다. 특정한 방향을 지향하는 정부의 활동을 의미하기도 하는 것이다. 여기서 민주주의의 의미는 신념의 방향을 바라보는 정부일 수도 있고, 회의주의의 방향을 바라보는 정부일 수도 있다. 이 두 스타일의 정부는 모두 이 단어를 오직 자기만의 것처럼 사용한다. 그들이 그럴 수 있는 까닭은 정부 권위의 "민주적" 정당화와 연관되는 "인민적" 제도들이 이들 두 방향 어느 쪽으로도 해석될 수가 있기 때문이다. 그럼에도 불구하고 최우선적으로 중요한 것은 다스리는 방식임이 분명하다. 왜냐하면 정부 권위의 정당화 또는 정부의 구성을 어떻게 이해해야 할지를 결정하는 것이 바로 다스리는 방식이기 때문이다. 만약 그 방식이 신념정치의 방식이라면, 그렇다면 "제도들" 은 순전히 정부가 그 제도들을 통해 부여받는 권력이라는 관점에서 이해되고, "인민적" 제도들의 미덕이라는 것 역시 어떤 다른 것보다 정부에게 더 많은 양의 권력을 제공하는 역량으로 인식된다. "민주주의" 가 "군주정" 보다 우월한 까닭은 더 많은 권력을 생성하기 때문이 된다. 권력의 원천으로서 "신성한 권리" [178]따위는 인민투표의 상대가 안 된다. 나아가 선거권이 확장될 때마다 정부의 손 안에 있는 권력이 그만큼 증가한 셈이 된다. 반면에 만약 다스리는 방식이 의심정치의 방식이라면, 그렇다면 우리가 고찰하는 "제도들" 은 일차적으로 정부를 통제하는 능력이라는 의미에서 이해된다. "인민적" 제도들의 미덕은 이 일을 효율적으로 그리고 경제적으로 해내는 역량이 뛰어나야 한다는 데 있다. "민주주의" 가 "군주정" 보다 우월한 까닭은 정부가 좋아하는 기획을 추구하는 데 맞서서 공동체를 지키는 데 더욱 효과적이기 때문이 된다. 정부에 대해 지속적인 통제를 행사하는

178) "신성한 권리" : 왕의 권리가 신에서 나온다는 왕권신수설에서 왕권의 원천을 일컫는 표현이다. (역주)

수단으로서 인민투표는 의회의 상대가 안 된다. 그리고 선거권이 확장될 때마다 이 통제권의 근거가 그만큼 넓어지고 권위가 그만큼 커지는 것으로 인식된다.

그러나 이미 살펴봤듯이, 근대 세계에서 정부가 작동하는 방식은 양자택일의 문제인 경우가 거의 없다. 연속적인 척도 위에서 모든 근대 정권들이 그 사이를 움직이는 두 개의 기둥 각각에 대해 주어진 정권이 어느 정도의 반응성을 보이느냐에 따라 측정치가 결정된다.[179] 그러므로 "민주주의"를 단순히 변호하거나 공격하는 것은 무의미한 활동이다. 그런 변호 또는 공격은, 정부가 작동하는 방식에서 차이가 나타날 기회가 실천적으로 (일반적인 권력이랄 게 없었던 탓에) 없었기 때문에 오직 정부 권위의 정당성이라는 관점에서만 정부들이 구별되던 까마득한 옛날의 유물에 불과하다. 그리고 "민주적" 제도들이 "일"을 달성하는 방향으로 편성될 수 있겠느냐고 하는, 19세기 중반 이후로 여기저기서 튀어나온 바 있는, 질문은 충분한 고려를 거치지 못한 질문이다. 그 질문이 내용상으로 겨냥하는 진짜 초점은 현대와 같은 여건에서 "인민적" 제도들이 신념정치에 자신을 통째로 팔아넘기지 않도록 방지할 길이 있느냐는 데 있다. 정부가 공동체에 단일한 행동의 유형을 부과하지 못하도록 인민적 제도들이 방지할 힘을 가진다는 사실을 의심하는 사람은 없다. 따라서 질

---

179) 소련은 신념정치 중에서도 베이컨주의 판본이, 어떤 고려에 의해서도 거의 수정되지 않은 채로 (기획가들이 기대했던 대로), 비교적 단순한 공동체에 확립된 두드러진 사례다. 이 사례는 엄청나게 더 많은 권력이 정부의 손아귀에 집결되어 있다는 점에서 신념정치의 초기 시도들과 구별된다. 그리고 결정적으로 신념정치의 방향을 지향한 유럽의 다른 정권들과는 회의주의의 모든 흔적으로부터 탈피한 정도가 높다는 점에서 구별된다. 소련식 "공산주의"의 반대는 "자본주의"가 아니라 — 자본주의는 애당초 하나의 다스리는 방식조차 아니다 — "회의주의"다.

문이 저런 식으로 문장화되어야, 우리가 하고 있다고 생각했던 일을 실제로는 하지 못하고 있다는 측면, 다시 말해, "인민적" 제도들의 고유한 자질에 대한 탐사를 하지 못하고 있었다는 측면을 지각할 수 있다 — 인민적 제도들에게는 현대를 풍미하는 두 스타일의 정부 각각에게 온순하다는 점 말고는 무슨 고유한 자질이랄 게 없다. 그러므로 우리가 진짜로 캐물어야 할 질문은, 회의적 스타일의 정부가 생명력을 회복할 기회가 어디에 있는지, 그리고 그럼으로써 우리의 제도들과 다스리는 방식에서 언젠가부터 희미해져 버린 복잡성과 언젠가부터 사라져버린 유동성을 되찾을 기회가 얼마나 있겠는지여야 한다.

공자는 국정을 맡게 된다면 무엇을 가장 먼저 하겠느냐는 질문에, "반드시 이름을 바르게 하리라" 고 대답했다.[180] 단어들이 이중적인 채로 남아 있는 한, "사물" 들은 결코 "바로잡힐" 수 없다는 뜻이었다.[181] 이 관찰은 두 갈래 상반되는 활동 방향 사이를 오가지 않았던 당대 상황의 정치에 대해서 즉각적인 적절성을 지닌다. 언어의 모호성이 활동의 양가성을 반영하는 시대에 속한 우리에게 이 관찰의 적절성은 줄어든다. 복잡한 방식의 다스림을 향유하기 위해서 반드시 이중적인 정치 어휘라는 비용을 지불해야 하는 것이 우리의 곤경이다. 그렇지만 공자의 언표는 우리에게도 적실성을 가진다. 내가 지금까지 탐구해온 정치적 사유의 방식에 조금이라도 덕성이 있다면, 부인할 수 없는 것을 받아들이고 최대한 유익한 용도를 찾는다는 덕성일 것이다. 이 사유의 방식은 모호성의 근원과 고유한 성격에 주의를 기울임으로써, 언어의 모호성으로 하여금 주인 노릇을 더 이상 못

180) Confucius, *Analects*, xiii, 3. [『論語』, 卷13 「子路」, 章3 "子路曰 衛君待子而爲政 子將奚先 子曰 必也正名乎."]

181) Ibid., xii, 17. [『論語』, 卷12 「顔淵」, 章17 " 季康子 問政於孔子 孔子對曰 政者正也."]

하게 만들고 우리에게 봉사하는 하인으로 만든다. 그리고 그러는 와중에 정치에 관해 말하는 방식에서 몇 가지 작은 혼동들을 제거할 수단까지 마련된다. 부차적인 갈등은 부차적으로 인지되고, 가짜 모순은 가짜로 인지되는 것이다.

역자 해제

1. 생애

오크쇼트Michael Joseph Oakeshott(1901~1990)의 생애는 파란만장하지 않다. 삶의 마디마디를 상세하게 살펴본다면 많은 굴곡과 사연들이 없지 않겠지만, 그런 상세한 전기는 아직 나온 것이 없다.[182] 여기저기에 단편적으로 언급되고 있는 사연들을 모아 아주 짧게 요약해본다.

마이클 오크쇼트는 1901년 12월 11일에 잉글랜드 켄트 지방에 속했던(1965년부터는 런던광역시에 편입된) 첼스필드에서 태어났다. 어머니 프

182) 오크쇼트의 생애를 서술한 문서로서 현재까지 출판된 것으로는 그랜트Robert Grant가 쓴 *Oakeshott* (The Claridge Press, London 1990)에 포함된 두 개의 장, "Introduction"과 "Life and Works"가 사실상 유일하다. 이 두 장의 PDF 본은 http://www. michael- oakeshott -association.com/pdfs/extracts_grant.pdf에서 받아볼 수 있다. Richard Mason (ed.), *Cambridge Minds* (Cambridge University Press, 1994)에 제16장으로 들어갔고, Robert Grant, *The Politics of Sex and Other Essays: on Conservatism, Culture, and Imagination* (St. Martin's Press, 2000)에 제3장으로 재수록된 "Michael Oakeshott"에도 비슷한 내용의 전기가 있다. 한국어로는 김비환이 『오크숏의 철학과 정치사상』(한길사, 2014) 중, 「그는 누구인가」(42~91쪽)에 그랜트를 비롯한 여러 사람들의 회고와 조사와 논평들을 정리해서 하나의 짧은 전기를 작성해 놓았다.

랜시스Frances Maud Oakeshott, 친정의 성은 Hellicar는 목사의 딸로 태어나 자란 간호사였고, 일생 동안 자선 활동에 열심이었다. 아버지 조셉 Joseph Francis Oakeshott은 뉴캐슬 우체국장의 아들로 태어나, 16세에 학업을 그만 두고 국세청에서 평생을 공무원으로 일했다. 조셉과 프랜시스는 아들만 셋을 뒀는데, 마이클은 둘째였다.

조셉 오크쇼트는 1860년 생으로 페이비언 협회의 창립 회원이었고, 버나드 쇼George Bernard Shaw(1856~1950)와 친분이 있었으며, 구빈법에 관한 소책자를 저술하기도 했다. 하지만 집안에서는 정치 얘기를 거의 하지 않았고, 마이클의 정치적 견해에는 순방향으로든 역방향으로든 영향을 미치지 않았다. 마이클은 11세에 남녀공학 기숙학교 세인트 조지 학교에 들어가게 되는데, 이 학교는 1907년에 개교한 후 여러 가지 새로운 발상을 실험하여 당시로서는 "진보적"이라는 평을 들었다. 학교의 설립자이자 교장이었던 세실 그랜트는 영국교회 목사이면서, 교육 개혁에 관심이 많아 이탈리아의 마리아 몬테소리Maria Montessori(1870~1952)와 교분이 있었고, 사회주의자였지만 버나드 쇼는 싫어했던 인물이다. 오크쇼트는 그 시절에 무척 많은 자유를 허락받았고, 다시 말하자면 방황할 수 있도록 방치되었지만, 그보다도 행복했던 것은 아주 많은 비공식적 기회들을 누렸기 때문이라고 회고했다.[183]

제1차 세계대전이 발발하자 군대에 입대하고자 했지만, 너무 어려서 들어가지 못했다. 1920년에는 케임브리지 대학교, 키즈 칼리지Gonville and Caius College에 입학해서 역사를 공부하면서 정치사상도 공부했다.

---

183) Grant, "Michael Oakeshott", *The Politics of Sex and other Essays*, p. 25. 그랜트는 "1967년에 오크쇼트가 쓴 많은 것을 말해주는 회고록" 을 인용만 하고 출전을 밝히지 않았다. 그랜트가 인용한 대목에서 오크쇼트가 말하는 "기회" 란 "학교 울타리 역할을 하고 있었던 두껍고 단단한 관목 숲 안이 매혹적인 활동과 관심의 세계" 였음을 가리킨다.

1923년에 졸업하고, 1925년에는 키즈 칼리지의 펠로로 선임되었다. 그 사이 여름방학을 이용해서 독일의 마부르크 대학과 튀빙겐 대학을 방문하여, 횔덜린, 니체, 부르크하르트 등을 읽었다. 잠시 중등학교에서 영어를 가르치기도 했지만, 1927년에는 케임브리지로 돌아와 근대사를 강의했다. 그리고 1933년에 첫 번째 저술인 『경험과 그 양상들*Experience and its Modes*』을 출판했다. (1936년에는 경마 지침서 한 권을 공저로 내기도 했다.)

제2차 세계대전이 발발하자 오크쇼트는 1940년에 자원입대했다. 그리고 네덜란드에서 "도깨비Phantom"라는 별명으로 불리던 정찰부대를 지휘했다. 전쟁이 끝난 후에는 케임브리지로 돌아갔고, 1947년에는 몇 명의 동료와 월간 평론지 『케임브리지 저널*The Cambridge Journal*』을 창간했다(1952년에 폐간). 그가 여기에 기고한 글들은 나중에 몇 편의 다른 글들과 함께 『합리주의 정치 비판*Rationalism in Politics and Other Essays*』(1962)이라는 제목의 선집으로 출판된다.[184] 이 글들은 일차적으로 정치에서 계획이라는 발상의 무모함을 비판하는 데 초점을 맞췄는데, 더욱 일반적으로는 합리주의 정치 나아가 계몽주의의 이념에 대한 냉철한 반성을 담고 있었다. 현실정치와 관련해서는 당시 영국의 노동당 애틀리 정부를 겨냥한 비판이기도 해서, 그가 현실 정치에 가장 가까이 다가가서 목소리를 낸 시기에 해당한다. 『합리주의 정치 비판』은 저자의 마지막 숨결이 실린 직접 검토와 승인을 거친 후 1991년에 수정증보판으로 다시 출판되었다.

오크쇼트는 1949년에서 1951까지 옥스퍼드 대학교의 너필드 칼리지에 소속되었다가, 1951년에 런던정치경제대학 정치학 교수로 부임한

---

184) 『케임브리지 저널』에 기고했던 글 중에 「합리주의 정치 비판Rationalism in Politics」이라는 논고가 이 선집에 핵심 내용으로 들어가면서, 선집의 제목도 그렇게 붙었다.

다. 라스키Harold Laski(1893~1950)가 사망한 빈자리를 물려받은 것이었다. 영국 노동당의 당의장을 역임한 바 있는 사회주의자 라스키의 후임으로 보수주의자 오크쇼트가 취임한 일은 시대의 풍향을 가리킨다는 점에서 같은 해 10월의 선거에서 처칠의 보수당이 애틀리의 노동당에게서 다시 정권을 탈환한 일만큼이나 의미심장하다. 이후 1968년까지 이 학교에 재직하면서 인기 있는 강의와 활발한 저술들로 활약했다. 은퇴한 후에도 종종 강의를 마다하지 않았고, 도싯 해안의 통나무집에서 글을 쓰고, 과거에 썼던 글을 교정하는 한편, 친구들과 대화를 즐기면서 살았다. 1990년 12월 18일에 사망했다.

2. 정치와 철학

오크쇼트는 흔히 20세기 보수주의를 대표하는 정치철학자 중의 한 명이라고 지칭된다. 『케임브리지 저널』에 기고했던 일련의 논설문에서 인간의 지성에 의해서 정치적 문제들을 근본적으로 해결할 수 있다고 보는 발상을 매우 강하게 비판했기 때문이다. 「보수적이라는 것에 관하여On Being Conservative」에서는 젊은이의 성급한 열정보다 늙은이의 신중한 지혜가 정치에 필요한 권능이라고 주장한다. 「합리주의 정치 비판Rationalism in Politics」과 「바벨탑The Tower of Babel」에서는 역사 속의 한 지점에서 인간이 도달한 지식을 가지고 머나먼 미래를 결정적으로 설계한다는 발상은 바벨탑을 지어서 하늘에 닿겠다는 발상과 같다고 비판한다.

『신념과 의심의 정치학』에서는 이런 발상을 "신념정치" 라고 부르면서 비판한다. 신념정치는 정치적 실천과 정치적 이해의 양식으로서, 의심정치와 함께 근대를 구성하는 두 개의 기둥 가운데 하나다. 신념정치의 양식에서는 인간의 완성 또는 구원이 a) 현세 안에서 b) 인간의 기획에 의해 가능하다고 본다. 아울러 c) 인간을 둘러싼 외부 환경적 조건들을 개선함으로써 완성이 가능하다고 보며, d) 현재의 상태로부터 최종 완성의 상태까지 직선거리로 빨리 이동할수록 좋다고 본다. 따라서 e) 이처럼 선한 최종 목표에 가급적 빨리 도달하기 위해 개인적 삶의 영역에 대한 꼼꼼한 통제가 정당화된다. 신념정치의 이러한 요소들을 오크쇼트는 조목조목 비판한다. 요컨대, 인간이 무엇인지, 사회가 무엇인지, 지식이 무엇인지, 경험과 관념 사이의 관계가 무엇인지 등에 관한 원천적인 오해에서 비롯하는 착각이라는 것이다.

이에 비해 "의심정치" 는 새로운 실험보다 익숙한 관행을 소중히 여기고, 사전 예방보다는 사후 치료에 주안점을 두며, 피상적 질서의 유지가 정부의 첫 번째이자 궁극적인 임무라고 이해한다. 인류의 역사에서 지금까지 흔히 나타난 결함과 한계 중에 일부는 어쩌면 앞으로 지식의 증진에 따라 치유될 수 있을지도 모르지만, 그 중 대다수는 인간과 사회생활의 본성에서 기인하므로 사회를 어떤 방식으로 조직하든지 근절될 수는 없다고 보는 사유의 형식이자 그러한 사유형식을 바탕으로 삼는 정치적 실천의 양식이 의심정치다.

의심정치는 신념정치가 극단으로 치닫지 못하도록 가로막는 견제력을 지니지만, 그 자체 역시 신념정치에 의해 견제 받지 않을 때는 자기 파멸적인 성격을 가진다. 불확실성에 관한 망설임과 두려움에 사로잡혀 필요한 변화마저 봉쇄함으로써 스스로 말라죽는 길에 빠질 위험을 안고 있기 때문이다. 그리하여 오크쇼트가 파악하는 관건은 결국 균형 감각이다. 신념정치와 의심정치 사이에서 양쪽 극단을 피하면서 당면한 현실에서 무엇이 필요한 일인지, 무엇이 성공가능한 일인지, 그리고 필요하고 가능한 그 일을 어떻게 실현하는 것이 최선인지까지를 읽어내는 역량이 바로 그러한 균형 감각이 된다.

> 가장 자유로운 정치인이란 자기가 처한 역사적 상황에 어떤 기회와 어떤 한계가 있는지 심오하게 파악함으로써, 한편으로는 거기에 암시된 바의 일부 그리고 다른 편으로는 모든 가능성의 전체 범위를 언제든지 활용할 수 있도록 태세를 갖춘 동시에, 자신을 둘러싼 여건 안에 근거가 깊게 박히지 못한 사업에는 휘둘리지 않는 사람이다.[185]

이와 같은 균형 감각이 보수주의의 독점적 자산이라고 봐야 할 특별한 이유는 없다. 벤자민 바버는 "제도들이 자기 자리를 벗어나지 않도록 균형을 유지하는 것이 정부의 직무가 되어야 한다"고 한 오크쇼트의 말을 인용하면서,[186] 바로 그것이 자기가 주창하는 강한 민주주의의 정치와 별로 다르지 않다고 이해했다.[187] 이렇게 이해할 수 있는 차원에서 오크쇼트의 견해는 당파성과 상관이 없는 것이 되고, 정치의 실천적 국면에 매몰되지 않으면서 정치를 이해하고 비판할 수 있는 정치철학의 위상이 확보될 수 있다.[188]

---

185) 위 204~205쪽.

186) 바버가 인용한 전거는 *Rationalism in Politics* (1962), p. 127이다. 같은 문구가 지금 이 책 위 161쪽에도 나온다. "균형을 유지한다keep afloat on an even keel"는 표현은 오크쇼트가 여기저기서 애용하던 문구다.

187) Benjamin Barber, *Strong Democracy: Participatory Politics for a New Age* (University of California Press, 1984), p. 120.

188) 신념정치와 의심정치의 구분이 정당, 이념, 노선 등, 현실 정치의 세력을 가르는 구획과 일치하지 않는다는 점은 이 책 안에서 오크쇼트가 여러 번 강조하고 있다. 위 56, 74~75, 117, 128, 152쪽 등을 보라. 아울러 중도정당과 중용을 혼동하면 안 된다는 위 218쪽의 주의환기 역시 이와 관련이 있다.

그러나 오크쇼트의 논설에는 명백히 이와는 다른 차원이 섞여 있다. 계몽적 합리성을 과장하는 근대의 정치의식에 대한 그의 일반적인 비판 곁에는 근대의 정치사상 중에서도 유독 진보적 정치이념을 특정해서 과녁으로 삼는 그의 관심이 자주 수반된다. 마르크스주의는 과장과 오류가 너무나 현저하기 때문에 오히려 그에게 중요한 과녁이 아니다.[189] 사회주의의 여러 갈래 중에서도 헌정주의, 다원주의, 절차주의, 경험주의 등등, 자유주의적 요소들을 가장 많이 흡수한 영국 노동당의 노선이 그에게는 일차적인 과녁이었다. 나아가 노동조합 운동 그리고 심지어 존 스튜어트 밀과 같은 사회적 자유주의의 갈래마저 그에게는 비판의 과녁을 구성한다.

역사의 진보에 관한 존 밀의 낙관에서, 그리고 노동조합 운동이 막연하게나마 지향하는 "더 나은 사회조직" 의 꿈에서, 인간의 이성에 대한 과도한 기대를 읽어내는 것 자체는 대단히 중요하다. 하지만 그 정도의 오류와 과장은 보수주의를 표방하는 이념가나 정파에서도 비슷하게 나타난다. 가령 "법과 질서" 를 명분으로 삼아 불필요한 통제를 법제화함으로써, 결과적으로 사회적 약자들에게 마땅히 허용되어야 할 자기발전의 공평한 기회를 봉쇄하는 보수 정당들의 행태 역시, 인간의 기획에 의해 "법과 질서" 를 구조적으로 확보할 수 있다는 과장된 합리주의와 교조적 이데올로기를 뚜렷이 드러내는 것이다. 오크쇼트와 절친한 사이였고, 그가 스스로 자신의 사후에 자기 작품들에 관한 위탁관리자로 지명한 레트윈마저도, 대처 시대에 개혁이라는 미명 아래 자행된 교육에 대한 국가의 통제가 "자유로운 배움liberal learning" 이라고 하는

189) "유럽 정치를 단순화하기 위한 여러 시도들 가운데, 복잡한 사회에 단순한 스타일의 정치가 적절하지 않다는 사실을 널리 알리는 계기가 된 것은 아마도 그것이 유일하다." 마르크스주의에 대한 오크쇼트의 (지극히 예리한) 평가다. 위 209쪽.

오크쇼트 본인의 이상에 대한 직접적 침해였음을 인정하고 있다.[190]

물론 오크쇼트의 보수주의를 대처의 보수주의와 동일시할 수는 없다. 양자의 차이를 짧게 표현하자면, 대처의 성마른 보수주의 안에 오크쇼트의 미묘한 보수주의가 설자리는 없었다고 말할 수 있을 것이다.[191] 그는 하이에크의 보수주의에도 동조하지 않았다. 이 책의 편집자 풀러가 언급하고 있듯이, 그는 하이에크에 관해 "모든 계획에 저항하는 계획은 아마도 그 반대보다는 낫겠지만, 똑같은 스타일의 정치에 속한다" 고 평한 바가 있다.[192] 이처럼 그의 저술을 섬세하게 독해하게 되면, 대처는 물론이고 하이에크와도 그를 한 꾸러미로 묶지는 말아야 하는 것이 틀림없다.[193]

바로 그렇기 때문에 다음과 같은 질문들이 남는 것이다. 왜 오크쇼트는 1940년대에 애틀리 정부를 비판했던 논조를 1980년대 대처 정부에 대해서는 적용하지 않았을까? 마음속으로는 동일한 비판이 적용될 수 있다고 생각하면서도 단지 노령이라서 글을 쓰지 않았을 뿐일까? 아니면 애틀리 정부의 과잉 합리주의에 비해 대처 정부의 과잉은 정도가 경미하다고 봤던 것일까?

철학이, 도덕철학이든 정치철학이든, 도덕이나 정치의 문제에 대한

---

190) Shriley Letwin, *The Anatomy of Thatcherism*, London: Fontana, 1994, ch. 9, "Education: Thatcher versus Bismarck?"

191) 오크쇼트는 1981년에 명예서훈(Order of The Companions of Honour)를 주겠다는 대처 수상의 제안을 거절했다. 대처가 그에게 보낸 편지는 Michael Oakeshott Association 홈페이지에서 볼 수 있다. http://www.michael-oakeshott-association.com/files/thatcher.gif

192) 위 16쪽, 각주 16번.

193) 버나드 크릭(1929~2008)은 그를 "외로운 니힐리스트" 로 묘사했다. Bernard Crick, 'The World of Michael Oakeshott: Or the Lonely Nihilist' , *Encounter*, 20 (June 1963), pp. 65~74. 크릭은 1950~1952년간에 런던 정치경제대학에서 정치학 박사 학위를 취득했고, 1956년부터 10여년간 거기서 강의했다.

해법을 알려줄 수는 없다는 입장은 오크쇼트의 사유형식을 관통하는 기저에 해당한다. 무엇이 도덕적 삶인지, 어떤 정치가 현명한 정치인지, 등은 실천의 영역에 속하는 반면에, 철학의 첫 번째 사명은 인간의 행태와 사회적 현상들을 설명하는 데 있다는 분별을 그는 고수했다. 이 분별 자체는 매우 심오하게 중요하다고 나는 동의한다. 나아가 그가 스스로 의식할 수 있는 한 이 분별을 상당히 (다른 사람들에 비해) 일관적으로 유지했음을 인정하는 데에도 주저할 생각이 내게는 없다. 그러나 본인의 의도와는 다르게 자신의 보수주의가 대처의 보수주의를 위한 철학적 기반을 제공했다는 통속적 뭉뚱그리기가 (실제로 그랬듯이) 발생할 때, 단순히 무지한 대중의 오해만을 탓한다는 것은 오크쇼트 자신이 비판하는 바와 정확히 똑같은 형태의 계몽주의적 오류일 것이다.

오크쇼트는 철학적 실천과 정치적 실천을 개념적으로 분별하고 있으며, 이 분별은 자체로 무척 중요하다. 그렇지만 오크쇼트는 "철학과 정치의 분별" 이라는 개념 자체가 하나의 실천으로서, 구체적인 맥락에서 특정한 개인들에 의해 적용되어야 한다는 국면을 거의 체계적으로 간과한다. 현실 속의 특정한 정파를 고려하지 않고 그가 합리주의를 비판하는 자세는 "철학과 정치의 분별" 이라는 개념을 그가 스스로 적용하는 하나의 사례다. 그가 영국 노동당이나 밀의 사회적 자유주의를 비판하는 자세 역시 그 개념을 스스로 적용하는 하나의 사례다. 오크쇼트 본인은 아마도 이 두 개의 사례에서 자신이 같은 개념을 동일하게 적용하고 있다고 믿었겠지만, 이 경우 무엇이 동일한지는 전형적으로 시각에 따라서 얼마든지 달라질 수 있는 항목이다.[194] 나아가 현실

---

194) 일례로, 프랑코는 『경험과 그 양상들』 과 『종교, 정치, 그리고 도덕적 삶』 사이에 오크쇼트가 철학의 위상을 규정하는 방식이 변화했다고 본다. Paul Franco, *Michael*

속의 보수파 정치인들은 자신들의 보수적 정치와 오크쇼트의 보수적 철학을 (분별하지 못해서가 아니라) 분별하기 때문에, 자신들의 정치를 위한 일종의 초연한 근거로 오크쇼트의 철학을 불러오는 것이다. 이와 같은 상황에서, "철학과 정치의 분별" 이라는 개념에 관해서 오크쇼트가 의도한 의미만이 올바른 의미라고 고집하게 되면, 개념의 의미가 사람들의 실제 행태를 통해 생성된다는 측면을 간과했던 합리주의자들의 오류가 반복된다.[195]

3. 번역의 의의

방금 지적했듯이, 나는 오크쇼트가 "철학과 정치의 분별" 이라는 개념의 정당한 의미를 명쾌하게 구획하지는 못했다고 생각한다. 나는 철학과 정치를 개념적으로 분별할 필요가 매우 크다는 데까지는 그와 생각이 같지만, 철학 역시 사회 안에서 (특히 언어공동체 안에서) 수행되거나 수행되지 않는 실천이라는 점에서 본질적으로 정치적 실천과 섞일 수밖에 없다고 본다. 그리고 오크쇼트가 바로 이 후자의 측면을 충분히 살피지 못했다고 본다.

그렇기 때문에, 오크쇼트를 이해할 때 정치에서 거리를 둔 철학자로 설정하고 시작하기보다는 (본인의 의도와는 상관없이) 현실 정치의 논

Oakeshott: An Introduction (Yale University Press, 2004), pp. 78~80.

195) 반드시 똑같은 논지는 아니지만, 피터 윈치 역시 이미 1958년에 대략적으로 비슷한 각도에서 오크쇼트의 공헌을 인정하는 동시에 그가 간과한 지점을 지적한 바 있다. 윈치, 『사회과학의 빈곤』 (모티브북, 2011), 120~136쪽.

쟁에서 일정한 역할을 수행한 철학자로 자리매김하는 편이 도움이 되리라고 본다. 물론 여기서 "일정한 역할" 이란 위에서도 강조했듯이, 대처나 하이에크 같은 인물들이 수행했던 역할과는 커다란 차이가 있음을 잊지 말아야 한다. 다시 말해서, 오크쇼트를 단순히 "보수주의" 라는 네 음절 단어로 요약한 다음, "보수주의" 라는 단어로 엮을 수 있는 온갖 요소들을 그에게 귀착시켜서는 이해가 아니라 오해와 왜곡밖에 남을 일이 없다는 뜻이다.

일반적으로, 한 개체 x를 S라는 범주에 넣을 수 있는 경우에도, S에 속하는 다른 원소들의 속성을 x에게 자동적으로 귀착시킬 수는 없다. 이러한 오류는 피전홀링pigeonholing이라고도 불리며, 보다 일상적으로는 스테레오타이핑, 또는 낙인찍기라고도 불린다. 이것이 오류임을 모르는 사람은 별로 없지만 실제 상황에서는 무의식적으로 (또는 의도적으로) 이런 오류가 자주 발생한다. 이런 오류를 원천적으로 방지할 수 있는 한 가지 비결은 모든 집합이 내부에는 (획일성이 아니라) 다양성을 품고 있다는 점을 명심하는 것이다. 오크쇼트는 이 점을 누구보다 분명하게 깨달은 철학자 중 한 명이다. 예컨대 위 114~120쪽에서 그는 "완벽성", "경제적 판본", "의심정치", "신념정치" 등의 내부가 각각 다양하기 때문에, 이런 용어를 사용하기 전에 자기가 그 용어로써 무엇을 가리키는 것인지를 대단히 정교하게 구획하는 자세를 보인다. 일반적으로 이치와 공정성을 존중하는 사람이라면 누구나 이 점을 명심해야 한다고 나는 생각한다. 특히 한국에서 횡행하는 진영논법은 사람들이 이 점만 명심하면 대부분이 연기처럼 사라질 것이다.

오크쇼트를 이해하기 위해서는 단순히 "보수주의" 라는 범주에 머물지 말고, 그의 입장이 어떤 종류의 보수주의인지를 캐물어야 한다. 그는 정부가 해야 할 일이 일차적으로 사법적 활동이라고 본다는 점에서, 그리고 법이라는 것이 기본적으로 역사 (바깥이 아니라) 안에서 생성되는 것으로 본다는 점에서 보수주의자다. 그는 구원이라는 것이 (인간적 형편이 완벽한 상태에 도달한 여건처럼) 현세적 여건에 속한다고 보는 발상에 회의적이며, 그보다 먼저 그런 “완벽한 상태” 같은 것을 정치권력으로 이룩할 수 있다고 보지 않는다는 점에서 보수주의자다.

한국 사회에서 오크쇼트를 발굴해서 연구할 필요 역시 이런 각도에서 접근할 때 가장 뚜렷해진다. 내가 이해하는 한, 한국 사회에서 정치는 여태까지 건강한 기능을 수행하기는커녕 도리어 사회구성원들에게 걱정거리를 보탤 뿐인 불쌍한 상태에서 벗어나지 못하고 있다. 그 이유 가운데 하나는, 오크쇼트의 용어를 사용하자면, “신념정치” 의 양식이 과도하게 정치의식을 지배하고 있기 때문인 것이 확실하다. 모든 문제를 “미연에 방지할 수 있는” 모종의 획기적인 처방을 기대하는 심성이 정치인들에게서나 일반 시민들 사이에서나 팽배한 것이다. 이런 심성과 어법은 소위 “진보” 를 표방하는 사람들에게서 전형적으로 나타난다고 얼핏 생각하기 쉽지만 “보수” 를 자처하는 사람들도 이 대목에서는 결코 뒤지지 않는다. 정치적 노선이나 가치, 이념이나 정책을 어떤 문구로 표현하든지 각 문구의 내부 의미가 다양하다는 사실을 보지 못하고 획일성을 덧씌워버리는 사유의 타성 때문이다. 한국 정치에서 개인들의 에너지는 풍성하지만 통합의 메커니즘이 작동하지 못하는 중요한 까닭이 여기에 있다. 범주 또는 집단 내부의 다양성이 공인되는 곳이어야 진영 간의 경계를 뚫고 교차하는 소통과 통합의 가치 또한 존중될 수 있다. 하지만 현대의 한국 사회에서는 영국 혁명기에 스스로 “균형자” 의 역할을 자임하고 활동했던 핼리팩스와 같은 사람을 일종의 정치적 매춘부처럼 단죄해버리는 무지막지한 행패가 통용되는 실정이다.

따라서 나는 한국 사회의 정치적 실천과 사유에서 "의심정치"의 양식에 대한 관심이 증가하는 것이 정치적 균형 감각의 회복에 절실하게 필요하다고 믿는다. 오크쇼트가 이 책에서 강조하는 "행위의 중용mean in action"이라는 원리를 의심정치 자체가 대변하는 것은 결코 아니지만, 현재 한국 사회에서는 의심정치 편에 무게를 조금이나마 보태주는 것이 배의 평형을 유지하는 길이라고 본다. 오크쇼트의 저작 중에 대중적으로 가장 쉽게 읽힐 수 있는 작품은 『합리주의 정치 비판』이다. 여건이 허락했다면 한글 번역본도 그것부터 나오는 것이 바람직했을 것이다. 그러나 『신념과 의심의 정치학』 역시 방금 말한 이유만으로도 최초의 한글 번역본이 될 만한 자격은 충분하다고 생각한다.

4. 주요 저술

(『신념과 의심의 정치학』을 제외하고는 한글로 번역되지 않았다. 한글 제목은 단순히 내가 뜻을 옮겨 본 것이다.)

『경험과 그 양상들*Experience and Its Modes*』(Cambridge University Press, 1933).

『합리주의 정치 비판*Rationalism in Politics and Other Essays*』(Methuen, 1962; 증보판, Indianapolis, IND: Liberty Fund, 1991).

『인간의 행위에 관하여*On Human Conduct*』(Oxford: Clarendon Press, 1975).

『홉스와 시민적 결합*Hobbes on Civil Association*』(Oxford: Basil Blackwell, 1975).

『역사에 관하여*On History and Other Essays*』(Oxford: Basil Blackwell, 1983).

「자유로운 배움의 목소리*The Voice of Liberal Learning: Michael Oakeshott on Education*」 (New Haven, CT: Yale University Press, 1989).

「근대 유럽의 도덕과 정치*Morality and Politics in Modern Europe: The Harvard Lectures*」 (New Haven, CT: Yale University Press, 1993).

「종교, 정치, 그리고 도덕적 삶*Religion, Politics, and the Moral Life*」 (New Haven, CT: Yale University Press, 1993).

「신념과 의심의 정치학*The Politics of Faith and the Politics of Scepticism*」 (New Haven, CT: Yale University Press, 1996).

「역사란 무엇인가*What is History and Other Essays*」 (Thorverton, England: Imprint Academic, 2004).

「정치사상사 강의*Lectures in the History of Political Thought*」 (Thorverton, England: Imprint Academic, 2006).

「법철학의 개념*The Concept of a Philosophical Jurisprudence: Essays and Reviews 1926~51*」 (Thorverton, England: Imprint Academic, 2007).

「초기 정치 저술*Early Political Writings 1925~30*」 (Thorverton, England: Imprint Academic, 2010).

「공책과 편지*Notebooks and Letters 1922~90*」 (Thorverton, England: Imprint Academic, 2011).

「공책*Notebooks 1922~86*」 (Thorverton, England: Imprint Academic, 2014).

찾아보기